新弥生時代のはじまり

第3巻

東アジア青銅器の系譜

春成　秀爾　編
西本　豊弘

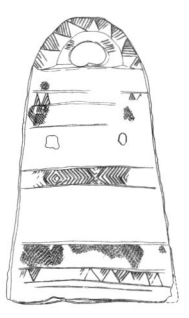

雄山閣

目　次

青銅器と弥生時代の年代 …………………………………………春成秀爾… 3

細形銅剣と細形銅矛の成立年代 …………………………………宮本一夫… 9

東北アジアにおける銅戈の起源と年代
　──遼西式銅戈の成立と燕・朝鮮への影響── …………………小林青樹… 24

日本列島における武器形青銅器の鋳造開始年代 ………………吉田　広… 39

銅鐸の系譜 …………………………………………………………春成秀爾… 55

中国青銅鏡の起源と東北アジアへの展開 ………………………甲元眞之… 76

双房型壺を副葬した石棺墓の年代 ………………………………大貫静夫… 90

春秋戦国時代の燕国の青銅器
　──紀元前5・6世紀を中心に── ………………………………石川岳彦…114

中国鏡の年代 ………………………………………………………岡村秀典…129

日韓青銅器文化の実年代 …………………………………………藤尾慎一郎…138

東アジアにおける鉄器の起源 ……………………………………村上恭通…148

解　題 ………………………………………………………………春成秀爾…155

青銅器と弥生時代の年代

春成秀爾

　弥生時代の年代は，長い間，北部九州の甕棺墓に副葬された中国鏡の年代を基準にして考えられてきた。すなわち，弥生中期の上限を甕棺墓から出土した前漢鏡によって前1世紀を遠くさかのぼりえないと考え，中期の下限は王莽の貨泉によって1世紀前半以後に求めた。そして，中国からの渡来文物がない弥生前期は，前1世紀の前に中期とほぼ同じ約200年間を加算して，弥生前期は前2，3世紀に始まると推定する方法を採用した〔小林 1951：162-163〕。

　その後，縄文・弥生時代の実年代の推定には，炭素年代も採用するようになり，佐賀県宇木汲田遺跡の炭素年代の測定結果を採用して，夜臼式に前5～4世紀，板付I式に前4～3世紀の年代を与えた〔岡崎 1971：34-35〕。その後，夜臼式土器の時期に水田稲作は始まっていることを認めて弥生早期を設定したので，弥生時代の始まりは前5，4世紀頃という表現に落ち着いた。

弥生時代の炭素年代

　国立歴史民俗博物館の年代測定研究グループは1997年以来，炭素14年代を測定し暦年に較正する作業に取り組み，土器型式にもとづく縄文・弥生時代の編年体系に実年代を与える試みを実施してきた。その過程で，たとえば年輪年代が前52年とでている大阪府池上曽根遺跡の柱根の炭素年代を測定して前60年±20年という年代を得て，測定精度の高さを確かめた。そうした積み重ねのうえにたって，2003年5月に日本考古学協会総会の研究発表で，弥生時代の始まりは前10世紀までさかのぼる可能性があることを報告した〔春成ほか 2003〕。

　その後も，縄文後・晩期から弥生前・中・後期，古墳前期の土器に付着した炭化物（お焦げ，煤），炭化米，土器・木器に塗布した漆，年輪数の多い木材などの炭素14年代の測定をつづけ，測定試料数は現在1,500点を超えている。炭素年代により縄文・弥生時代を中心とする日本列島の先史時代に高精度の実年代を与える作業は，北海道から九州にいたるまで広く実施され，炭素年代をめぐる状況は1900年代と比較すると一変し，今昔の感がある〔西本編 2006・2007〕。

　その一方，炭素14年代の測定結果を暦年に置き換えるために国際較正曲線（INTCAL98のちにIntCal04）を使って較正する方法を採用しながら，年輪年代が判明している日本産の樹木の炭素年代を測定して，日本版の較正曲線（JCAL）の作成を進め，その成果もでている〔尾嵜・今村 2007，尾嵜 2007〕。

　弥生時代の炭素14年代の暦年較正年代を最新の成果で示すと，北部九州では次のとおりである〔藤尾ほか 2006，藤尾 2007a・b〕。

縄文晩期
　　黒川式古段階：前12世紀～前11世紀
　　黒川式新段階：前11世紀～前10世紀中頃
弥生早期
　　山の寺・夜臼I式：前10世紀後半～前9世紀中頃
　　夜臼IIa式：前9世紀中頃～前8世紀初め

弥生前期
　　夜臼Ⅱb式・板付Ⅰ式：前8世紀初め～前7世紀初め
　　板付Ⅱa式：前7世紀初め～前6世紀
　　板付Ⅱb式：前6世紀～前4世紀初め
　　板付Ⅱc式：前4世紀初め～前4世紀中頃
弥生中期
　　城ノ越式：前4世紀中頃～前4世紀末

　すなわち，水田稲作を始めた弥生時代の前半部分は，弥生時代早期が前10世紀後半（前955年～前935年の間），弥生前期が前8世紀初め（前780年頃），弥生中期が前4世紀前半（前380～前350年の間）に始まることになる。

　2003年に日本考古学協会で発表したときは，夜臼Ⅱa式は前900年頃が上限であるので，未測定の山の寺・夜臼Ⅰ式は前10世紀中頃くらいまでさかのぼる可能性があると述べた〔春成ほか 2003〕。それから5年すぎた現在，測定件数は飛躍的に増加した。山ノ寺・夜臼Ⅰ式の始まりは前10世紀中頃となった。前800年頃とみていた板付Ⅰ式の始まりは前780年頃に修正された。その原因は，国際較正曲線がINTCAL98からIntcal04へ改訂されたことと測定件数の増加に伴って精度が高まったことによる。このように炭素年代の測定結果は安定しており，比較的新しい時代の弥生時代の年代でも50年以上の改訂はないと認識しておいたほうがよいだろう（註1）。

　今後，測定件数をさらに増加させ，JCALをいっそう使用できるようになれば，弥生時代の炭素年代の精度はいっそう高くなる。山の寺・夜臼Ⅰ式のように，良好な試料に十分に恵まれていない時期もあるので，弥生時代の始まりについては30年ていどの揺らぎがある可能性は考慮しているけれども，その数値はこれから小さなものになっていくと予想している。

弥生時代と鉄器

　弥生時代の始まりを前10世紀とする炭素年代は，それを前4世紀頃とする従来の考えとあまりにもかけ離れていたことから，考古学的な再検討が諸方面で必要となった。最初にだされた最大の問題は，弥生早・前期の遺跡から鉄器が発掘されているという点であった。

　弥生時代の鉄器は，中国の戦国時代後期の燕国で生産した鉄器が舶載されたものとする通説を採用するかぎり，弥生早期は前4世紀までしかさかのぼりえなかった。しかしながら，弥生早・前期の鉄器なるものをあらためて検討してみると，1）出土の状況がはっきりしない（福岡県曲り田の鉄片），2）再堆積層からの出土品である（熊本県斎藤山の鋳造鉄斧），3）鍛造品で弥生後期～古墳初めの型式である（福岡県今川の鉄鏃），4）事実誤認である（奈良県唐古の鹿角製刀子柄の鉄銹），5）鉄器による加工があるとする杭については弥生早期であるとする根拠がうすい（佐賀県菜畑の水田杭），といった有様で，弥生早・前期の鉄器と断じうる資料は1点もない，と判断せざるをえなくなった〔春成 2003・2006a〕。

　その後の資料では，愛媛県大久保遺跡の鉄器が弥生前期末・中期初めでもっとも古いけれども，前期末という時期はひじょうに短く中期初めに接しているので，愛媛の前期末・中期初めの時期は北部九州では中期初めに相当する可能性がある。前期末，中期初めのどちらにしても，炭素年代では前4世紀のことである。このように，弥生早・前期に鉄器が存在するから弥生時代の上限は前4世紀であると主張することは，現在ではできなくなっている。

　鉄器の問題を切り抜けたあと，弥生時代の年代をさかのぼらせることに対する抵抗感は一気に失われていったようにみえる。もちろん，今でも従来の説のままでよいと主張する意見もあるけれども……。しかし，現在でも炭素年代がそのまま認められているわけではない。

弥生時代と青銅器

　2005年に大貫静夫は考古学研究者の年代の根拠をていねいに検証したうえで，弥生時代の始まりは前8世紀，中期は前300年を大きく超えることはないだろうと予想し，炭素年代による弥生時代の実年代について，「測定数の増加や補正の仕方によってはまだ変動の余地がありそうな現状の^{14}C年代は，考古学的な再検討によってもやや古すぎる」と論評した〔大貫 2005：106〕。この表現は裏を返せば，考古学研究者の年代が変動する余地は少ないけれども，炭素年代は変動しうる，といっているように聞こえる。

　炭素年代にもとづく弥生時代の実年代の改訂の提唱について一定の評価をおこない，古くさかのぼらせることには賛成しつつも炭素年代は採用しない，という立場の研究者の意見を集約すると，「従来の年代は新しすぎるけれども，炭素年代は100～200年古すぎる。弥生時代の始まりは前8世紀，さかのぼっても9世紀頃ではないか」ということになろう。それは，中国・朝鮮半島の青銅器の年代問題に由来している。

　弥生時代の始まりを前9世紀ないし8世紀と主張する諸氏の根拠は，つぎの通りである。

　1）内蒙古自治区寧城県にある小黒石遺跡（註2）の石槨墓出土の遼寧式銅剣を遼寧式銅剣の最古型式と認定し，伴出の中原青銅器から西周・春秋初とみなし実年代の上限を前9世紀とする。2）これを起点にして遼東の遼寧式銅剣をそれ以降に位置づける。3）さらに韓国の比来洞支石墓の銅剣も遼寧式銅剣の最古型式と同じとみなし，前9世紀を上限とする。4）比来洞で伴出した土器は欣岩里式であるから，欣岩里式の年代は前9世紀が上限となる。5）韓国の土器編年では欣岩里式のあとに休岩里式，そして松菊里式，さらに水石里式がくる。これらと北部九州の土器との併行関係は，欣岩里式：縄文晩期の黒川式，休岩里式：弥生早期の山ノ寺・夜臼式，松菊里式：弥生前期初めの板付Ⅰ式・Ⅱa式，水石里式：Ⅱb・Ⅱc式である。6）休岩里式と併行する弥生早期は欣岩里式の前9世紀よりも新しくなるので，前8世紀頃であろう。

　この意見にたいして，1）遼寧式銅剣は遼東には双房－二道河子の系列があり，その後に崗上墓の銅剣が位置する。2）遼西の小黒石遺跡や南山根遺跡の銅剣はいわれるほど古い内容を備えておらず，崗上墓や十二台営子遺跡の銅剣と型式学的にひじょうに近い関係にある。3）双房－二道河子の組列をもつ遼東のほうが遼寧式銅剣の起源地にふさわしく，双房6号墓の遼寧式銅剣は金属器以前の石刃骨剣の形態を青銅器で模倣したところから出発したものであろう。そして，4）小黒石や南山根の遺跡が属する夏家店上層文化では北方系銅剣が主体であり，そこに遼東からの影響で遼寧式銅剣が出現した，と考える。したがって，5）比来洞の銅剣の年代，そして欣岩里式の年代を小黒石の年代から引っ張ってきて前9世紀とすることはできず，さらに弥生時代の開始年代を小黒石－比来洞の年代とされる前9世紀から導き出すことはできない。6）欣岩里式の炭素年代は前11世紀であり，欣岩里式と黒川式土器の併行関係からしても，山ノ寺・夜臼式土器の炭素年代，すなわち弥生時代の始まりが前10世紀という年代は十分に整合性がある，と私は説いた〔春成 2006b・2007〕。

　同じころ，甲元眞之は，小黒石遺跡の青銅礼器の銘文を分析し，墓の一括副葬品であっても，西周末から春秋前期頃の製作時期を異にするものであることを考証している〔甲元 2006：149-153〕。すなわち，問題の銅剣は前770年を前後する時期，8世紀前半を上限とし，前9世紀までさかのぼるものではない，ということになる。したがって，甲元の年代観を採用し，小黒石の銅剣を定点にして比来洞銅剣，欣岩里式土器―黒川式土器そして縄文晩期の年代を引き出す方法をとれば，弥生時代の始まりは前7世紀が上限ということになり，炭素年代は古すぎると主張する研究者はさらにその年代をさげなければならないだろう。

　双房の銅剣が前11世紀までさかのぼる可能性については，遼東の法庫県湾柳街や撫順市望花，新賓県色家などから商代の青銅器（刀子，戚，斧）が発見され，明らかに在地産の青銅器（刀子，戚，

斧，鉇，単鈕無文鏡）も認められることが意味をもつ〔秋山 1995〕。そこで，遼東における遼寧式銅剣や銅斧の生産は，商後期ないし西周初めにさかのぼることを私は予想し（註3），遼寧式銅剣を伴う欣岩里式土器の年代との整合をはかろうとしている〔春成ほか 2007〕。

年代研究の近況

炭素年代にもとづく弥生時代の年代問題は，朝鮮半島，中国東北地方の年代観に対しても反省と再検討をせまることになった。2003年以来，いくつもの研究会で炭素年代の信頼性，従来の年代観の見直しの賛否をめぐって議論が重ねられた。私たちも何回も討論の場を用意し，測定結果を公表し，議論の場を広く設け，その結果を印刷物の形で公開してきた〔春成・今村編 2004，春成編 2006，西本編 2004・2006・2007〕。また，国立歴史民俗博物館では企画展示をおこない，測定資料を展示し，炭素年代測定の原理などについての理解を深めてもらう機会をつくった〔今村・坂本編 2007〕。

甲元眞之は，多年にわたる研究の成果に，最近の年代問題をふまえた新稿を加えて『東北アジアの青銅器文化と社会』を上梓した〔甲元 2006〕。考古学の立場から東北アジア史の大枠を示した図書として，宮本一夫の労作『中国古代北疆史の研究』〔宮本 2000〕とともに，時宜にかなった重要な貢献であるといえよう。

なお，弥生時代の年代問題とは別個に，早くから中国古代の銅剣の総合的な研究に取り組んできた町田章は，『古代中国の銅剣』と題する労大作を公刊した〔町田 2006〕。資料の集成は中国全土に及び，厖大な量の銅剣資料を集成し，古代の民族ごとに詳細な考察を加えたもので，付図はすべて自ら整図し1頁大にレイアウトした見事な出来映えのものが88頁にわたっており，重厚な内容を具えた書である。銅剣は年代と民族を鋭敏に反映した遺物としてこれまで重視されてきたが，この方面の今後の研究の指針となるまさに画期的な業績であるといって過言でないだろう。

さらに甲元は，『史記』や『後漢書』など中国の文献記録から読み取れる西周後期から春秋前期にかけての気候の寒冷化現象と民族移動〔竺 1972，甲元 2008：27-33〕と，前750年頃をピークとする世界的な大寒冷期に着目し，それらと西日本の砂丘（黒色砂層）の形成との間に相関を想定し，北部九州で黒川式と夜臼式土器の間に砂丘が急激に形成されている事例を集めた。それを前850年〜前600年頃の寒冷化の時期にあて，砂丘の上下を夜臼式と黒川式ではさみ，夜臼式の実年代を前600年頃と推定している。そして，その結果生じる炭素年代とのズレを問題にしている〔甲元編 2007：22-24，甲元 2008：2-3〕。気候変動と人びとの移動の歴史との相関を追究する観点が，考古学で重要な課題になっているが，これらの砂丘の形成期を前850年〜前600年頃にあてる甲元の結論については，いましばらく検討する時間が欲しいところである。

戦前に東亜考古学会が調査し未報告のままであった遼東半島大連市牧羊城遺跡出土の土器など東京大学所蔵資料の整理を大貫静夫らはすすめ，大部な報告書を最近公刊した〔大貫編 2007〕。中国の考古学界も弥生時代の年代問題に関心をよせ，私と大貫の論文を訳して中国の博物館の刊行物に掲載している〔春成（姚訳）2006，大貫 2006〕。そのような状況のなかで，遼西地方にのみ分布し細形銅戈（朝鮮式銅戈）の祖型とみられる「異形銅戈」の調査が進み，中国の研究者と諮り「遼西式銅戈」の設定をおこなった〔小林ほか 2007〕。青銅器の系譜と年代をめぐる熱のこもった議論は，文献記録をほとんど欠いている中国東北部の研究者まで広がりつつあるといってよいだろう〔郭 2006〕。

議論が今後ともつづくことはまちがいない。しかし，炭素年代の測定から始まった弥生時代の年代問題は，その効果を広く深く発揮し，東アジア古代史の見直しの方向に着実に向かっている。私たちはこのことを十分に自覚し，さらに前進していかなければならないと思う。本書『新弥生時代のはじまり』第3巻も，その一助となることを私たちは願っている。

(註1) 考古学研究者側の問題としては，測定した土器の型式の認定が動くことがままあり，それによって炭素年代の測定値は動かないのに，土器型式の年代は動くという場合がある。
(註2) 最初，「小黒石溝石槨墓」の名称で報告された〔項・李 1995〕。しかし，現地に建ててある石碑に「小黒石遺址」とあり，発掘遺物を展示してある遼中京博物館でも「小黒石古墓群」と表示してあるので，この遺跡名を採用する。なお，遺跡の位置は小黒石に所在し，小黒石溝（川）からは離れている。
(註3) 秋山進午は，双房6号墓の銅剣〔許・許 1983：294〕を「刃部にあるべき節尖がなく，柳葉形を上下に重ねた形態であって，遼寧式剣から派生した異式剣にすぎない」といい，二道河子，大甲邦，李家堡などの銅剣の刃部が研ぎ出してなかったり，粗質品であることから，これらの銅剣は非実用品で，宝器に転化しているとみている〔秋山 1995：265-267〕。年代については明言していないが，遼寧式としては「後出のものである」と断じ，遼寧式銅剣の起源問題から完全に外している。秋山は遼寧式銅剣の遼西起源説にたち，小黒石と南山根の年代については春秋後期，前7世紀を上限としている。しかし，双房の銅剣を「正式の物が不足したため異式の物の製作を現地で行なった」もので，「遼寧式剣から派生した異式剣」と主張するのであれば，その組列を提示する必要がある。

双房の銅剣，それに後続する鉄嶺市大山嘴子の銅剣〔周 2007：26〕を私たちは2007年9月に旅順博物館と鉄嶺博物館で実見した。これらは，銅質は良好，刃部は十分に研いであり，実用の剣であるとの印象をつよくもった。双房の銅剣は先端がわずかに左右非対称になっており，使用により先端が刃こぼれしたあと再度研いだのではないかと思わせた。

文　献

秋山進午 1995「遼寧省東部地域の青銅器再論」（秋山編）『東北アジアの考古学研究』246-276，同朋舎出版
今村峯雄・坂本　稔編 2007『弥生はいつから！？─年代研究の最前線─』国立歴史民俗博物館
大貫静夫 2005「最近の弥生時代年代論について」『Anthropological Science (Japanese Series)』第113巻第2号，95-107
────── 2006「関于近来的弥生時代年代論」『旅順博物館館刊』創刊号，145-160
大貫静夫編 2007『遼寧を中心とする東北アジア古代史の再構成』東京大学大学院人文社会系研究科
岡崎　敬 1971「日本考古学の方法」『古代の日本』9，研究資料，30-53，角川書店
尾嵜大真 2007「日本産樹木年輪試料の炭素14年代による暦年較正」『縄文時代から弥生時代へ』新弥生時代のはじまり，第2巻，108-114，雄山閣
尾嵜大真・今村峯雄 2007「日本産樹木年輪試料中の炭素14濃度を基にした較正曲線の作成」『国立歴史民俗博物館研究報告』第137集，61-77
郭　大順 2006「遼東半島青銅文化的原生性─以双房六号墓為実例之─」『旅順博物館館刊』創刊号，10-22
許　玉林・許　明綱 1983「遼寧新金県双房石蓋石棺墓」『考古』1983年第4期，293-295
項　春松・李　義 1995「寧城小黒石溝石槨墓調査清理報告」『文物』1995年第5期，4-22
甲元眞之 2006『東北アジアの青銅器文化と社会』同成社
────── 2008「気候変動と考古学」『熊本大学文学部論叢』第97号，1-52
甲元眞之編 2007『砂丘形成と寒冷化現象』平成17年度〜18年度科学研究費補助金研究成果報告書，熊本大学文学部
小林青樹・石川岳彦・宮本一夫・春成秀爾 2007「遼西式銅戈と朝鮮式銅戈の起源」『中国考古学』第7号，57-76，日本中国考古学会
小林行雄 1951『日本考古学概説』創元選書218，創元社

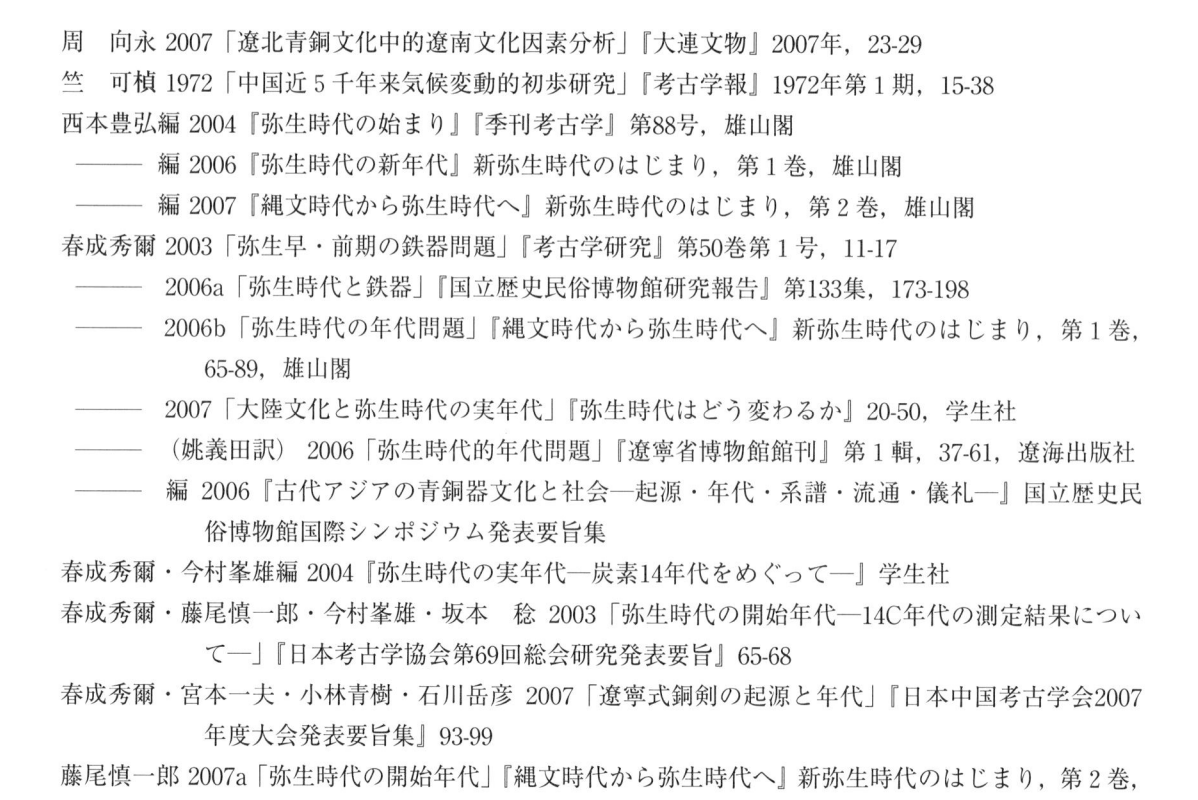

周　向永 2007「遼北青銅文化中的遼南文化因素分析」『大連文物』2007年，23-29
竺　可楨 1972「中国近5千年来気候変動的初歩研究」『考古学報』1972年第1期，15-38
西本豊弘編 2004『弥生時代の始まり』『季刊考古学』第88号，雄山閣
──── 編 2006『弥生時代の新年代』新弥生時代のはじまり，第1巻，雄山閣
──── 編 2007『縄文時代から弥生時代へ』新弥生時代のはじまり，第2巻，雄山閣
春成秀爾 2003「弥生早・前期の鉄器問題」『考古学研究』第50巻第1号，11-17
──── 2006a「弥生時代と鉄器」『国立歴史民俗博物館研究報告』第133集，173-198
──── 2006b「弥生時代の年代問題」『縄文時代から弥生時代へ』新弥生時代のはじまり，第1巻，65-89，雄山閣
──── 2007「大陸文化と弥生時代の実年代」『弥生時代はどう変わるか』20-50，学生社
──── （姚義田訳）2006「弥生時代的年代問題」『遼寧省博物館館刊』第1輯，37-61，遼海出版社
──── 編 2006『古代アジアの青銅器文化と社会─起源・年代・系譜・流通・儀礼─』国立歴史民俗博物館国際シンポジウム発表要旨集
春成秀爾・今村峯雄編 2004『弥生時代の実年代─炭素14年代をめぐって─』学生社
春成秀爾・藤尾慎一郎・今村峯雄・坂本　稔 2003「弥生時代の開始年代─14C年代の測定結果について─」『日本考古学協会第69回総会研究発表要旨』65-68
春成秀爾・宮本一夫・小林青樹・石川岳彦 2007「遼寧式銅剣の起源と年代」『日本中国考古学会2007年度大会発表要旨集』93-99
藤尾慎一郎 2007a「弥生時代の開始年代」『縄文時代から弥生時代へ』新弥生時代のはじまり，第2巻，7-19，雄山閣
──── 2007b「九州における弥生時代中期の開始年代」『縄文時代から弥生時代へ』新弥生時代のはじまり，第2巻，45-51，雄山閣
藤尾慎一郎・今村峯雄・西本豊弘 2006「弥生時代の開始年代─AMS-炭素14年代測定による高精度年代体系の構築─」『縄文時代から弥生時代へ』新弥生時代のはじまり，第1巻，7-28，雄山閣
町田　章 2006『古代中国の銅剣』研究論集XV，奈良文化財研究所学報，第75冊
宮本一夫 2000『中国古代北疆史の研究』中国書店

細形銅剣と細形銅矛の成立年代

宮本一夫

はじめに

　細形銅剣は朝鮮半島で生まれた銅剣である。細形銅剣に先行する銅剣は遼寧式銅剣であり，遼寧式銅剣から変化したものであるとする考え方は一般的であろうし，尹武炳が述べて以来定説化している〔尹武炳 1972〕。しかし朝鮮半島で形態変化していった遼寧式銅剣のどの型式からあるいはどの地域の遼寧式銅剣から変化したものであるかということに関しては，研究者によって見解が異なっている。例えば李健茂は遼西から遼河下流域の遼寧式銅剣文化が朝鮮半島中南部へ直接流入した結果生まれたものとしている〔李健茂 1992〕。一方，李榮文は朝鮮半島における遼寧式銅剣の型式変化系譜の中に細形銅剣が成立したことを想定している〔李榮文 1998〕。村上恭通は，遼東から吉長地区に見られる遼寧式銅剣の退化型式である刃部下端に段部を形成した五道嶺溝出土銅剣などの私の呼ぶ遼寧式銅剣3式〔宮本 2008a〕が細形銅剣の成立にあたって影響を与えたものと想定している〔村上 2000〕。また，近年では宮里修が龍興里タイプと孤山里タイプすなわち私が言うAⅢc式と4式遼寧式銅剣が融合したものとして，朝鮮半島の遼寧式銅剣と遼東における遼寧式銅剣の退化型式との融合を想定する〔宮里 2007a〕。村上や宮里はともに遼東における遼寧式銅剣の退化型式の影響を説くが，問題なのはそれら退化型式の時空上の年代であり，それらが年代的にも空間的にも接触しているという根拠を示さなければならない。後に議論するように退化型式の相対年代から見ても朝鮮半島と遼東の遼寧式銅剣退化型式の接触によって生まれたとする根拠はなく，これら退化型式の遼寧式銅剣は細形銅剣成立期よりも遅い段階のものであり，論理的に成り立たない。

　したがって，細形銅剣の成立を考えるにあたっては，単に細形銅剣を対象とするよりは，まずは朝鮮半島の遼寧式銅剣がいかに展開し，その型式変化がどのようなものであり，さらにはどの型式が細形銅剣へと変化していくかといった型式組列を明らかにしていかなければならない。これによって細形銅剣の成立を理解することができるであろう。

1　細形銅剣の成立について

　細形銅剣の型式変化は，これまで鋒から刳方までの脊を研ぐⅠ式と，刳り方の下部から関までの脊が研がれるⅡ式，さらに茎まで研がれるⅢ式に型式区分するとした尹武炳の型式設定が基本的な分類基準であり，基本的にはⅠ式→Ⅱ式→Ⅲ式と型式変化するであろうと考えられている〔尹武炳 1972〕。日本出土の細形銅剣に関しても同じ分類基準を用いて森貞次郎〔1968〕や岩永省三〔1980〕によって検討されてきた。しかし，朝鮮半島とりわけ朝鮮半島中南部での出土例は東西里遺跡や南城里遺跡のようにⅠ式とⅡ式が共伴して出土する例が多く，Ⅰ式とⅡ式の細分が時期差を示すことに疑義を抱く研究者が多く，むしろ共伴する多鈕細文鏡，銅矛や鉄器の出現などの青銅器の組み合わせから時期区分する研究者が多い。さらにはⅠ式やⅡ式は段階的に研ぎが加えられている系列を示すものであり時期差を示さないという見解〔柳田 2007〕もある。しかしそこで示された系統的変化はいかにもそのように見えるが，果たしてそう言い切れるかに問題がある。特に私がBⅡb式と呼んでいるものが，BⅡc式を再研磨した結果で成形された形態であるとは思えない。なぜならこの型式の特徴である刳り方下端の脊の研ぎには鎬の稜線が認められず，2方向の研ぎが分離して施

されており，研ぎ面と研ぎ面の間は鋳型時の形成面である原面が曲面を呈しており，脊幅も厚いものである。これらが再研磨で刃部もろともに研がれた結果，刃部がほとんど無くなったとした場合には，このような脊における研ぎ面間の原面は残らず，脊の厚さは刃部までの研ぎによってもっと薄くなるか，この部分の関の研ぎ角度がより鈍角にならねばならない。にもかかわらず，脊は厚く原面状態であるとともに，脊の研ぎは鋭角的な平坦なものである。したがってBⅡb式は再研磨によるものではなく，意図的に刃部が狭い型式が鋳造時から形成されていたものと考えなければならない。むしろ問題なのは研ぎの規則性であり，研ぎに関しては再研磨から問題にできないとすべき議論には応じることはできない。何よりこの原則は祖型的な銅剣をもつ遼寧式銅剣の分布地帯である遼西や遼東では厳密にそれが守られているからである。岩永省三も述べるように〔岩永2003〕，青銅器の型式分類において研ぎ直しが型式分類そのものに影響を与えることはない。再研磨の問題は，日本列島など文化の周辺地域における規範が変容する過程の問題として，問題設定を変えるべきである。

　私はこれまで遼西，遼東，朝鮮半島における遼寧式銅剣ならびに細形銅剣の型式変化〔宮本1998・2000・2002b・2008a〕を銅剣の形態と研ぎ分けや研ぎ形態を中心に論じ，それらの属性の共時的な変化様式から併行関係〔宮本2008a〕を示してきた。以下この型式区分とその変遷（図1）に基づいて，細形銅剣の成立過程について論ずることにしたい。

　遼西や遼東の遼寧式銅剣には，その初現的な様相を示す鋳型段階から脊の鎬稜線が決定づけられている遼寧式銅剣0式は別として，遼寧式銅剣1式や遼寧式銅剣2a式までは刃部の突起に対応する脊部分で研ぎ分けされ，突起より下端では研ぎがわずかにしかなされないという原則が見られる〔宮本2008a〕。遼寧式銅剣1a式では刃部の突起が明瞭であり，さらに突起に一致する脊部分で隆起が認められる。この隆起部分によって脊の研ぎが研ぎ分けされることになる。この伝統が，刃部の突起や脊の隆起が退化した遼寧式銅剣1b式段階でも認められ，存続している。そして刃部の突起がかすかに残るかあるいは脊の隆起がかすかに残る段階である遼寧式銅剣2a式段階でも，この伝統が維持されるが，研ぎの規範がゆるんで研ぎ分けが明確でない山東省棲霞県杏家荘2号墓剣〔宮本2008a〕のような例も認められる。そしてこの後の変化型式である遼寧式銅剣2b式の場合，脊の研ぎは刃部下端まで延び鎬が茎近くまでに至るが，例えば遼寧省建昌市孤山子90年1号墓の例のように，2a式段階までの研ぎからさらにそれに付加するように研ぎが加えられ，研ぎが加えられた痕跡が明確である。このような研ぎの形態は，後に細形銅剣の研ぎの分類の際に示すBⅡa式と同じものである。このように，脊に残る研ぎの形態は，厳密な規範を以って維持されており，再研磨といったもので変化するものではないし，少なくとも脊部分に再研磨の影響はないものである。すでに述べたように，脊での研ぎ分けは，刃部の突起に対応した位置での脊の隆起を基点として研ぎ分けられたものである。この研ぎ分けの伝統は，脊の隆起が存在する遼寧式銅剣1a式や1b式に存在し，少なくとも脊の隆起がかすかに残るか残らない段階である2a式までは厳密に存在したのである。

　このような遼西や遼東の遼寧式銅剣2a式までの型式変化に相当するのが，朝鮮半島の遼寧式銅剣である〔宮本2008a〕。朝鮮半島の遼寧式銅剣に関しては，大きく5系統の流れを以って考えてきた〔宮本2002b〕。その一つは，規格や研磨形態などのその他の特徴とも遼東のものと同じかほぼ同じものであるAⅠ式。このAⅠ式は遼東で生産された遼寧式銅剣1a式の搬入品であるか，あるいは遼東の遼寧式銅剣1a式を忠実に模して在地で生産されたものである。これは遼東系統の遼寧式銅剣1a式の系統にあるが，これが在地生産化されることにより次第に遼東のものとは別の形態に変化していく。これがAⅡ式とAⅢ式である。AⅡ式とAⅢ式は大きく形態的な差異が存在する。AⅡ式は突起の位置が剣身の中央にあるものであり，突起の位置からいえば遼西の遼寧式銅剣に類似するものである。AⅢ式は突起の位置が剣身中央よりは前方にあるものであり，やはり剣身の位置でいえば遼東の遼寧式銅剣の系統にある。今のところAⅠ式とした遼寧式銅剣1a式は平安南道

細形銅剣と細形銅矛の成立年代（宮本一夫）

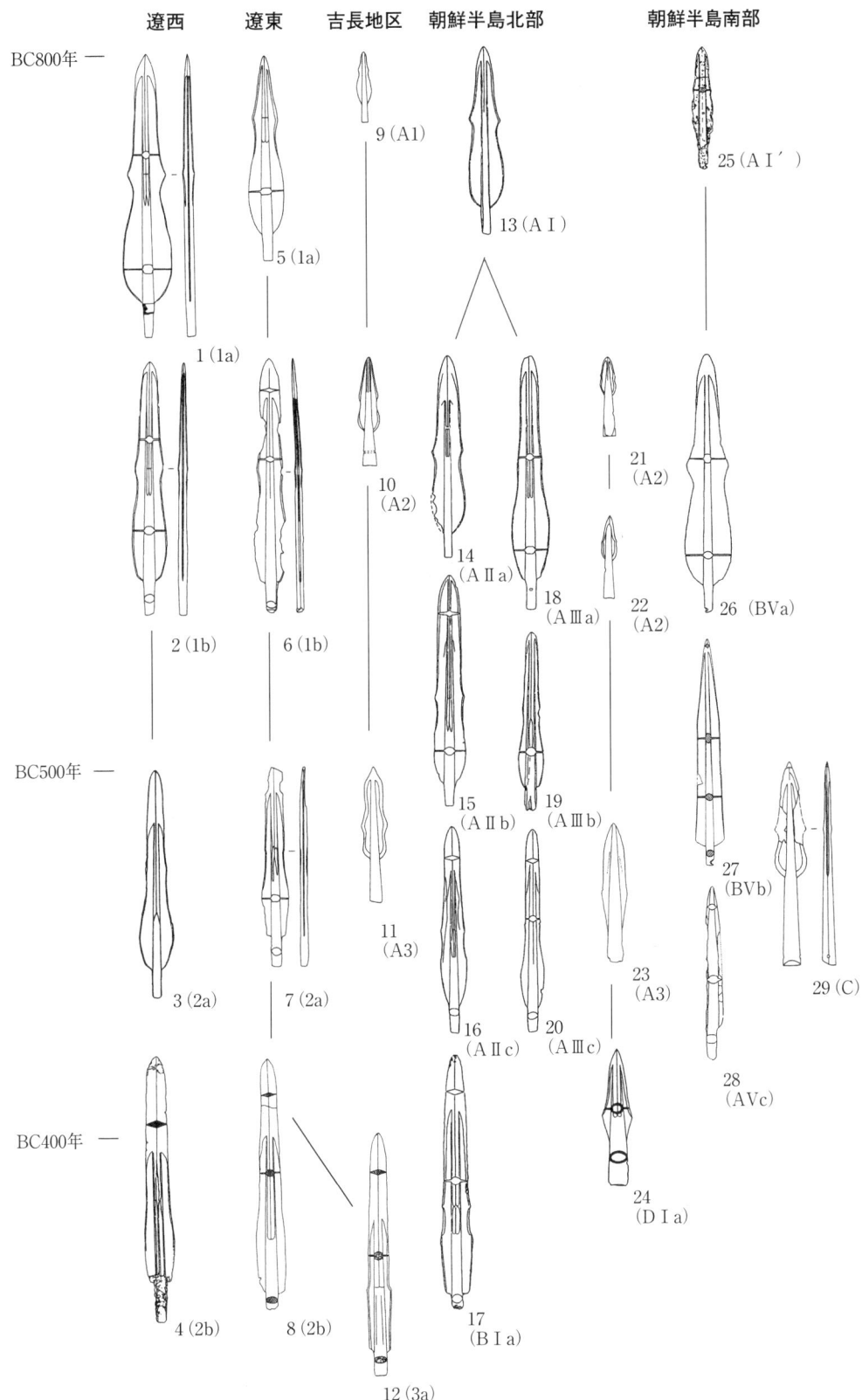

図1　東北アジアの銅剣・銅矛の変遷図
(1 十二台営子, 2 胡頭溝5号墓, 3 三官甸, 4 孤山子1号墓, 5 趙王村, 6 下三台水庫, 7 杏家荘2号墓, 8 趙家堡, 9 星星哨D区13号墓, 10 誠信村, 11 小郭山, 12 大房身, 13 金谷洞, 14 西浦洞, 15 伝平壌, 16 伝成川, 17 平壌付近, 18 中央博物館蔵, 19 平壌付近, 20 龍興里, 21 表岱10号住居, 22 南陽里16号住居, 23 弥屯里, 24 イズヴェストフ, 25 比来洞, 26 松菊里, 27 鎮東里, 28 徳峙里, 29 円光大学校博物館蔵)

延安郡琴谷洞遺跡や黄海南道白川郡大雅里石棺墓しかなく，その形態は規格的には遼東の遼寧式銅剣1a式のものである。AⅡ式とAⅢ式が仮にモデルとなっている遼寧式銅剣に差異があって系統的に変化していくものであるとすれば，AⅡ式は遼西の遼寧式銅剣1a式に，AⅢ式は遼東の遼寧式銅剣1a式やその形態と同じであるAⅠ式に系譜を求めることができる。したがって遼西の1a式銅剣も朝鮮半島まで流入している可能性がある。そして遼西の遼寧式銅剣系統としての変化がⅡ式に認められ，AⅡa式，AⅡb式，AⅡc式と変化していく。この変化は突起が次第に退化していくとともに脊の隆起が扁平化していく変化であるが，AⅡc式までかすかながらも突起と脊の隆起が認められる。一方，樋である血槽がAⅡc式段階では発達する。こうした変化を果たしながらも脊の隆起部における研ぎ分けは，AⅡa式〜AⅡc式まで一貫して認められるものである。同じような変化は遼東の遼寧式銅剣1a式を祖形として変化していくAⅢ式にも認められ，AⅢa式，AⅢb式，AⅢc式と変化していく。AⅢa式は突起が退化しているものの脊の隆起をもっている。AⅢb式はさらに突起が退化しながら脊の隆起が認められるものである。AⅢc式は突起があるかないかといったくらいに痕跡的に突起が残るが，脊の隆起もかすかに痕跡的に認められる。一方ではAⅡc式と同様に血槽が認められるものである。このAⅡ式やAⅢ式にも認められる血槽は，比較的製作技術が低いものでありシャープさに欠けて湯回りが悪い状態が見てとれる〔宮本・田尻 2005〕。細形銅剣の作りとは技術的に劣っていることが理解できよう。また，AⅡ式と同様にAⅢ式もAⅢa式〜AⅢc式まで基本的に突起位置すなわち脊の隆起位置での研ぎ分けの規範が継続している。

　BⅠa式とした細形銅剣の古段階の型式こそ，このAⅡc式の延長にあるものである。BⅠa式はAⅡc式で規範として残っていた脊の研ぎ分け位置を踏襲しているものの，すでに刃部の突起や脊の隆起を消失したものであり，これまでの脊の研ぎ分けと突起位置が第1節帯として残り，脊の研ぎ分けから基部側への研磨がBⅠa式の剝り方として系譜的に変化していったものである。そこでさらに重要なのが脊の研磨形態であり，細形銅剣に認められる丸研ぎは基本的に遼寧式銅剣で規範的に使われてきた研ぎ形態である。細形銅剣によく認められる角研ぎは，遼寧式銅剣には基本的に認められない研ぎ形態である。BⅠa式はまさにこの遼寧式銅剣の丸研ぎ規範をそのまま受け取っている。また，BⅠa式はこの研ぎ分け部分に相当する第1節帯が剣身中央部より基部側によっており，逆に研ぎ分けが鋒側によっているAⅢc式から変化したものということはできない。むしろ研ぎ分けが剣身中央部にあるAⅡc式の変化形態としてBⅠa式が生まれたと想定する方が無難である。また，AⅡ式の各型式の分布を見る〔宮本 2002b〕と，大同江流域を中心とする西朝鮮に分布が密集しており，AⅡ式の系譜としてBⅠa式などの細形銅剣が生まれたとすれば，それはやはり大同江流域を中心とする西朝鮮にあったとすることができるであろう。

　すでに述べたように，これまでの細形銅剣の型式区分は尹武炳以来の剝り方以下の研ぎの増加によって区分するものであり，第1節帯から第2節帯が研がれるⅠ式，第2節帯から関までが研がれるⅡ式，さらに茎までが研がれるⅢ式に区分されてきた。しかし，積石木棺墓などの墓葬の一括遺物にはⅠ式とⅡ式が共伴する場合があり，細形銅剣そのものの型式区分は時期差を反映していないとして，共伴する他の青銅器遺物の組み合わせから時期区分する考え方〔後藤 1985，武末 2002，柳田 2004〕が多数を占めていた。しかし，こうした研ぎの位置区分に加えて，研ぎそのものの形態からの区分を加えることにより，細形銅剣の型式細分が可能であるとともに，これまでできなかった細形銅剣の時間差を明確にすることができた〔宮本 2003〕。また，研ぎの形態は遼寧式銅剣以来の研ぎ規範の中で研磨されるものであり，その規範変化こそが時系列を表わしているものである。再研磨による影響は基本的にはないものであることはすでに述べたが，朝鮮半島内であるとすれば再研磨時での研磨形態こそが時期差を示しているといえよう。さて細形銅剣では，研ぎは丸研ぎから角研ぎへ次第に変化することが共伴遺物からも証明されているが，研ぎの位置と研ぎの形態を組み合わせることにより型式細分が可能である。趙鎮先はさらにこれら属性に加え，鋳型における規格の違いとしての形態差を加えて区分する〔趙鎮先 2001・2003〕が，基本的にその結果は同じもの

となっている。
　図2に示したように，ＢⅠ式において第1節帯と第2節帯ともに脊の鎬が丸研ぎであるものがＢⅠa式であり，第1節帯が角研ぎであり第2節帯が丸研ぎであるものがＢⅠb式である。ＢⅠa式からＢⅠb式へと変化する。ＢⅡ式では第1節帯，第2節帯さらに関側の研ぎ形態がすべて丸研ぎであるものがＢⅡa式である。このうち第1節帯のみが角研ぎに変わるものがＢⅡb式であるとともに，形態は他の細形銅剣に比べ刃部幅が狭く脊が太いものである。これらＢⅡa式とＢⅡb式はともに第2節帯の研ぎが分かれてなされており鎬の稜線を形成しておらず，二つの研ぎ間に脊のもともとの表面が残るものである。この点ではＢⅡc式の研ぎとは明確に区分することができる。
　また，朝鮮半島での遼寧式銅剣の変化形態であるＡⅡc式から突起や脊の隆起を消失させるかわりに第1節帯と刳り方を形成し，さらに脊の研ぎ分け部分が遼寧式銅剣と同じ丸研ぎであるのがＢⅠa式であり，ＡⅡc式からＢⅠa式という系譜で細形銅剣が生まれたと考えられる（図1）。さらに第1節帯部分の研ぎが角研ぎに変化した遼寧式銅剣以来の研ぎ分けが意識されなくなったのがＢⅠb式であるが，この段階にさらに第2節帯以下を研ぐＢⅡa式とＢⅡb式が順次生まれていくというふうに型式変化上は考えられる（図3）。時間軸上は共伴する土器編年からいえば，ＢⅠa式が1期，ＢⅠb式，ＢⅡa式，ＢⅡb式が2期に併行するということができるであろう。さらに角研ぎで第1節帯と第2節帯部分を研ぐ規格的な細形銅剣が完成するのがＢⅠc式である。これが細形銅剣3期であるが，ＢⅠc式と2期のＢⅠb式・ＢⅡa式・ＢⅡb式とは，一括遺物の検討からは明確に分かれること〔宮本 2003〕からも，ＢⅠb式からＢⅠc式が時期差として変化していったものであることが理解されるのである。

2　細形銅剣の年代問題

　細形銅剣の年代は二つの方向から考えることができる。一つは細形銅剣そのものに共伴する漢系遺物からの年代推定である。しかし，この場合は細形銅剣の成立年代を定めることはできない。成立年代を捜るには細形銅剣を生み出した遼寧式銅剣の各段階の年代を明らかにすることから始めないといけない。まず遼寧式銅剣の年代を提示するというもう一つの方向から始めたい。
　遼寧式銅剣は遼西と遼東において突起の位置などの形態や規格に差異があるが，個々の属性単位での変化は共有されており，ほぼ同様な変化過程を示す〔宮本 2000・2008a〕。図1にあるように，遼寧式銅剣1a式→1b式→2a式→2b式→3a式→3b式・4式という変化である。このうち遼西では1a式から2b式までの変化が見られるが，3a式以降の型式変化を示す銅剣は存在しない。2b式からは，2b式→3a式→3b式と2b式→4式という二つの変化方向が見られるが，前者は吉長地区など内陸部に，後者は渤海湾沿いに遼東半島から朝鮮半島北部に広がっている。
　遼寧式銅剣の1a式は，遼西の小黒石溝8501号墓や南山根101号墓からは前800年頃には存在していたこと〔宮本 2008a〕が明らかである。一方，遼東の遼寧式銅剣1a式は双房6号墓の土器編年を西周中期頃と考えるような比較的古い年代観〔大貫 2007〕も見られるが，李家卜石棺墓の銅矛の共伴例などからも遼西との時期差はほとんど考えられない。遼西も遼東も遼寧式銅剣は前800年頃には存在していたと考えてよいであろう。遼寧式銅剣1b式は遼西では喀左県南洞溝遺跡の共伴する青銅葬器から前6世紀まで存在していたと考えてよいであろうし，遼東でも瀋陽市鄭家窪子6512号墓の遼寧式銅剣1b式も紀元前6世紀と考えてよいものである。一方，遼寧式銅剣1b式が変化し，刃部の突起が存在するか存在しないかといった具合に形骸化し，同じく脊の隆起もあるかないかといった消滅する段階である遼寧式銅剣2a式は，山東省棲霞県杏家荘2号墓の東周墓からも出土している。この遼寧式銅剣2a式は戦利品という考え方がある〔王青 2007〕が，その可能性が高いと私も思う。重要なのはこの杏家荘2号墓の年代が共伴する副葬品から，この銅剣が前500年頃には存在していたということである〔宮本 2006・王青 2007〕。遼西でも遼寧式銅剣2a式は，凌源県三官甸遺跡や建昌県東大杖子14号墓から出土しており，共伴する燕系青銅葬器からは前6～5世紀の墓

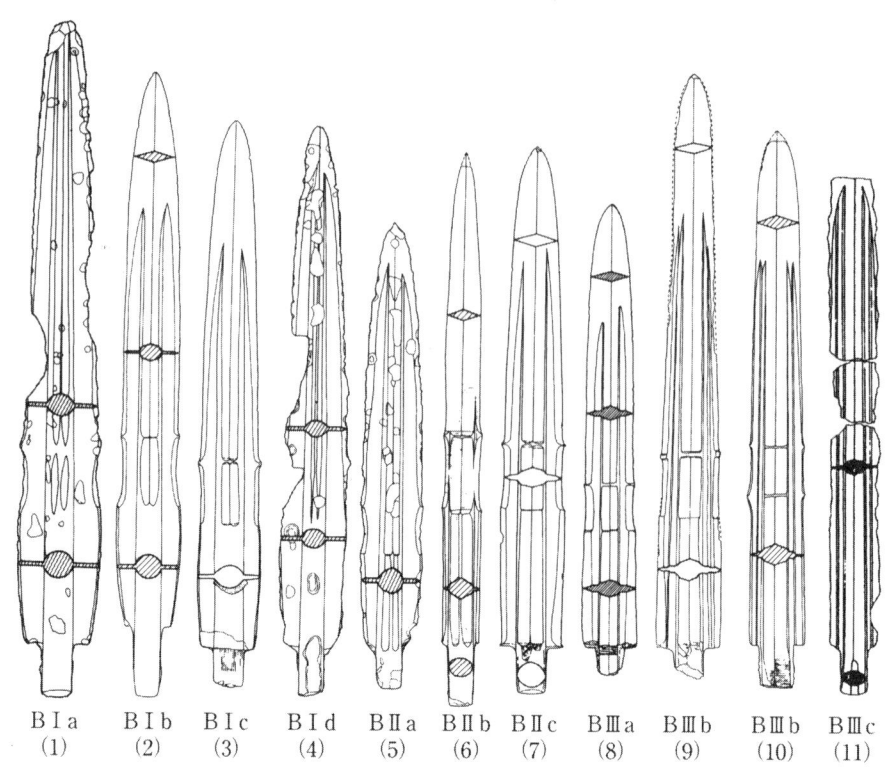

BⅠa (1)
BⅠb (2)
BⅠc (3)
BⅠd (4)
BⅡa (5)
BⅡb (6)
BⅡc (7)
BⅢa (8)
BⅢb (9)
BⅢb (10)
BⅢc (11)

図２　細形銅剣の型式分類
（1 九鳳里，2 東西里，3 八達洞45号墓，4 九鳳里，5 九鳳里，6 東西里，7 八達洞100号墓，8 坪里洞，9 舎羅里130号墓，10 黒橋里，11 天柱里）

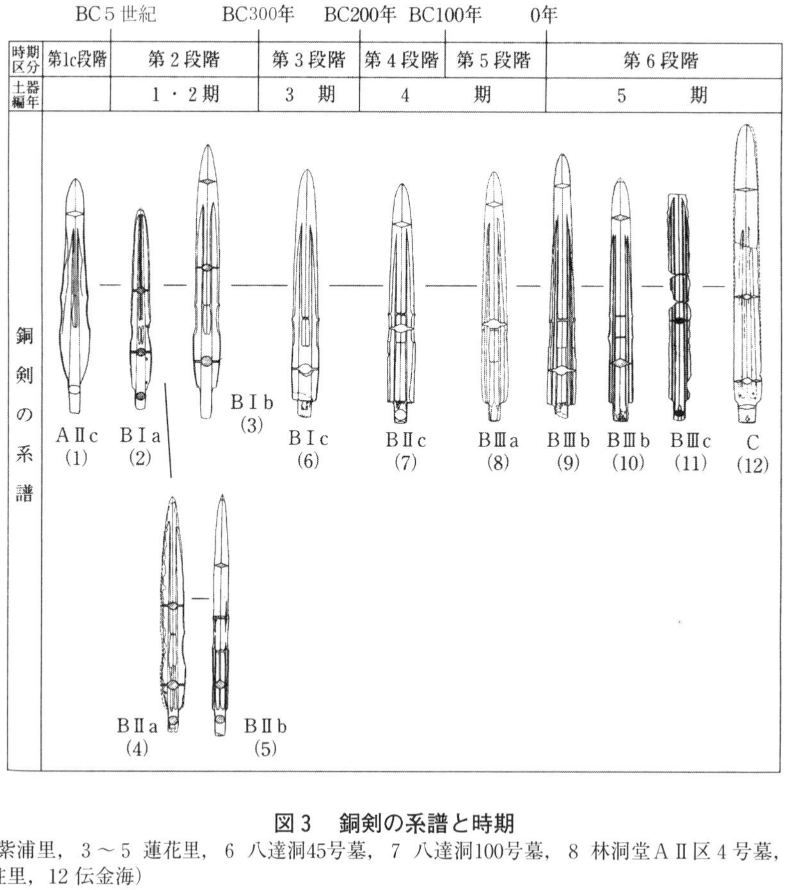

BC５世紀
BC300年
BC200年
BC100年
0年
時期区分
第1c段階
第２段階
第３段階
第４段階
第５段階
第６段階
土器編年
１・２期
３　期
４　　期
５　　期
銅剣の系譜
AⅡc (1)
BⅠa (2)
BⅠb (3)
BⅠc (6)
BⅡc (7)
BⅢa (8)
BⅢb (9)
BⅢb (10)
BⅢc (11)
C (12)
BⅡa (4)
BⅡb (5)

図３　銅剣の系譜と時期
（1 伝成川，2 上紫浦里，3～5 蓮花里，6 八達洞45号墓，7 八達洞100号墓，8 林洞堂AⅡ区４号墓，9 舎羅里130号墓，10 黒橋里，11 天柱里，12 伝金海）

と考えられ，杏家荘2号墓との年代には矛盾がない。

　また，遼西から遼東における遼寧式銅剣1a式から2a式までの変化は，ほぼ前800年頃から前500年頃に起きた型式変化ということがいえるであろう。朝鮮半島でも，遼寧式銅剣の属性の共時性からいえば，AⅠ式銅剣が遼寧式銅剣1a式に，AⅡa式とAⅢa式が遼寧式銅剣1b式に，AⅡb・AⅡc式とAⅢb・AⅢc式が遼寧式銅剣2a式に併行することがいえ〔宮本 2008a〕，これらが前800年頃から前500年頃に存在していたとすることができるであろう。AⅡc式が出土した龍興里には銅刀子が出土しているが，その型式は，遼寧式銅剣1b式が出土した前6世紀の鄭家窪子6512号墓の銅刀子が直接変化したものであり，年代的な矛盾は存在していない〔宮本 2004〕。近年朝鮮半島北部の平壌市順安区新成洞石槨墓では，多鈕粗文鏡とともに遼寧式銅剣AⅡc式が出土している〔国立中央博物館 2006〕。この墓からは黒色磨研土器が出土しているが，この黒色磨研土器は細形銅剣BⅠb式が出土した忠清南道大田市槐亭洞よりも型式学的に古いものであり，さらに鄭家窪子6512号墓より新しい段階のものである。すなわち共伴遺物からも，AⅡc式銅剣が遼寧式銅剣1b式より新しく細形銅剣のBⅠa式より古いものであるという相対的な位置づけが明らかである。したがって朝鮮半島の遼寧式銅剣であるAⅡc式は遼東の遼寧式銅剣2a式と併行する段階のものであり，前500年頃のものとすることができる。朝鮮半島の細形銅剣は，このAⅡc式を直接の祖形としてBⅠa式が出現することはすでに述べたが，その年代は，前500年頃のAⅡc式に継いで出現するものであり，前5世紀頃であると考えてよいものである。先の遼寧式銅剣1b式の前6世紀である鄭家窪子6512号墓，AⅡc式が出土した龍興里遺跡や新成洞石槨墓が前500年頃，そしてBⅠa式が出土する京畿道上紫浦里支石墓が前5世紀頃，さらにBⅠb式が出土する槐亭洞石棺墓へという系統的な変化と年代観を知ることができるのである。槐亭洞からは防牌形銅器や剣把形銅器が出土しているが，これらは遼西の鄭家窪子6512号墓に見られる馬面などの馬具が祖形となって朝鮮半島で形態変化したものであり，前6世紀の鄭家窪子6512号墓とそれほど年代的な開きはないものであろう。すなわち，槐亭洞のBⅠb式の細形銅剣は前5世紀から前4世紀に位置づけられるであろう。したがって朝鮮半島青銅器文化第2段階のBⅠa式，BⅠb式，BⅡa式，BⅡb式が前5世紀～前4世紀にかけてのものであることが理解される。私の粘土帯土器編年との共伴関係（図4）でいえば，粘土帯土器1期の細形銅剣BⅠa式が前5世紀，粘土帯土器2期のBⅠb式・BⅡa式・BⅡb式が前5世紀～前4世紀であると考えられる。この点で細形銅剣BⅡa式と研ぎの形態の共時性を示す遼西の遼寧式銅剣2b式である建昌県孤山子90年1号墓は，共伴する燕系陶器の石川岳彦の編年では前5世紀の前半とされており〔石川 2001，小林ほか 2007〕，私は前5世紀の半ばから後半を考えているが〔小林ほか 2007〕，年代的な矛盾は存在していない。

　一方，漢系遺物からの共伴年代でいえば，細形銅剣BⅠc式が副葬された平壌市貞柏洞97号墓から蟠螭文鏡が出土している。蟠螭文鏡は前3世紀末から前2世紀前半のものである。平壌市土城洞486号墓は，前1世紀に降る細形銅剣BⅢa式が副葬されているものの，BⅠc式も共伴している。ここからは素文鏡や細地文鏡が副葬されている。両者は写真や実測図が公表されていないが，報告文〔金信奎 1994〕からは間違いなく華北系統の戦国式鏡である細地文鏡であり，前3世紀後葉には遡るものである〔宮本 1990〕。これがBⅠc式と同時期のものとすれば，貞柏洞97号墓の例とともに，BⅠc式が前3世紀に遡る可能性を示している。また，型式的にBⅠc式より新しいBⅡc式と蟠螭草葉文鏡が全羅北道益山郡平章里で共伴している。この蟠螭草葉文鏡は前2世紀前半のものであり，BⅡc式もこの段階まで遡る可能性があるのである。このようにBⅡc式の上限年代を考えることと，BⅠc式の共伴する戦国式鏡からはその出現年代が前3世紀に遡る可能性がある。

　ここで問題となるのが銅戈の出現年代である。銅戈が細形銅剣と組み合わさるのは，本稿でいうBⅠc式段階以降である。これまで，銅戈の実年代は河北省易県辛荘頭墓区2号墓から求められていた。この銅戈はいわゆる朝鮮半島製のものであり，燕への招来品である。辛荘頭墓区2号墓の副葬土器の年代は戦国後期後半の前260～220年の間を考えるが〔宮本 2000〕，その墓に副葬された銅

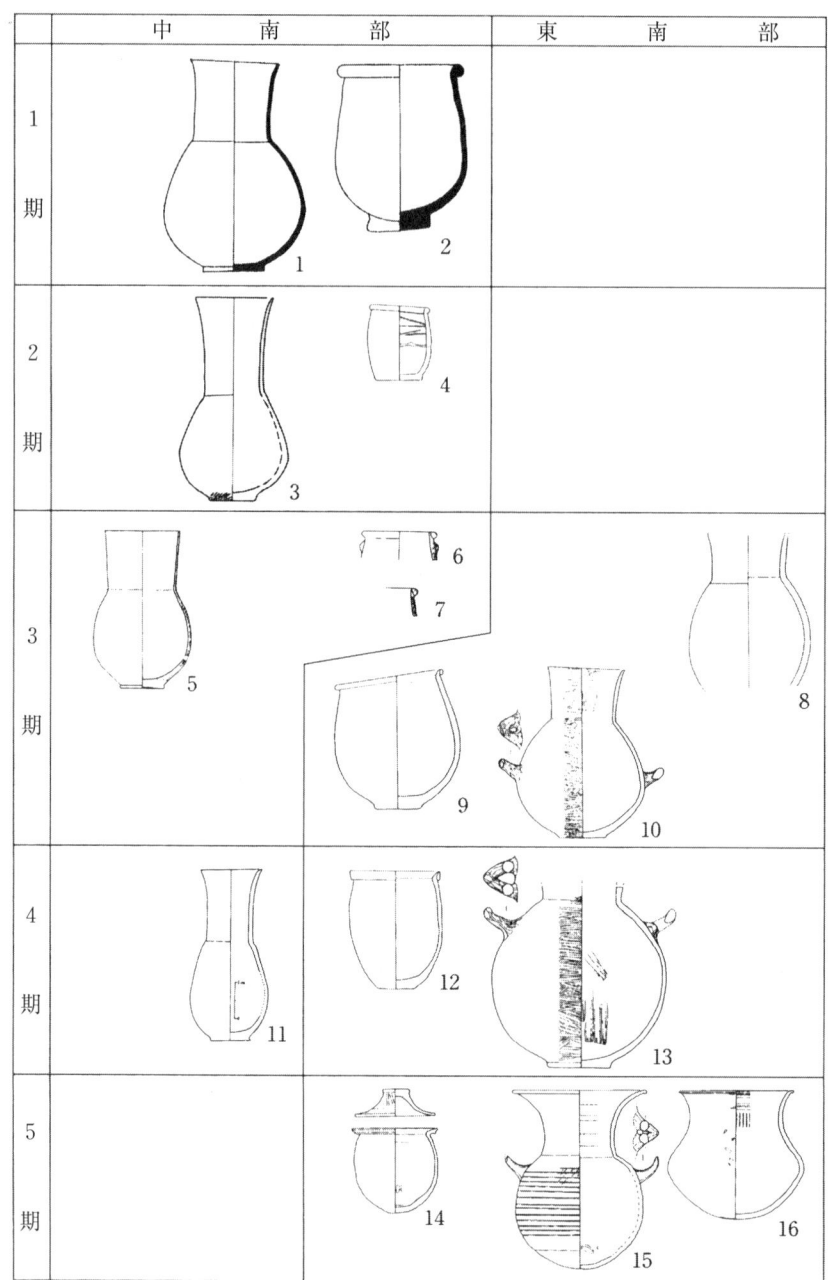

図4　粘土帯土器・黒色磨研土器の変遷
(1・2 槐亭洞，3・4 飛下里，5～7 南城里，8 内洞，9・10 八達洞45号墓，11 九鳳里，12 八達洞64号墓，13 八達洞100号墓，14～16 舎羅里130号墓)

戈は，その年代以前に存在していたことは確かといえよう。少なくとも前3世紀中葉以前ということととなる。ここで問題なのは辛荘頭墓区2号墓の銅戈の年代である。朝鮮半島の銅戈を半島式銅戈と呼ぶならば，こうした銅戈は近年の発見によって遼西地域の前6～5世紀に出現する遼西式銅戈に起源があり〔小林ほか 2007〕，これが系譜的に変化したものが半島式銅戈である。この変化の方向性から考えたとき辛荘頭墓区2号墓の半島式銅戈は決して最古の半島式銅戈ではなく，小林青樹はむしろ新しい段階の半島式銅戈と考えている。これが正しいとすれば半島式銅戈の成立は前3世紀中葉より遙かに古い段階のものということになる。一方で，辛荘頭墓区2号墓の半島式銅戈を最古のものとする後藤直の考え方〔後藤 2007〕もあり，必ずしも見解は一致していないが，どちらにしろ前3世紀前半には存在していておかしくないものであり，小林青樹の考え方〔小林ほか 2007〕

からすれば，前4世紀まで遡るものである。したがって銅戈と共伴し始めるBⅠc式は，その出現年代が少なくとも前3世紀前半まで遡るものと考えられる。

　以上の細形銅剣の年代観をまとめるならば，BⅠa式は前5世紀，BⅠb式・BⅡa式・BⅡb式は前5～4世紀，BⅠc式は前3世紀，BⅡa式は前2世紀と考えられ，細形銅剣の型式変化と年代軸には矛盾がない。さらにBⅢa式は，貞柏洞2号墳では日光鏡や昭明鏡と共伴しており，前1世紀には出現している。同じくBⅢa式は慶州市坪里洞では前1世紀末から紀元後1世紀初頭の虺龍文鏡と共伴している。さらに，BⅢb式は黄海北道黄州郡黒橋里では岡内三眞が前60年頃の年代を与えた五銖銭と共伴しており〔岡内 1982〕，BⅢb式の出現年代を前1世紀後半とすることができるであろう。BⅢa式が前1世紀，BⅢb式が前1世紀後半というふうに，型式変化と年代軸は順次対応している。

3　細形銅矛の成立と型式変化

　銅剣，銅矛，さらに銅戈を含めた型式分類は，杉原荘介〔1964〕，森貞次郎〔1966〕以来，細形，中細形，中広形，広形の4型式に分けられ，今日一般的に用いられている。これは，朝鮮半島からこれら3種類の青銅器が北部九州へ流入し，さらにはそれらを日本列島で倣製し発達させたという認識に立っての分類であり，この3者が共通に変化したという理解がある。ここで問題とすべき細形銅矛は，その後，近藤喬一によって，日本を中心としながらも朝鮮半島や中国を含めた系統関係を意識しながら，a型式～e型式の4型式に細分された〔近藤 1969〕。これは鍪部の菱環耳の有無や，耳がある場合には鍪部下端の節帯と耳の位置に注目した細分であった。近藤の狭鋒銅矛b型式に相当し，菱環耳をもち鍪部下端の節帯が2条ないし4条のものを細形銅矛Ⅰ式とし，これから全長が27～42cmと伸び鍪部下端の節帯が1条になるものを細形銅矛Ⅱ式に区分したのが岩永省三である〔岩永 1980〕。さらに節帯と耳の位置関係から細形銅矛Ⅱ式を3類に細分している。このように鍪部下端の節帯の条数そして鍪部節帯と耳の位置関係という属性は，弥生時代の銅矛の変化を見ていく上では重要な指標となっている。しかし，この変化の方向はあくまでも儀器化していった弥生の銅矛における変化が中心である。朝鮮半島においては，細形銅矛から広形銅矛までの分類の中で細形銅矛しか存在していない。朝鮮半島の中広形銅矛や広形銅矛は日本列島産であり，列島からの輸入品である可能性が高い。しかも細形銅矛段階においても朝鮮半島と北部九州では型式やその変化の違いが指摘されている〔吉田 2003〕。弥生時代における武器形青銅器の型式変化の方向性とは異なったものとして，朝鮮半島の細形銅矛を分類すべきと考える。あるいは弥生の武器形青銅器の変化方向にこだわるべきではないであろう。

　図5に示すように，細形銅矛1式は鋒から直線的に伸びた刃部が鋭角的に屈曲しており，この屈曲点に対応する脊の位置まで研ぎが施されるが，この研ぎは丸形の研ぎ端部を示しており，遼寧式銅剣や細形銅剣の初期段階の研ぎと同じものである。1式はさらに鍪部の下端に節帯を持つものと持たないものに分かれ，前者を1a式に，後者を1b式に区分する。

　細形銅矛2式は全長が全体的に長大化し，刃部下端の屈曲点に一致するように脊の研ぎが終結するが，この研ぎ形態は角研ぎに変化している。この変化に関してはすでに青木政幸が指摘している〔青木 2002〕。2式はさらに区分が可能であり，2式の中では鍪部下端に1条の節帯を持ち菱環耳を有さないものが2a式であり，比較的小型である。鍪部下端に2条の節帯を有するものを2b式とし，一般的には耳を持たないが，耳を持つものもこれに含める。これに対し鍪部下端に1条の節帯を持ち菱環耳を有するところに特徴があるが，それとともに2a・2b式に比べ刃部が長大化し刃部下端の屈曲部がより関側によるとともに，刃部の屈曲点と脊の鎬下端を同時に研磨することから，それらの研ぎが一致して一直線をなすものがある。これを2c式とする。さらに刃部が長大化し全長も大型化したものに変化する。これが2d式である。2d式の脊部分の研ぎ形態は2c式と同じように直線をなす角研ぎであるが，これに対応する関側屈曲部の刃部研ぎは直線状をなし，2c

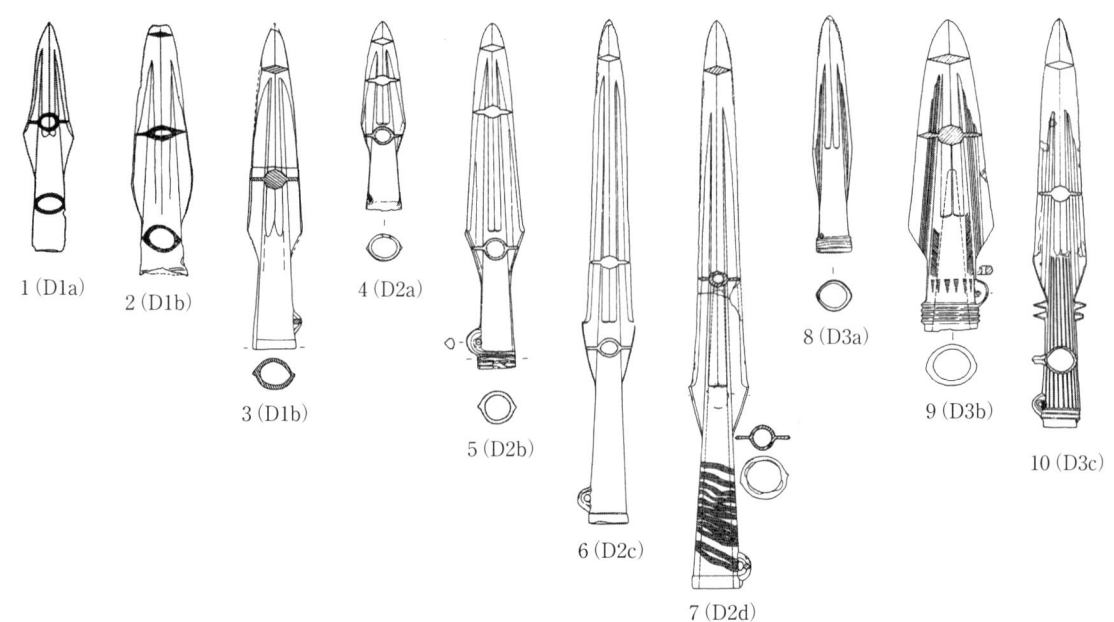

図 5　細形銅矛の型式分類
(1 イズヴェストフ，2 炭坊洞，3 伝永川，4 八達洞100号墓，5 八達洞100号墓，6 入室里，7 九政洞，8 八達洞90号墓，9 九政洞，10 入室里)

式より定型化している。この 2 d 式は近藤喬一が狭矛 c 式としたもの〔近藤 1969〕であり，岩永省三が II 式 a 3 類とするものである〔岩永 2002〕。細形銅矛 2 式の内，2 c 式や 2 d 式は朝鮮半島南部に限られるものであり，とりわけ 2 d 式の分布は嶺南地域に限られよう。細形銅矛 2 式の系譜こそが，北部九州の銅矛と関係していると考えられる。

　これらとは異なり刃部の樋が多段化し，その形態は細形銅剣 B III b 式と B III c 式と同じものである青銅矛を 3 式と分類することができる。3 式は，刃部の樋が多段化するだけの 3 a 式，鋬部節帯が文様化したり耳がつくものを 3 b 式，さらに鋬部に刺突状突起を有するものを 3 c 式に細分することができる。

　細形銅矛の成立に関しては，近藤喬一によってこれまで燕に見られる青銅矛との関係が考えられていた〔近藤 1969〕し，韓国の学界でもその考え方が一般的であった〔李清圭 1982〕。しかし，宮里修によって遼寧式銅矛からの変化を考える自生的な考え方が，近年示されている〔宮里 2007b〕。遼寧式銅矛の変化方向からすれば，細形銅矛 1 式の成立を矛盾なく説明でき，妥当な考え方である。かつて述べたように遼寧式銅矛の変化（図 1）は，突起の位置が矛身に対して鋒側にある A 1 式から，突起がその中央部に移る A 2 式，さらに突起部が鋬部側に移動する A 3 式である〔宮本 2002a〕。突起位置が次第に移動するように突起そのものが退化してゆく傾向にあるが，これはより深く突き刺して殺傷力を増す機能変化を示している。この遼寧式銅矛 A 3 式の鋬部側の退化した突起が，より退化して痕跡器官として，刃部の鋭角的な屈曲点が鋬部近くに存在するのが細形銅矛 1 a 式ということになる（図 1）。そして鋒からその刃部屈曲点までを研磨するため脊の研磨痕端部が，刃部屈曲点に併行する脊に認められ，丸研ぎをなす。すでに遼寧式銅剣を A ～ C 式に分類しているので，ここでいう細形銅矛を遼寧式銅矛と区別する意味で D 式と総称するならば，細形銅矛 1 a 式は D 1 a 式と呼び変えることができる。すなわち遼寧式銅矛の A 3 式矛から細形銅矛である D 1 a 式銅矛へ型式変化したことにより細形銅矛が成立したと理解できるのである。

　ここで遼寧式銅矛の時間軸上の位置づけを押さえておく必要があろう。遼寧式銅剣 1 b 式と遼寧式銅矛 A 2 式は遼寧省西豊県誠信村石棺墓で共伴している〔遼寧省西豊県文物管理所 1995〕。また，遼寧省建平県楡樹林市郷炮手営子881号墓でも遼寧式銅剣 1 b 式と遼寧式銅矛 A 2 式が共伴してい

— 18 —

る〔李殿福 1991〕。遼寧式銅矛Ａ２式は，朝鮮半島北部の大同江流域で集中的に出土しており，表岱10号住居址，南陽里16号住居址や龍谷里5号支石墓から発見されている。共伴する土器からはコマ形土器文化3期に位置づけられている〔徐国泰ほか 2003〕。遼寧式銅剣が出土する石棺墓がコマ形土器文化2期とされるように，遼寧式銅剣１a式は遼寧式銅矛Ａ２式に先行するものであろう。吉林省吉林市星星哨石棺墓地においては必ずしも同一墓からの出土ではないが，遼寧式銅剣１a式と遼寧式銅矛Ａ１式が出土している。遼寧式銅剣１a式と遼寧式銅矛Ａ１式が同時期であるということがいえるであろう。また遼寧式銅矛Ａ２式の中においても，表岱10号住居址出土の遼寧式銅矛Ａ２式に比べ，南陽里16号住居址と龍谷里5号支石墓出土遼寧式銅矛Ａ２式は，突起の位置がより基部側によっており，遼寧式銅矛Ａ３式に近いものであり，おそらくは細かな時期差があるものと想定される（図1）。

一方，遼寧式銅矛Ａ３式は銅剣との共伴関係は不明である。宮里修が丁峰里式と呼ぶ銅矛〔宮里 2007b〕の中に咸鏡南道高原郡弥屯里遺跡出土のもの〔《朝鮮遺跡遺物図鑑》編纂委員会 1989〕がある。これを丁峰里石槨墓のものと同型式とするには違和感を覚えるが，それは別として，弥屯里の銅矛は刃部の突起が痕跡的に残るＡ３式の最も新しい段階のものと判断される。さらに興味深いのは刃部の樋である。樋の鋳造技術が稚拙であり，伝平壌出土遼寧式銅剣ＡⅡb式，伝成川出土のＡⅡc式や龍興里遺跡出土の遼寧式銅剣ＡⅢc式の樋である血槽の特徴〔宮本・田尻 2005〕と極めて類似している。これらの型式以外にはこのような樋は見あたらないところからも，同じ技術基盤で製作されたものであり，共時性を示すものである。朝鮮半島の遼寧式銅剣ＡⅡb・ＡⅡc式，ＡⅢb・ＡⅢc式に相当するものであろう。とりわけ突起の退化形態からすれば，遼寧式銅矛ＡⅡc・ＡⅢc式に相当する時期のものであろう。

ここで細形銅剣と細形銅矛の共伴関係から，細形銅矛の成立時期を探ってみよう。表1に示したのが共伴関係である。ここで最古の細形銅矛と考えるのはＤ１a式からである。Ｄ１a式矛は弥屯里遺跡の遼寧式銅矛Ａ３式の突起部が消失し，そのもともとの突起部位置が刃部の屈曲点となったものであり，そこまでが基本的に研がれるものであり，刃部が鈍角状に折れ曲がる屈曲部と平行な脊の位置まで研磨が施され，研ぎの端は丸研ぎを呈するものである。また，これらは長さが15cm前後であり，遼寧式銅矛Ａ式と同じように小型であるところも，遼寧式銅矛Ａ式の直接の後継者であることを示している。細形銅矛Ｄ１a式と共伴する細形銅剣は，ＢⅠa式がイズヴェストフ遺跡〔平井 1960，姜仁旭・千羨幸 2003〕，ＢⅡa式が丁峰里遺跡〔社会科学院考古学研究所 1977〕で共伴している。基本的に朝鮮半島青銅器文化第2段階に相当している。したがって細形銅矛も細形銅剣が成立した段階に朝鮮半島しかも朝鮮半島北部で細形銅剣と同じように成立したものであると想定できよう。その成立年代は，すでに細形銅剣ＢⅠa式を前5世紀と比定したように，この段階に細形銅矛の最古型式が成立していたとすることができるであろう。

一方，最も定型化した細形銅矛はＤⅠb式である。ＤⅠb式の中でも最古と考えられるものは，炭坊洞のもの（図5-2）であり，鍪部下端にかすかな節帯が認められるものである。矛における節帯の出現は，おそらくは鍪部における外笵と内笵を固定するためのはばき部分の仕掛けによるものであり，外笵と内笵の合わせ部分の端部で余分にはみ出したこうばり部分が発達したものではないかと想定する。その想定からすれば炭坊洞のものは最古に想定できるが，共伴した細形銅剣はＢⅠb式と朝鮮半島青銅器文化第2段階のものである。定型化した細形銅矛であるＤⅠb式が成立するのは，細形銅剣ＢⅠb式からであり，その年代は前5世紀～前4世紀に相当している。

細形銅剣の型式のセリエーションを基準に，それに共伴した細形銅矛の型式を眺めたのが表1である。表1に示すように，細形銅剣の型式変化と想定された細形銅矛の型式変化との共伴関係にはほぼ矛盾がない。この場合，細形銅剣の古い型式と細形銅矛の新しい型式が共伴している場合は，細形銅剣の型式上最も古い型式と最も新しい型式の年代幅を以って，細形銅矛を時間軸上に位置づけうる。また単独に細形銅剣と細形銅矛が共伴した場合でも，共伴する細形銅剣の年代幅がそれに

表1　銅剣型式と銅矛型式の組み合わせ

遺跡名	銅剣									銅矛									その他
	BIa	BIb	BIIa	BIIb	BIc	BId	BIIc	BIIIa	BIIIb	D1a	D1b	D2a	D2b	D2c	D2d	D3a	D3b	D3c	
沿海州イズヴェストフ	○									○									
忠南大田市炭坊洞		○									○								
黄北新渓郡丁峰里			○																
咸南新昌郡下細洞里					○						○								
忠南扶余郡九龍面九鳳里		○			○						○								
全北長水郡天川面南陽里		○			○						○								
全南咸南郡草浦里		○			○						○								
黄南延安郡梧嗯里		○			○														
平壤市寺洞区梨峴里					○							○	○						
咸南咸興市馬花洞					○							○							
慶南三千浦市馬島洞					○							○	○						
平壤市貞柏洞1号木槨墓					○							○	○						
大邱市八達洞100号墓					○							○	○						
黄北銀波郡葛峴化石洞					○	○	○					○	○	○					
全北益山郡王宮面平草里							○						○	○	○				
慶北慶州市九政洞							○							○					
慶北慶州市大宰里							○							○					
慶北慶山市丹郡面白雲里							○							○					
黄南載寧郡富徳里							○								○				
慶北月城郡外東面竹東里																	○		
南浦市江西区台城里10号墓								○										○	
大邱市飛山洞								○									○		中広形
黄北黄州郡黒橋里									○									○	中国式

表2　銅剣型式と朝鮮半島青銅器文化の併行関係

	朝鮮半島青銅器文化	遼西	遼東	吉長地区	半島北部	半島南部
BC800	朝鮮半島青銅器文化Ⅰa段階	1a	1a	1a,矛A1	AⅠ	AⅠ'
	朝鮮半島青銅器文化Ⅰb段階	1b	1b	1b,矛A2	AⅡa・Ⅲa・矛A2	AVa・矛B
BC500	朝鮮半島青銅器文化Ⅰc段階	2a	2a	触角Ⅰ,矛A3	AⅡb・Ⅱc,AⅢb・Ⅲc,矛A3	AVb・Vc,矛C
	朝鮮半島青銅器文化Ⅱ段階	2b	2b	2b,3a,触角Ⅲb	BⅠa・Ⅰb,矛D1a・D1b	BⅠa・Ⅰb,矛D1b
BC300	朝鮮半島青銅器文化Ⅲ段階		3b・4	3b,触角Ⅱa	BⅠc,矛D2a	BⅠc,矛D2a

対応する銅矛型式の時間軸上の年代幅ということになる。この原則からすれば，脊の研ぎが丸研ぎであった細形銅矛Ｄ１式に比べ，角研ぎの特徴を示す細形銅矛Ｄ２式は後出することが看取できる。このうち，Ｄ２ａ式は細形銅剣ＢⅠｃ式以降の型式である細形銅剣と共伴しており，細形銅剣ＢⅠｃ式段階に成立したとすることができるであろう。細形銅剣ＢⅠｃ式と細形銅矛Ｄ２ａ式ともに研ぎは角研ぎを示し，様式的な共時性を示している。その年代は先の細形銅剣ＢⅠｃ式の年代推定からすれば，前３世紀とすることができるであろう。

続くＤ２ａ式銅矛の節帯が多条化したＤ２ｂ式銅矛は，細形銅剣ＢⅠｃ式～ＢⅡｃ式に相当する。細形銅剣ＢⅠｃ式時期から始まり，ＢⅡｃ式段階に存続している。全羅北道益山郡平章里遺跡の細形銅矛は過半部が欠損しているが，矛身の大きさや長鋒の形態的特徴から見ればＤ２ｃ式銅矛であろう。Ｄ２ｃ式銅矛は，Ｄ２ｂ式銅矛より後出するものとするならば，細形銅剣との共伴関係からして，細形銅剣ＢⅡｃ式段階と考え得るであろう。平章里遺跡からは前２世紀前半の蟠螭草葉文鏡も出土しており，Ｄ２ｃ式銅矛は前２世紀前半のものと見なすことができるであろう。このＤ２ｃ式銅矛は岩永省三の分類における細形銅矛Ⅱ類ａ３類に相当しており，岩永は弥生中期中葉にすでに細形銅矛Ⅱ類ａ３類が出現している可能性を考える〔岩永2002〕。この想定を是とするならば，弥生中期中葉は私のいう朝鮮半島青銅器文化第４段階に相当し，前２世紀ということになるであろう。

このような細形銅剣の型式と細形銅矛の共伴関係からすると，細形銅矛Ｄ１ａ式・Ｄ１ｂ式は細形銅剣ＢⅠａ式・ＢⅠｂ式段階に，細形銅矛Ｄ２ａ式は細形銅剣ＢⅠｃ式段階に，細形銅矛Ｄ２ｂ式は細形銅剣ＢⅠｃ～ＢⅡｃ式段階に，細形銅矛Ｄ２ｃ式は細形銅剣ＢⅡｃ式に併行することとなる。さらに細形銅矛Ｄ３式は細形銅剣ＢⅢ式に併行するものと考えることができるであろう。

4　細形銅剣と細形銅矛の成立年代

以上から，遼寧式銅剣から細形銅剣への変化過程，さらに遼寧式銅矛から細形銅矛への変化過程が理解されたであろう。さらにそれらの共伴関係から，それぞれの型式の共時性を知ることができたであろう。また，触角式銅剣についてもこれまで型式分類と編年を試みてきたところであるが，大きく四つの系統に分けることができる〔宮本2002ｃ〕。剣身形態から決定できる触角式銅剣の型式変化も，遼寧式銅剣と細形銅剣の型式変化と様式的に共時的なものである。ここでは紙幅の関係から詳しく述べることができないが，こうした一連の変化過程を編年表として表わしたものが表２である。そして銅剣を中心として，伴出する中国系文物の年代からその絶対年代を推定してきた。この年代の枠組みもこの表に記載されている。これによって，細形銅剣の成立年代は前５世紀，細形銅矛の成立年代もほぼ同じ時期の前５世紀であると想定できる。その他の各型式の成立年代についてはすでに述べたとおりである。

細形銅剣は朝鮮半島において生成変化していった遼寧式銅剣ＡⅡ式の変化系列にあると推定できるが，そのＡⅡ式の分布範囲は大同江流域を中心とする朝鮮半島中西部にある。したがって，細形銅剣の起源地もこの大同江流域にある可能性が高いであろう。一方，細形銅矛の最古式であるＤ１ａ式の丁峰里は黄海北道の朝鮮半島中西部に，イズヴェストフは沿海州南部にあり，ともに朝鮮半島北部である。また，続くＤ１ｂ式の中でも最古に位置づけうる炭坊洞も錦江流域の朝鮮半島中南部にある。また，細形銅矛への変化していった祖形としてあげうる遼寧式銅矛Ａ２式の出土地は大同江流域に集中している。さらに遼寧式銅矛の最も新しいものであり，細形銅矛Ｄ１ａ式へ直接変化したと考えられる遼寧式銅矛Ａ３式が出土したのは咸鏡南道弥屯里である。どちらにしろ細形銅矛の祖形も朝鮮半島北部であり，さらに細形銅剣の最古式も朝鮮半島北部にあり，この地域で細形銅剣が成立したのは確かであろう。したがって，細形銅剣と細形銅矛がともにその出現地は大同江流域を中心とする朝鮮半島中西部にあった可能性が最も高いのではないだろうか。ともかく，これら朝鮮半島に典型的な青銅武器が，ともに朝鮮半島で生成変化した遼寧式銅剣と遼寧式銅矛の変化系列にあったということが重要な事実である。その年代が前５世紀であったことも，東北アジア全

体の歴史から見るならば，前6世紀から前5世紀に認められる燕の遼西地域への間接支配時期と呼応している。いわば遼西地域が燕化していく時期と呼応しているのである〔宮本 2000・2007〕。このことは，燕の遼西進出とその軍事的な脅威が，朝鮮半島北部とりわけ大同江流域を中心として地域固有の青銅武器を生み出す大きな刺激となっていたことを示し，東北アジア先史時代の重要な歴史的事実であると考えられる。

参考文献

青木政幸 2002「研磨痕と武器形青銅器－韓半島出土のいわゆる細形銅剣・細形銅矛を中心に－」『朝鮮古代研究』第3号

石川岳彦 2001「戦国期における燕の墓葬について」『東京大学大学院人文社会系研究科・文学部考古学研究室研究紀要』第16号

岩永省三 1980「弥生時代青銅器型式分類編年再考－剣矛戈を中心として－」『九州考古学』55号

岩永省三 2002「青銅武器儀化化の比較研究－韓と倭－」『韓半島考古学論叢』すずさわ書店

岩永省三 2003「武器形青銅器の型式学」『考古資料大観』第6巻（弥生・古墳時代　青銅・ガラス製品）小学館

尹武炳 1972「韓国青銅短剣の型式分類」『震檀学報』29・30合併号

大貫静夫 2007「上馬石上層文化の土器編年」『遼寧を中心とする東北アジア古代史の再構成』（平成16年度～平成18年度科学研究費補助金（基盤研究（B））研究成果報告書）

王青 2007「山東発現的幾把東北系青銅短剣及び相関問題」『考古』2007年第8期

岡内三眞 1982「漢代五銖銭の研究」『朝鮮学報』第102輯

吉林市博物館・永吉県文化館 1983「吉林永吉星星哨石棺墓第三次発掘」『考古学集刊』第3集

姜仁旭・千羨幸 2003「ロシア沿海州細形銅剣関係遺跡の考察」『韓国上古史学報』第42号

金信奎 1994「土城洞486号木槨墓発掘報告」『朝鮮考古研究』1994年第4期

後藤　直 1985「朝鮮半島青銅器文化の地域性」『三上次男博士喜寿記念論文集（考古編）』平凡社

後藤　直 2007「朝鮮半島の銅戈－燕下都辛庄頭30号墓出土銅戈の位置づけ－」『遼寧を中心とする東北アジア古代史の再構成』（平成16年度～平成18年度科学研究費補助金（基盤研究（B））研究成果報告書）

近藤喬一 1969「朝鮮・日本における初期金属器文化の系譜と展開」『史林』第52巻第1号

国立中央博物館 2006『北方の文化遺産』

小林青樹・石川岳彦・宮本一夫・春成秀爾 2007「遼西式銅戈と朝鮮式銅戈の起源」『中国考古学』第7号

社会科学院考古学研究所 1977『古朝鮮問題研究論文集』社会科学出版社

徐国泰・池ファサン 2003『南陽里遺跡発掘報告』白山資料院

杉原荘介編 1964『日本原始美術』4，講談社

武末純一 2002「弥生文化と朝鮮半島の初期農耕文化」『古代を考える　稲・金属・戦争－弥生－』吉川弘文館

《朝鮮遺跡遺物図鑑》編纂委員会 1989『朝鮮遺跡遺物図鑑2　古朝鮮，扶余，辰国篇』

趙鎮先 2001「細形銅剣の形式変遷と意味」『韓国考古学報』第45輯

趙鎮先 2003「細形銅剣の日本列島への流入と発展」『青丘学術論集』第22集

平井尚志 1960「沿海州新出土の多鈕細文鏡とその一括遺物について」『考古学雑誌』第46巻第3号

宮里　修 2007a「朝鮮式細形銅剣の成立過程再考－東北アジア琵琶形銅剣の展開のなかで－」『中国シルクロードの変遷』（アジア地域文化学叢書Ⅶ），雄山閣

宮里　修 2007b「細形銅剣文化の暦年代」『第19回東アジア古代史・考古学研究交流会予稿集』東アジア考古学会

宮本一夫 1990「戦国鏡の編年（上）（下）」『古代文化』第42巻第4・6号
宮本一夫 1998「古式遼寧式銅剣の地域性とその社会」『史淵』第135輯
宮本一夫 2000『中国古代北疆史の考古学的研究』中国書店
宮本一夫 2002a「吉長地区における青銅武器の変遷と地域的特徴」『東北アジアにおける先史文化の比較考古学的研究』九州大学大学院人文科学研究院
宮本一夫 2002b「朝鮮半島における遼寧式銅剣の展開」『韓半島考古学論叢』すずさわ書店
宮本一夫 2002c「東北アジアにおける蝕角式銅剣の変遷」『清渓史学』16・17合輯（『姜仁求先生教授停年記念東北亜文化論叢』）
宮本一夫 2003「東北アジア青銅器文化からみた韓国青銅器文化」『青丘学術論集』第22集
宮本一夫 2004「青銅器と弥生時代の実年代」『弥生時代の実年代』学生社
宮本一夫 2006「杏家荘2号墓出土の遼寧式銅剣」『東方はるかなユートピア－烟台地区出土文物精華－』山口県立萩美術館・浦上記念館
宮本一夫 2007「漢と匈奴の国家形成と周辺地域－農耕社会と遊牧社会の成立－」『東アジアと日本－交流と変容－ 統括ワークショップ報告書』（九州大学21世紀COEプログラム）
宮本一夫 2008a「遼東の遼寧式銅剣から弥生の年代を考える」『史淵』第145輯
宮本一夫 2008b「中国初期青銅器文化における北方青銅器文化」『長城地帯青銅器文化の研究』（シルクロード学研究29）
宮本一夫・田尻義了 2005「朝鮮半島出土銅剣の集成」『弥生時代成立期における渡来人問題の考古学的研究』九州大学大学院人文科学研究院考古学研究室
村上恭通 2000「遼寧式銅剣・細形銅剣文化と燕」『東夷世界と考古学』青木書店
森貞次郎 1966「武器」『日本の考古学Ⅲ 弥生時代』河出書房新社
森貞次郎 1968「弥生時代における細形銅剣の流入について」『日本民族と南方文化』平凡社
李榮文 1998「韓国琵琶形銅剣文化の諸問題－琵琶形銅剣を中心として－」『韓国考古学報』38
李健茂 1992「韓国の青銅器文化」『特別展　韓国の青銅器文化』汎友社
李清圭 1982「細形銅剣の型式分類およびその変遷に対して」『韓国考古学報』第13輯
李殿福 1991「建平弧山子，楡樹林子青銅時代墓葬」『遼海文物学刊』1991年第2期
遼寧省西豊県文物管理所 1995「遼寧西豊県新発現的幾座石棺墓」『考古』1995年第2期
柳田康雄 2004「北部九州からみた弥生時代の実年代」『弥生時代の実年代』学生社
柳田康雄 2007「銅剣鋳型と製品」『考古学雑誌』第91巻第1号
吉田　広 2003「朝鮮半島出土の倭系武器形青銅器」『青丘学術論集』第22集

東北アジアにおける銅戈の起源と年代
―― 遼西式銅戈の成立と燕・朝鮮への影響 ――

小林青樹

はじめに

中国中原の周辺地域では，中原に起源する要素が同じように伝播しつつ，各所で独自の特色ある文化を構築した。筆者は，そうした地域を中国外郭圏とよぶ〔小林 2006〕。こうした外郭圏では，中原系の礼制や車馬などが伝播しないという特徴があり，それが武器などの器物に影響した。本稿では，中原から東北側の外郭圏，すなわち東北アジアの銅戈の起源と年代を問題とする。中国の外郭圏では，西周時代から中原系の銅戈が伝播し，わずかながらも銅戈が存在していた〔王 2003〕。こうした初期の銅戈は，車馬具とともに出土することから「車戈」として用いていたことがわかる。その後，春秋段階になっても，車馬具とともに銅戈は出土し，戦国時代前半頃には大・小凌河流域を中心とする遼西地域にまで中原系の銅戈は拡散する。中原系の銅戈は，この遼西地域をさらに東に越えて出土することは稀で，遼西地域までが中原系の銅戈の分布圏といってよいであろう。以上のように，中国外郭圏は，中原系銅戈がわずかに伝播する周縁地域であり，本来は銅戈を主要な武器として保有する地域ではなかった。

しかし，前6世紀頃，中原系銅戈をわずかしか保有していなかった遼西地域において，中原系の銅戈の使用法やデザインの影響を受けつつ，在来の遼寧式銅剣をモデルに新たな銅戈を創成した。そして，この銅戈は，日本と朝鮮半島の銅戈の起源となった。筆者らは，この遼西地域で形成された日本と朝鮮半島の銅戈の祖型と考えられるものを，「遼西式銅戈」と呼んだ〔小林ほか 2007〕。この遼西式銅戈の認識によって，これまで日本と朝鮮の銅戈の形状などについて説明できない点が理解できるようになった。本稿では，東アジアに突如として出現した遼西式銅戈について，その成立過程と朝鮮式銅戈，そして日本の弥生銅戈への変遷の過程を検討し，形状とその成因，さらに意味について明らかにする。

これまでに報告されている遼西式銅戈は，喀左県梁家営子例・于道溝孤山子遺跡例・葫芦島傘金溝A例の3点である。しかし，このほかに未報告資料として，葫芦島傘金溝からもう1点（B例），建昌県東大杖子遺跡から3点（A〜C例）が出土しており，現在知られる資料は合計7点である。このうち図化されているものは3点である（図2）。なお，遼西式銅戈に関する研究史と個々の資料の詳細に関する部分については，本稿では最小限の説明にとどめ，別稿〔小林ほか 2007〕を参照していただきたい。

以下での記述にあたって，銅戈の部分名称について図1に示した。銅戈のなかには，本論で触れる遼西式銅戈のように，援の末端の延長上に突出し，また脊柱に接続しつつ垂直に突出する「闌」をもつものがある。こうした闌の名称については，援の末端の延長上に突出する部分は，柄に銅戈を挿入した場合，内だけでは強度がよくないために補助的に装着する部分であるので，ここでは「補助闌（部）」と呼称しておく。一方，援の末端に垂直にとりつく闌については，銅戈が打撃によって柄にくい込むのを防止して

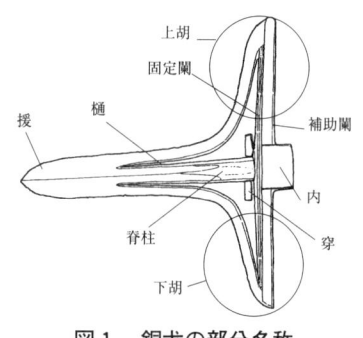

図1　銅戈の部分名称

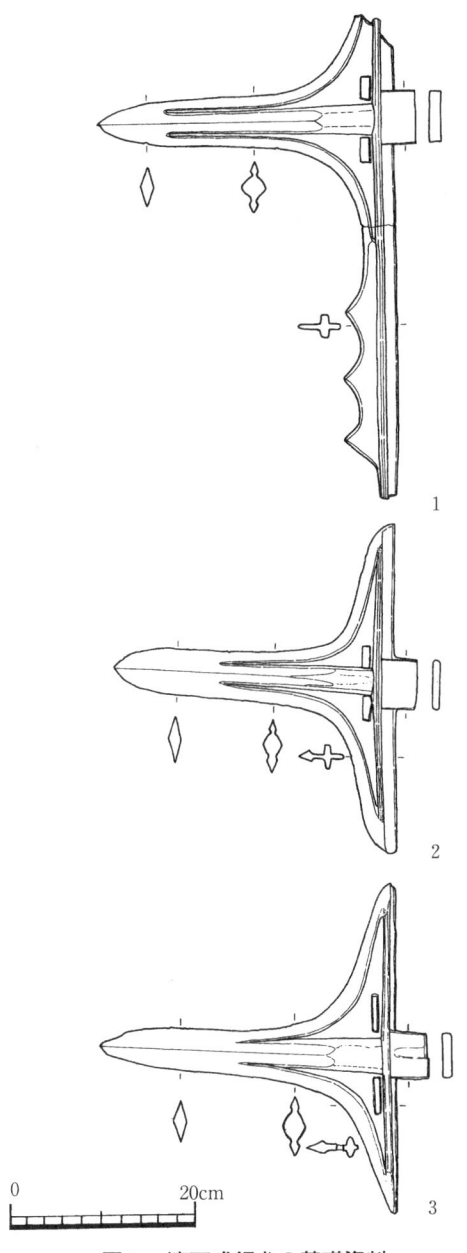

図2 遼西式銅戈の基礎資料
1 梁家営子, 2 孤山子, 3 傘金溝A

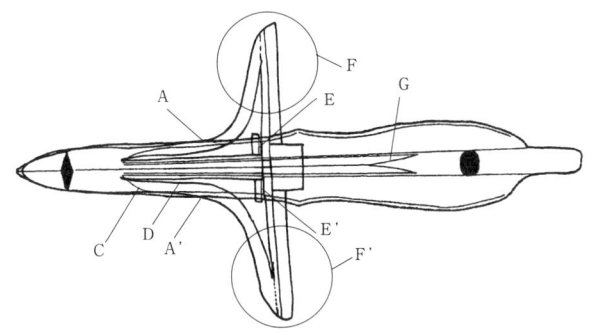

図3 遼寧式銅剣と遼西式銅戈の合成

固定する機能を与えたものであるので,「固定闌（部）」と呼称する。この両者によって形成された闌部分の断面は,全体で「T」の字を横にした形状をなす。

1 遼西式銅戈の特徴

ここでは,遼西式銅戈の諸特徴を整理し,それらの形成要因などについて検討する。以下,援,脊柱,樋,胡,闌,内,穿,刃こぼれ,大きさ,の順にみていきたい。

（1）援

遼西式銅戈の援は,細身で直線的である。鎬の位置を中軸として折り返せば,ほぼ左右対称の援をなす。援の刃部は,内・外の刃部に関係なくつけており,断面形は菱形をなす。こうした特徴は,脊柱と樋をもつ特徴とあわせて,遼寧式銅剣と非常に類似する。

図3は,遼寧式銅剣と遼西式銅戈の縮尺の同じ図を重ねたものである。ここでは,古い遼西式銅戈と同時代に存在した遼寧式銅剣2a式と合成した。両者を援の先端部分を基準に重ねてみると,ほぼ両者は同じ幅であり,断面形態も同じような厚さをもつ菱形である。したがって,遼西式銅戈の援の特徴は,遼寧式銅剣を改良して形成した可能性が高い。また援は,三角形状の上下の胡へとカーブを描きながら一体化している。したがって,援は上下の胡に向かって続くため,厳密には援と胡の境目は曖昧である。ただし,援から胡にかけてのカーブのほぼ中間の変換点付近（A・A′点）で研ぎ分けをしており,この位置までを援,すなわち主要な身として認識することも可能である。図3で試した遼寧式銅剣との合成図をみると,ほぼ両者の重なる援から,銅戈の上下の胡が接合する箇所（A・A′点）は,銅戈の脊柱にみられる研ぎ分けの位置と合致し,この点も,遼西式銅戈と遼寧式銅剣の近似性の高さを表わしている。

援には,多数の微細な刃部の欠損,刃こぼれを観察できる。刃こぼれの分布には共通性のあることがわかり,梁家営子例,孤山子例,傘金溝B例の3つの資料いずれについても,闌を垂直にしてみた場合,援が内湾,もしくは内接している側の下方の刃部（下刃）に集中している。3例のうち,梁家営子例は,刺をもつ胡部分を下にして着柄しているのは明らかであり,刃こぼれが集中する部

分を援の下側と想定できる。この考えを他の例に適用すれば，刺をもたない孤山子例などの着柄状態は，後述する図5のように復元できる。また，刃こぼれは，さらに細かくみれば，援の先の方，援から胡への変換点，そして胡の先端手前付近，の3カ所に集中する。戈は，刺す，斬る，引っ掛ける，という機能をもつので，刃こぼれは基本的に刃の下側につくことになり，この分布の偏在性と，刃部先端の欠損から，「刺す」機能が最も重要であった可能性がある。

（2）脊柱

遼西式銅戈の特徴のうち，円形断面の脊柱は援以上に遼寧式銅剣との関係の深さを示す。脊柱は，研ぎがあまり進行していない固定闌側でみると，断面は丸形をなす。この脊柱は，援の中央やや刃先付近からのび，固定闌と接合する。型式学的に古相の梁家営子例段階では，脊柱は闌の高さよりも突出する。すなわち古相段階の脊柱は，断面がより太く実戦的であった。これが，次の孤山子例段階では，闌の高さとほぼ同じとなり，傘金溝A例段階で闌の高さよりもやや低くなる。

この脊柱には，遼寧式銅剣と同様な研ぎ分けと，それによって生じた鎬がみられる。研ぎ分けと鎬が生まれたのは，援の刃部の研ぎと関係がある。遼寧式銅剣では，刃部の研ぎの際に，援の先端から脊柱がない部分は砥石と刃部のみの接地による擦過となるが，脊柱がつく部位より下の場合，脊柱と刃をつける援の側縁が砥石に接する。研ぎの作業は，脊柱の中央を境に左右の援の側縁に刃部をつけつつ研ぎ進めることにより，脊柱に研ぎによる縦方向（軸線方向）の数ミリ幅の研ぎ面が

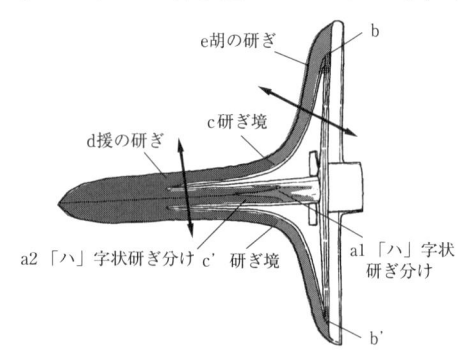

図4　遼西式銅戈の研ぎ方模式図

はいり，この研ぎ面の境目が鎬と一致する。そして，この作業は，方向が均一な場合は常に同じように研ぎ面をなすが，一度，方向や角度を変えた場合，方向の異なる研ぎ面の存在によって「研ぎ分け」が生じる。遼西式銅戈における研ぎ分けを詳細に観察すると，図4のようになる。研ぎの工程は，最終的に残った擦痕を指標にすれば，大きく3つに分割できる。第1の工程は，脊柱の鎬の「内」側末端の位置に対応する付近に，「内」側に向かって細い「ハ」の字状に研ぎ分けしている（図4-a1）。この部分の研ぎの方向は，脊柱に対して垂直方向であり，おそらく固定闌の両端と胡先端（図4-b・b´部分）を研ぎ減らすことによって生じたものであろう。このb・b´部分は，最終的に刃部を胡の末端部分につける都合上，前もって薄く仕上げる必要があり，おそらく援の主要な部分とともに最初に研いだものと考える。第2の工程は，援の部分（図4-d）であり，脊柱に対して垂直方向の研ぎ方向をなし，「ハ」の字状に研ぎ分けている（図4-a2）。第3の工程は，三角形状の上下の胡の刃部の研ぎ（図4-e）で，胡のカーブに対して垂直方向に研いでいる。

以上の工程のうち，第2の工程で生じたような細い「ハ」の字状の研ぎ分け（a1・a2）は，遼寧式銅剣でみられる典型的な研ぎ分けと類似する（図3-G）。「研ぎ」の動作は，習慣的に身につく身体動作であり，この点で遼寧式銅剣との共通点があるということは，銅剣のイメージのもとに「研ぎ」を実践し，共通の「研ぎの技」を実践していたことを示している。

（3）樋

遼寧式銅剣も脊柱の両側に樋をもつ（図3-C）。本来，樋は，銅剣の中央の脊柱に沿って援の先端から末端にまで通っていたものであり，これが新しい型式になると援の途中から付けるように退化していく。先にみたように，遼寧式銅剣2a式段階では，樋は援のより下がった位置から付けており，この点も銅戈と銅剣の関係は密である。なお，2b式以降には，さらに樋の先端の位置が下がるので，より遼西式銅戈の特徴と類似したあり方をもつようになる。

ただし，樋の細かい特徴は遼寧式銅剣とは異なるあり方を示している。特に，援部分の樋の幅が狭い分，刃部が幅広い。銅剣の場合は，（図3-C）部分のように幅をもつが，銅戈の方は（図3-D）部分のように幅が狭く明らかに差がある。この違いの原因は，援の厚さにあると考える。銅剣の場合は，援の鋒の部分は厚みがあるが，脊柱の通る援部分の身の厚さは薄く，これに伴って刃部の幅が非常に狭くなっている。これに対して，銅戈の場合は，先端の鋒から援はほぼ同じ厚みであり，刃部も幅広くすることが可能となり，これに伴い樋は細めとなったのであろう。銅剣の場合に，脊柱の通る援部分の身の厚さが薄い理由は，本体の重量を軽減するためであると考えるが，銅戈の場合は，小型品ゆえに重量を考える必要性がなく，厚みを保ったままでの加工が可能となったのであろう。また，三角形状（翼状）の胡に沿った形で，樋をなす点も異なることを付け加えておく。

(4) 三角形状（翼状）の胡

遼西式銅戈は，「異形戈」とも呼ばれるが，それは三角形状（翼状）の胡が上下に展開することにあろう。形状から，胡ではなく，無胡形戈に分類すべきであるという意見もあろうが，長胡戈と変わらない長い闌をもつ点で，筆者は遼西式銅戈の上下の翼状に開く部分を，「胡」とする。いまのところ，この三角形状（翼状）の胡の形成要因についての説明はない。筆者は，機能的な面から次のように解釈する。仮に，遼西式銅戈が生み出される過程を想像してみよう。まず，遼寧式銅剣のような戈を柄に装着するときに，銅剣の茎に相当する「内」のみでは打撃に耐え切れず，軸がぶれ，全体が回転してしまう可能性がある。そこで，こうした不具合が生じないように，補助闌と固定闌を取り付けたのではないか。この状態で，できるだけ強度を保持できるように闌を柄に差し込むためには，銅剣ほどの幅では脆弱であり，より闌を長くする必要がある。胡が大きく翼を開いた原因の一つはこの点にあろう。また，もう一つ重要な要因があった。それは，着柄する際に，柄と本体を緊縛する二つの穿は脊柱を挟み込むように配置している。すると，援から胡に移っていく胡の刃部のラインは，脊柱を挟んで位置する穿を避け，外側に大きく開くしかない。これによって樋も同時に大きく外側に開くことになった。この樋の外反化と，闌を長くして着柄時の強度を高める有効性とが有機的に結びつき，三角形状（翼状）の胡が誕生したのであろう。この結果，援だけではなく，上下の胡にも鋭い刃部をもつ新式の銅戈を生み出したのである。銅戈は，長兵の場合，竹などを織り込んだある程度の柔軟性をもつ柄の先端に装着して，振り回して相手に刺す・斬る・引っ掛ける，という攻撃を仕掛ける武器である。したがって，中国式銅戈では，柄の先端に小型の矛を装着し，さらに内を長くしてそこに刃をつけて，少しでも敵に手傷を与える工夫をしている。遼西式銅戈の場合も，三角形状（翼状）の胡によって，戟的な機能を加味させるなどの工夫を念頭においている可能性も考えておきたい。

また，三角形状（翼状）の胡で注目しておかなければならないのは，固定闌の両端と胡先端（図3-F・F′部分）を研ぎ減らすことによって刃部を末端にまでつけていることである（図4のb・b′部分）。こうした処理については，中国式銅戈で補助闌と固定闌をもつもののなかに，援の刃部の研ぎの続きに闌部分を刃部化しているものがある（註1）。したがって，ここで問題とする研ぎ方の発想は，すでに中国式銅戈のなかに存在していた。しかし，遼西式銅戈の場合，援の先端から胡の末端まで，すなわち，着柄して柄のなかに潜り込まない部分まですべてに刃をつけており，異なる様相を示している。少なくとも，こうした研ぎによる処理は，実見できたすべての資料に見られる特徴である。これは，明らかに，この部分が機能的に作用したことを示している。したがって，遼西式銅戈が朝鮮式銅戈の祖型であるとすると，こうした特徴が古い型式に引き継がれている可能性を指摘しておこう。

(5) 闌

遼西式銅戈の場合は，「内」が非常に小形であるため，装着に脆弱性がある。そこで内だけでは

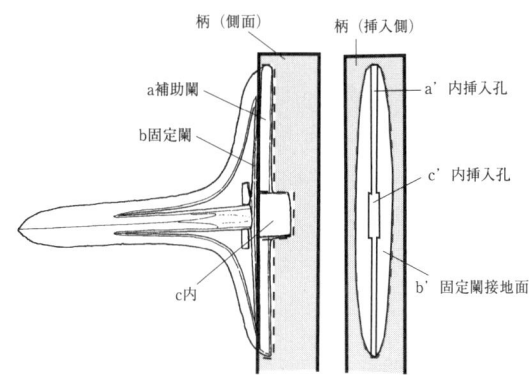

図5　遼西式銅戈の着柄状態の復元模式図

強度がよくないために「補助闌」（図5-a）を内に取り付け，さらに，銅戈が打撃によって柄にくい込むのを防止して固定するために「固定闌」（図5-b）をもつ。この両者によって形成した闌部分の断面は，Tの字を横にした形状をなしている。中国式銅戈の場合にも，この両者は見られるが，遼西式銅戈の闌は，高さ，幅，厚さ，いずれにおいても中国式銅戈を凌ぐ。特に，固定闌は，頑丈である。

遼西式銅戈の闌は，「内」の側からみた場合，左右対称の細長い木の葉形を呈する（図5）。この木の葉形の形状は，まず中央に太い脊柱があり，この脊柱よりも幅広い固定闌となっている。さらに両端部分まで刃部をつけるために闌と胡を一緒に研ぎ，先端を薄くすることによって形作っている。この木の葉形の形状の固定闌の裏面は，平坦をなすので，着柄する場合には，柄に固定闌があたる部分を木の葉形の形に平坦に加工しなければならなかったであろう（図5-b'部分）。中国式銅戈の場合は，脊柱はないため，固定闌の形状は細長い長方形をなすので，形状において大きな違いを示している。こうした，固定闌の形状によって，本体が柄にくい込むのを防止している。

遼西式銅戈では，脊柱の退化傾向がみられても，固定闌の幅は狭く，低くはならず，木の葉形の形状を保つ。朝鮮式銅戈でも同様な傾向があり，銅戈を着柄し使用する際の，くい込み防止などでの強度を高める固定闌は，その後も退化することはなかったことを示している。これほど食い込みに対して注意をはらう点から，遼西式銅戈が，刺す・打つ機能を重視した武器であることがわかる。

（6）内と方形の穿

中国式銅戈の場合，通常，内は長く，さらに内自体に柄と緊縛するための目釘穴である穿をもつが，遼西式銅戈の場合，短い内のみで穿をもたず，同時代の中国式銅戈の内とは異なる。また，援の側の穿の数についても，中国式銅戈では援の上刃側に1箇所，長胡側に数箇所の穿，さらに内にも1箇所の穿をもつのが普通であるが，遼西式銅戈では，脊柱が固定闌と接続する位置のちょうど両脇から脊柱を挟むように，長方形の「穿」を2箇所もつのみである。中国式銅戈に比べて着柄の場合に脆弱であるようにみえる。この違いはどうしてであろうか。

中国式銅戈では，長めの内に穿をもつが，この特徴は，「刺す」機能に加えて，銅戈が「斬る」，もしくは「引っ掛けて手前に引く」，という攻撃の動作を兼ねている。この動作のうち，「刺す」機能以外は，いずれも着柄時の銅戈に柄から離脱するような負荷がかかることになる。こうした負荷を軽減するために，内に穿をうち，柄に緊縛したのであろう。これに対して，遼西式銅戈は「刺す」機能を重視しており，柄から離脱する危険性をそれほどまでに考慮する必要はなかったと考える。

（7）年代

いまのところ実年代が判明しているのは，孤山子例（図2-2）と東大杖子例のみである。孤山子例は，一緒に出土した遼寧式銅剣，中原系青銅容器・灰陶の豆などから，前5世紀後半頃であり，東大杖子例については，A例（M14号墓出土）について，伴出した遼寧式銅剣の特徴から，宮本一夫と石川岳彦は，前500年頃に年代の一点が存在し，新しくとも前5世紀前半に納まるとする〔小林ほか 2006：64-66〕。したがって，遼西式銅戈は前6世紀頃から前5世紀頃まで数型式にわたって存続した可能性が強い。なお，資料の型式学的な前後関係については，脊の円形断面から菱形断面への変化，穿の間隔の幅狭から幅広への変化，闌と闌の柄に接する部分の断面T字形部分の形骸化などから，梁家営子例→孤山子例・傘金溝例A例→傘金溝例B例へと変遷したと考える〔小林ほか

2007：63-64〕。

2　遼西式銅戈から朝鮮式銅戈へ

（1）遼西式銅戈と朝鮮式銅戈をめぐって

　遼西式銅戈と朝鮮・日本の銅戈の関係については，前稿において，研究史を踏まえつつ，研究の経緯などについて整理した〔小林ほか 2007：57-59〕。筆者は，そこで，遼西式銅戈の特徴をもとに，身が細く樋が先端近くにのびるＡ型，身が太めで樋の先端が閉じるＢ１型，身が太めで樋の先端が開くＢ２型，以上の3種類に分類した〔小林ほか 2007：68-72〕。そして，遼西式銅戈から朝鮮式銅戈のＢ型が生まれ，そしてほぼ同時期にＡ型が生まれたと考えた。このうち，樋が先端からのびるタイプの出自は，細形銅剣の特徴と類似することから，朝鮮式銅戈は細形銅剣の製作者が関与して「異器種間交流」が生じた結果生まれたことを指摘した。その上で，朝鮮式銅戈の出現が，前5世紀から前4世紀頃にまで遡ってもおかしくはないと考えた。

　その後，後藤直は朝鮮式銅戈の最新の資料集成を行ない，分類と変遷案，そして年代について検討を行なった〔後藤 2007：301-322〕。おそらく後藤の検討で，焦点となるのは朝鮮式銅戈の年代をどのようにみるかである。後藤が分類した古い型式であるⅠ①類は，異形青銅器などがみられる第3期と楽浪郡設置以降とされる第5期に挟まれた期間にみられるとされ，第4期後半は鉄器を副葬する時期であることともあわせてかなりの長期間にわたることになる。また後藤は，中国河北省燕下都辛荘頭30号墓出土の朝鮮式銅戈をⅠ①類に分類し，前3世紀前半頃のものとしている。出現期の銅戈が果たして，それほどまでに型式を違わずに長期間存続するのか，この点は非常に問題であろう。朝鮮式銅戈Ⅰ式は，これまでの研究でも型式学的に明確に新旧関係をつかみにくいとされ，それゆえにかなり存続幅のあるものと考えられていた。また，後藤は朝鮮式銅戈の祖型について，まず燕の樋をもつⅡ式銅戈からの影響を考え，さらに遼西式銅戈との関係についても触れた。筆者らの示した遼西式銅戈の資料群の年代は，いまのところ前6世紀から前5世紀頃までに相当するので，後藤の年代観からは相当に乖離している。筆者らは，さらに型式学的に退化した型式が存在するという予測をしていたが，後藤はこの予測を受け，年代観の開きが問題となったのであろう，「遼西式銅戈はどこまで年代がおちるのか」，と疑問を投げかけた。以下では，遼西式銅戈の特徴からみた朝鮮式銅戈の特徴について，細形銅剣と銅戈の異器種間交流を考慮しつつ整理し，変遷案を提示する。

（2）朝鮮式銅戈の特徴

　① 援と樋　図6の2a・3aは，1の遼西式銅戈の全長に縮尺を合わせ，遼西式銅戈と朝鮮式銅戈，さらに古相の細形銅剣を並べたものである。基本的な点から確認すれば，形態的には，遼西式銅戈（1）と朝鮮式銅戈（2・3）はともに遼西式銅戈の胡が大きく開く点などを捨象すれば，内の長さ，闌の位置，援の長さと幅は，ほぼ一致する。両者の形態的なバランスは近似的である。したがって，朝鮮式銅戈は，形態のイメージについては遼西式銅戈を踏襲しているようにみえる。

　次に，銅戈と細形銅剣の「異器種間交流」が朝鮮半島においても実践されていたと仮定して，銅戈と細形銅剣の比較を行なう。まず細形銅剣を大まかにみると，古相の銅剣は，細身（5）とやや身の幅のあるもの（4）の2種が存在する。そして，樋についても（a）やや先端からやや下がった位置からつくもの（4）と，（b）上からつくもの（5）の2者がある。系譜的には，前者の方が古く，後者の方が新しいであろう。銅戈で先に2分類したものと，それぞれほぼ対応しよう。ただし，銅剣と同一縮尺でみた場合（4と2b，5と3b），援の幅などは全く同一にはみえない。しかし，これは，朝鮮式銅戈の場合，後述するように機能面から，遼西式銅戈よりも約1.5倍の大きさにすることになったためであり，遼西式銅戈と縮尺を同じにした2aと3aを，細形銅剣2つ（4と5）にそれぞれ重ねるとほぼ援の幅などが合致する。つまり，朝鮮半島で銅戈が生まれる当初のモデル

は遼西式銅戈であり，まずこの形態的なイメージが導入された。そして，銅剣と異器種間交流で製作されることから，これに細形銅剣の特徴も加味された。しかし，機能性からより大きくする必要性が生じ，サイズのみを大きくした。以上のような，援と樋の特徴から，(A) やや太身の援をもつタイプ (2) + (a) 樋は先端からやや下がった位置からつく→(B) 細身の援をもつタイプ (3) + (b) 樋は上からつくもの，という変化の方向性を指摘しておく。

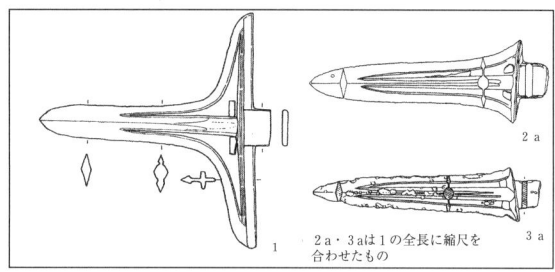
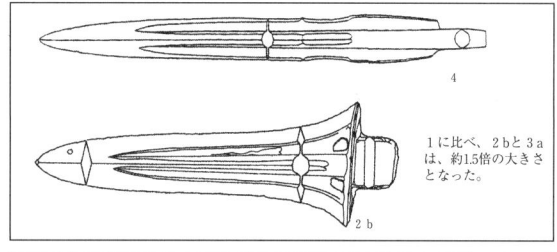
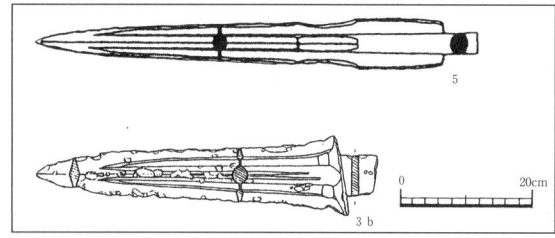

図6　遼西式銅戈・朝鮮式銅剣・朝鮮式銅戈の比較

② **胡**　遼西式銅戈は，三角形状（翼状）に上下に開く胡が特徴であり，朝鮮式銅戈でも胡が大きく開くものがより遼西式銅戈的である。したがって，(A) やや太身の援をもつタイプは，遼西式銅戈により近いことになろう。一方，(B) 細身の援をもつタイプは，細形銅剣の細身のタイプとの「異器種間交流」で形成されたタイプであり，胡はあまり開かないものとなったと考える。したがって，三角形状（翼状）に上下に開く胡→開かないものという変化の方向性を示しておく。

③ **樋**　樋は，胡の外反に沿って，樋も外側に開くものが遼西式銅戈に近似性をもつと考えることができる。図6では，(A) やや太身の援をもつタイプ (2a) は，やはり樋の末端部分は外反する三角形状をなし，一方，(B) 細身の援をもつタイプでは樋の末端部分は直線的な四角形状をなす。すでに，遼西式銅戈におけるあり方から逸脱した様相を示すので，より後出的要素であるといえる。したがって，樋の末端部の形状については，外反する三角形状→直線的な四角形状，という変化の方向性を示しておく。

④ **胡と闌の末端部分の処理**　この部分の処理の仕方は，図7のようである。一つ目は，末端部分にまで刃部をなすもの (A) であり，さらに最末端まで丁寧に研いで刃部をなし，固定闌を突き抜けるように研いでいるもの (A1) と固定闌の部分を完全には突き抜けないもの (A2) に分けられる。ただし，この差は非常に微妙な差である。このうち，A2は，脊柱の末端まで研ぎつつ刃部をつけていく点が異なる。ただし研ぎ分けは「ハ」の字状にならず，研ぎは同一方向のみで行なわれ，闌の外側先端部を丁寧に刃部となす。このほかに，固定闌部分は刃部をなさず，手前で刃部がとまるもの (B) は，脊柱の研ぎも脊柱手前で止まり，「ハ」の字状をなさない。(C) の固定闌は大きく外側に突出し，刃部はこの手前で止まるものであり，闌部分にまで及ぶ研ぎが完全に手抜きされている。以上の3種が認められる。これらのうち，末端部分にまで刃部をなすもの (A) は遼西式銅戈に近く，より古相を示す。そして，次第に固定闌と刃部が分離し (B)，さらに固定闌のみが発達することによって (C)，遼西式銅戈でみられた様相が失われていくという，変化の方向性を想定できる。以上のあり方から，(A)→(B)→(C)，という変化の方向性を示しておく。

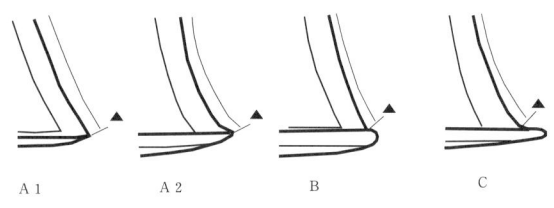

図7　朝鮮式銅戈の胡・闌先端部分の形態の変遷と研ぎ方
A1は遼西式銅戈と同様に末端部分まで研ぎ，朝鮮式銅戈では，次第に闌には刃部をつけなくなる。▲は研ぎの及ぶ箇所を示す

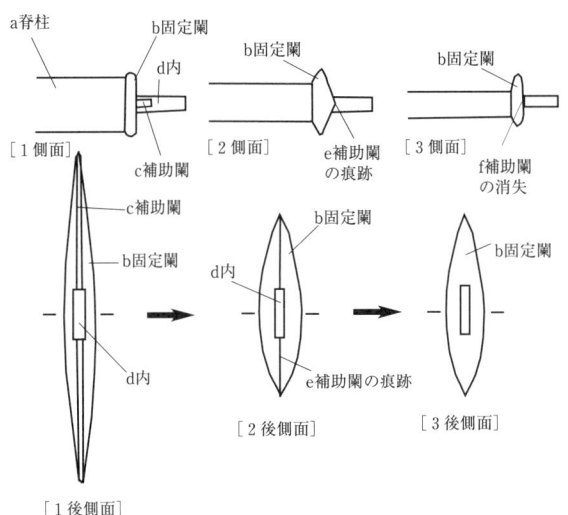

図 8　闌部の形態変遷（模式図）
（1 遼西式銅戈，2・3 朝鮮式銅戈）

⑤ **固定闌の形状**　朝鮮式銅戈の固定闌部分を観察すると，木の葉形の固定闌はみられるが，内の両側の補助闌はない。その代わりに，朝鮮式銅戈では，闌全体の形状は，断面でみると「内」側に三角形状に突出するような形状となる（図8-2上段）。これは，遼西式銅戈で補助闌と固定闌が明確に分離していたものが，より補助闌が退化して朝鮮式銅戈では両者が一体化したことを示している。朝鮮式銅戈では，補助闌はすでになく，痕跡的ではあるが，木の葉形の固定闌の中央縦方向に，内をまたいでバリ状に突出することがある（図8-2-e）。この部分は，鋳型の合わせ目とも合致しており，この部位は柄のなかに挿入されることから細形銅戈では縦のバリは残される場合が多い。朝鮮式銅戈では，闌は「内」側に三角形状に突出する部分を形成しているので，柄に装着する場合は，内のほかに，三角形状に突出する部分まで柄に挿入していたであろう。

朝鮮式銅戈における闌部分は，より新しい型式の銅戈では「内」側に三角形状に突出しなくなり（図8-3上段），平坦な固定闌部のみのような形状に退化する（図8-3-b）。これは，銅戈がより儀器的様相をもっていく変化の方向性を示しており，この観点は日本の銅戈にも適用できる見方であろう。こうした闌部分の変化については，固定闌と補助闌による断面「T」字状（a）→補助闌が退化し断面三角形状に突出（b）→全体が平坦化し固定闌としてのみに退化（c），という変化の方向性を示しておく。このうち，最初の段階は遼西式銅戈で，以降は朝鮮式銅戈である。

⑥ **穿の形状**　遼西式銅戈の穿の形状は，やや細長い長方形である。朝鮮式銅戈では，方形と円形の穿があり，遼西式銅戈に比べて形状は正方形に近く，より脊柱に寄る。これは，胡の開きが弱まり，細身化したことと関係しよう。いずれにしても，穿の形態はより方形的なものが古相を呈すると考えることができる。したがって，方形の穿→円形の穿という変化の方向性を示しておく。

（3）　朝鮮式銅戈の分類と変遷

上記の各要素を基準に，朝鮮式銅戈の分類をすることにする。なお，ここでも形態の特徴を比較しやすくするため，縮尺をそろえて比較を行なう（註2）。分類にあたっては，細形銅戈に絞り検討を行なうことにし，中細形以降の型式については，本論では割愛する。まず，援と樋の特徴から，朝鮮式銅戈は大まかに2種類に分類できる。ここでは，やや太身の援をもち，樋は先端からやや下がった位置からつくタイプをA類（図9-1～15）とし，細身の援をもち樋はより上からつくものをB類（図9-16～26）とする。このうち，A類は，例外はあるものの，ほとんどが樋は三角形状に開くタイプである。さらにA類は，胡と闌の末端部分の処理のあり方から，末端部分にまで刃部をなす（a）ものをA1類（図9-1～5），固定闌と刃部が分離（b）するものをA2類（図9-6），固定闌のみが発達するもの（c）をA3類（図9-7～9）と細分する。このほかに，援の形態などはA1～A3類的で幅広いという特徴をもち，樋の先端部分が閉じる一群がある。これらについても，胡と闌の末端部分の処理のあり方を基準に，末端部分にまで刃部をなす（a）ものをA4類（図9-10～13），固定闌と刃部が分離（b）するものをA5類（図9-14），固定闌のみが発達するもの（c）をA6類（図9-15）とする。

次にB類は，樋が先端で離れるものと，閉じるものがあり，これに樋の末端部分が三角形状に開くタイプと四角形状になるものが組み合っている。この関係性のなかで，樋が先端で離れるものが

古相で，閉じるものが新相であるとして，さらに先の遼西式銅戈からみた基準で順位をつければ，胡が三角形状に開き，かつ樋の末端部分が三角形のものをＢ１類（図９－16～19），胡は三角形状に開くが，樋の末端は四角形状のものをＢ２類（図９－20・21），胡は三角形状に開かず開きが弱く，樋の末端は四角形状のものをＢ３類（図９－22・23）とする。ここまでは，いずれも樋の先端部は閉じず，胡と闌の末端部分の処理は，末端部分にまで刃部をなす（ａ）である。

これ以降は，すべて樋の先端が閉じるタイプであり，樋が閉じる以外はＢ３類と同じで，胡と闌の末端部分の処理のあり方において，固定闌と刃部が分離（ｂ）するものをＢ４類（図９－24），固定闌のみが発達するもの（ｃ）をＢ５類（図９－25）とする。そして，例数は少ないが，胡が三角形状に弱く開き，かつ樋の末端部分が三角形状のものをＢ６類（図９－26）と細分する。

以上の分類においては，胡と闌の末端部分の処理のあり方の基準を重要視したが，さらに脊柱の研ぎのあり方も相関性をもつ。すなわち，Ａ１類・Ａ２類・Ａ３類は脊柱に鎬をもつが，脊柱の研ぎ分けのあり方はこの分類のなかでは異なる様相を示す。胡と闌の末端部分まで処理しているＡ１類では，固定闌から離れた位置にみられ，脊柱にみられる研ぎ分けは，「ハ」の字状をなすものもある。胡と闌の末端部分の処理を入念にするため，異なる方向の研ぎを加えることで研ぎの末端は「ハ」の字状をなす。一方，Ａ２類とＡ３類では，固定闌付近のやや手前までに鎬が入り，研ぎの末端は「ハ」の字状をなさない。これは，胡と闌の末端部分の処理をせずに脊柱を固定闌付近にまで同じ方向を維持しながら研いだ結果である。

それでは，Ｂ類はどうであろうか。Ｂ１類・Ｂ２類・Ｂ３類で脊柱の鎬がみられる。いずれも固定闌直近にまで付けている。ただし，Ａ２類・Ａ３類との違いは，固定闌に接続するほどに丁寧に鎬をつけていることである。これは，固定闌の末端をはずしつつ，ぎりぎりの部分にまで研ぎを丁寧につけて刃部にする点で，Ａ２類やＡ３類よりも古相を呈すると考えることができる。また，注目すべきことに，同じサイズに合わせて比較した場合，たとえばＡ１類・Ａ２類・Ａ３類を比較すると，脊柱の太さと大きさの度合いが，Ａ１類からＡ３類にかけて細く小形化していく傾向がある。

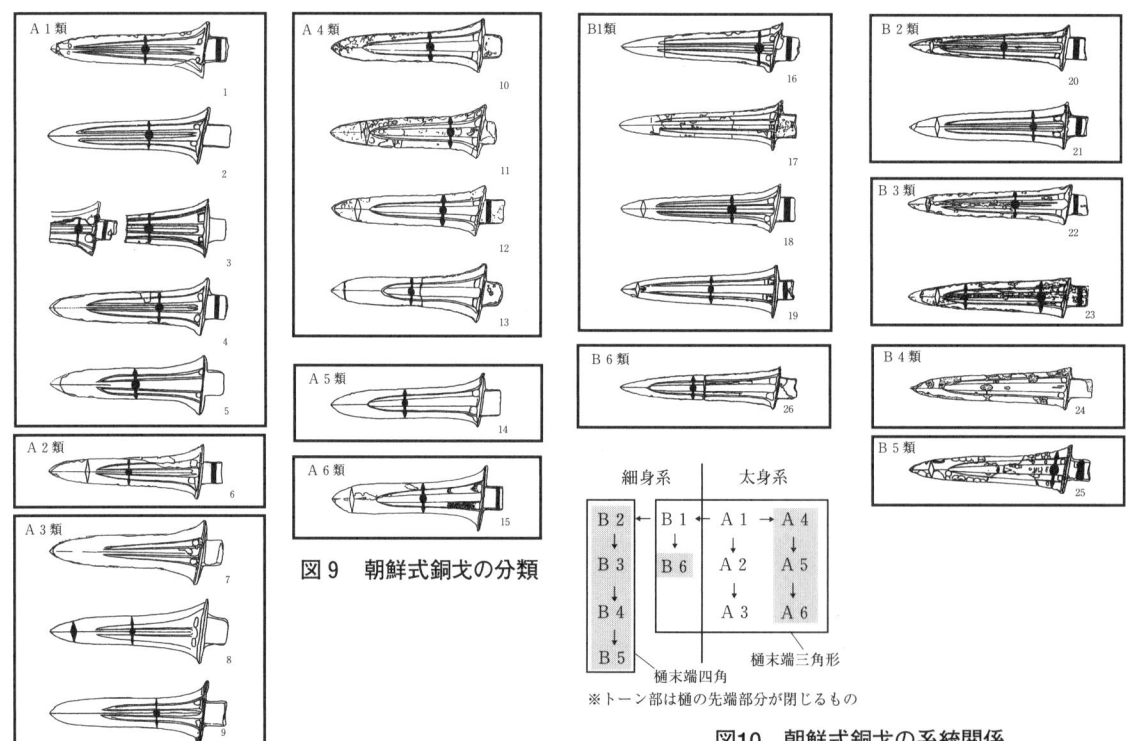

図９　朝鮮式銅戈の分類

図10　朝鮮式銅戈の系統関係
Ａ類は，３段階に分岐が可能。ただし，Ｂ類とＡ類の横の関係は，同時期を示すものではないが，大概３段階程度に分期できることがわかる。

つまり，実際の大きさの間では判別しにくいが，基本的なプロポーションや全体に比した厚みなどの面は，全体の大小に応じて相似的に変化することがわかる。この傾向はB類でもみてとれ，先に示した変化の方向性とほぼ一致している。以上のように細分した各類は，変化の方向性を総合すれば図10のように系統関係を整理できる。

（4） 遼西式銅戈と朝鮮式銅戈の年代

このように細別した，各類の系譜的関係と変遷をもとに，共伴する遺物などを参照しつつ年代的分期が可能かどうか検討しておこう。これまでの朝鮮式銅戈の研究では，Ⅰ式銅戈の存続幅をかなり長く見積もっていたが，今回の筆者の分類案でみた場合どのように考えることができるのか。

朝鮮式銅戈のなかで，A1類・A2類・A3類は，Ⅰ式銅戈として最も古相を呈する一群とされてきた。しかし，今回は，このなかを細分したわけである。このうち最も古相を呈する可能性の高いA1類はどのように位置づけることができるのであろうか。ここで，後藤が集成した朝鮮式銅戈の分類〔後藤 2007：301-322〕を再検討してみたい。図9のうち，A1類と共伴した遺物は，判明するものでは銅剣Ⅰa式（5：石塘里例），銅剣Ⅰa式と矛A（2：下細洞里例），小形銅剣（1：九月山下例），銅剣Ⅰ・Ⅱ式，細文鏡ほか（4：草浦里遺跡例）がある。A2類は，細文鏡や鋳造鉄斧（6：合松里），A3類は鉄斧（8：石山里例），鉄矛（9：貞柏里例），以上のような共伴関係をもつ。

以上の共伴関係を見る限り，A2類はA1類とは異なり鉄器を副葬するようであり，逆にA1類には鉄器が共伴しないということになる。A4類以降についてみた場合，A1類に形態などが類似するA4類の場合は鉄器と共伴する事例はほとんどなく，筆者のA5類とする素素里遺跡例で鋳造鉄斧が共伴するようになる。なお，A4類では，銅剣Ⅰ・Ⅱ式が共伴する例が多く，A1類よりは後出する可能性は指摘できるが，どれほどの時期差をもつのかは不明である。こうした共伴関係によって，大まかには，鉄器を伴わず，銅剣Ⅰ式のみと共伴するA1類，銅剣Ⅰ式のほかに，銅剣Ⅱ式を中心に共伴する一群（A4類，B類など）の段階と，鉄器を伴い銅剣Ⅱ式のみ，もしくは銅剣Ⅲ式などをもつ例の段階，以上の3段階に分けることができる。前者の段階は，少なくとも最も古相を呈するA1類とそれ以外の一群では差異があり，さらに二つに細分も可能である。

次に，こうした共伴関係をもちつつ，実年代をどのように考えたらよいのであろうか。朝鮮半島における青銅器編年において，銅戈が出現するのは，異形青銅器群を有する段階の後である。今回，まず問題となるのは，銅戈がまだ出現しない異形青銅器群をもつ段階の実年代であろう。朝鮮半島における異形青銅器が見られる段階の例としては，東西里遺跡段階が問題となろう。最近，岡内三眞は，まず朝鮮半島の細形銅剣の出現時期について，遼東の鄭家窪子6521墓の銅剣が出現した前5世紀初めには製作されていたとし，東西里遺跡から出土した馬の頭部に装着するラッパ形の異形青銅器について，鄭家窪子遺跡の類似品との併行関係から，この段階を前5世紀以降とした〔岡内 2006：97-102〕。なお，岡内は，図では東西里遺跡段階を前5世紀前半においている。宮本一夫は，鄭家窪子遺跡の段階を前6世紀頃とし，さらに朝鮮半島の銅剣の出現年代について，遼西と遼東における遼寧式銅剣1式から2式への転換期が前500年前後（6世紀終わり頃）にあり，朝鮮半島の細形銅剣の出現時期と一致するとした〔宮本 2004：204-206〕。また，筆者は，遼西地域の多鈕鏡の典型的文様である「連続Z字文系列」から，朝鮮半島の多鈕粗文鏡の典型的文様である「星形文系列」の初現型（伝成川例）への移行時期を，「連続Z字文」があまりくずれていない鄭家窪子6521墓出土の多鈕鏡の段階に近い時期と考え，伝成川例と文様構造があまり変わらない東西里遺跡出土の「星形文系列」鏡が前5世紀段階にあってもおかしくはないと考えた〔小林 2008〕。

したがって，細形銅剣出現期から，東西里遺跡段階までの年代は，鄭家窪子6521墓の年代から時間差なく併行関係を想定すれば，前6世紀から前5世紀頃までの間に相当することになろう。ただし，この年代はこの段階の上限年代の想定であり，異形青銅器を有する段階の年代がすべてこの年代におさまるわけではない。むしろ，この年代の下限は，銅戈の出現年代を押さえることができれ

ば設定できることになろう。朝鮮式銅戈の祖型である遼西式銅戈については，東大杖子遺跡例のように，すでに前6世紀には見られる。この時期に，鄭家窪子遺跡など遼東地域では遼西式銅戈はみられないので，現状の資料で見る限り，遼西式銅戈は遼西地域で先んじて出現したことになる。この遼西式銅戈の年代的な古さからみれば，朝鮮半島の細形銅剣の年代などが今以上に古くならない限り，遼西式銅戈の時期から朝鮮半島における銅戈の出現時期を決めるのは難しいことになる。

そこで，遼西式銅戈で銅戈の出現年代を決めるのではなく，現状での下限を確認し，将来，さらに年代を絞り込むための基礎作業としておきたい。現状で，確実に年代的に新しい遼西式銅戈は，前5世紀中ごろから後半の孤山子例である。その他，型式学的に孤山子例よりも新相を呈する傘金溝B例の存在から，さらに新しい年代を遼西式銅戈にあたえることができるが，現段階ではそれは無理である。ただし，西方の燕の銅戈のありかたから，遼西式銅戈の下限年代を検討する手がかりを得ることができる。

その手がかりとは，前320年頃に埋葬された燕の易王の銘をもつ「燕のⅡa式銅戈」〔宮本2004：208〕であり，樋をもつ特徴から遼西式銅戈との関係が想定できる。この燕のⅡa式銅戈について，筆者は，遼西式銅戈の樋の特徴を遼西地域から受容して成立したと考えた〔小林ほか2007：72〕。燕の国家形成と領土拡大過程において遼西地域の銅戈の要素を取り入れ，燕の象徴的な王名をもつ銅戈のデザインに影響を与えたと考えたわけである。しかし，この燕のⅡ式銅戈の樋のあり方は，遼西式銅戈と比べ，脊柱は薄く相当に形骸化しており，前5世紀後半頃の遼西式銅戈からみれば，相当に変形している。

それでは，いつの段階に遼西式銅戈の影響が燕にまで及び，樋をもつ銅戈が成立したのであろうか。最近，石川岳彦は，易王の前に位置づけられていた燕王載（成侯：史記六国年表では前449年～前434年在位）銘の銅戈の年代を，従来より100年ほど古い前5世紀中ごろから後半頃に修正した〔石川 2006：83-88〕。この結果，燕の成侯から易王までの間には，『史記』六国年表によれば，100年で4人の王（侯）が在位していたことになり，成侯段階に燕では遼西式銅戈的要素の受容は現在の資料からは認められないので，成侯から易王までの間に遼西式銅戈の影響を受け樋の受容が生じた可能性がある。いまのところ，最も時期的に遡る樋をもつ燕のⅡ式銅戈は，宮本一夫が指摘する，4世紀末の時期の易王よりもやや古い段階に遡る「内」に虎形装飾をもつ銅戈があろう〔宮本2000：226-227〕。これら銅戈の虎形装飾は，虎の尾の先端が円弧を描くように曲がるのが特徴で，これは石川岳彦による土器の文様の変遷でいえば前5世紀後半から前4世紀前半頃までの特徴である〔石川 2001：1-58〕（図11）。前4世紀中頃以降は，虎の尾は曲がらずに伸びるようになり，これは昭王以降の燕のⅡ式銅戈の特徴と合致する。このような点をふまえるならば，遼西式銅戈の影響によって燕のⅡ式銅戈が成立し，その影響が及んだ時期は，年代を絞り込まず大まかにみると，成侯の段階（前434年死去）以降，易王（前332年死去）段階までの間の約100年間のなかにあると考える。そして，虎形装飾などからみて，易王以前，前4世紀前半頃にはすでに遼西式銅戈の影響で樋をもつ銅戈が燕で出現していた可能性を指摘しておく。

また，遼西地域で遼寧式銅剣が，前4世紀前半頃になくなる点に注目したい。遼寧式銅剣2式と遼西式銅戈は，製作において「異器種間交流」の関係にあり，その遼寧式銅剣2式が前4世紀前半に姿を消すというこ

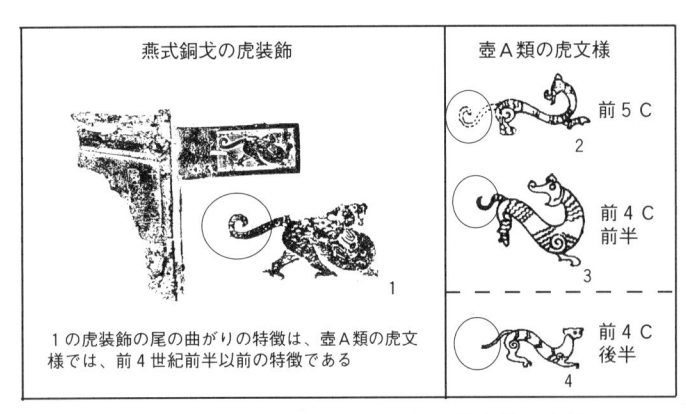

図11　燕式銅戈の虎装飾と壺A類の虎文様の比較
（1　三代19-34，2　西貫城村13号墓，3　東沈村15号墓，4　東斗城村29号墓）

とは，遼西式銅戈の遼西地域における終末年代も前4世紀前半頃といってよいだろう。したがって，朝鮮式銅戈の祖型が遼西式銅戈であるならば，現状の資料で判断する限り，遅くとも前4世紀前半までには遼西式銅戈を祖型として朝鮮式銅戈が成立していたことになる。前4世紀前半頃のこうした変化は，遼西における燕の影響が相当に大きく，社会的な変動が生じたことを示している。以上の燕での様相と遼西式銅戈の終末年代をもとに考えれば，資料数が少ないが，孤山子例のようにより頑丈な脊柱をもつ遼西式銅戈がみられた時期は，前6世紀末前後から遅くとも前4世紀前半頃までとみるのが，現段階に設定しうる目安であろう。したがって，朝鮮式銅戈の成立は遅くとも前4世紀前半であると考える。なお，遼西式銅戈は前6世紀前後にはみられるので，朝鮮式銅戈の出現時期がさらに遡る可能性は残されている。

弥生時代の前期と中期の境目の年代を考えるとき，該期に朝鮮半島の銅戈の出現からあまり時間差なく日本の銅戈が成立したとこれまで考えられており，朝鮮半島での銅戈の出現時期は重大である〔小林ほか 2007：67-72〕。ただし，筆者分類の朝鮮式銅戈B1・2類は，A1類に後出する可能性もあり，日本列島の銅戈はB類に属し，時期は中期初頭にあたり，日本列島での出現時期は若干遅れる可能性もあろう。こうしたなか，今のところ，歴博によるAMS炭素14年代測定結果によれば，日本列島での銅戈の出現時期である前期末中期初頭の年代は，前380年頃であり，これにより北部九州における青銅器副葬の開始時期は前4世紀前半頃と考えられている〔藤尾 2006：92〕。今回，筆者が想定した遼西式銅戈の存続年代は，前6世紀末前後から前4世紀前半頃までであり，朝鮮式銅戈の出現時期は前4世紀前半をくだらないと考えた。したがって，前4世紀前半に日本列島に銅戈が存在していてもおかしくはなく，B類の銅戈が前4世紀後半頃に下っても問題はない。

ところで，河北省の燕下都における辛荘頭M30号墓から，燕の遺物とともに朝鮮式銅戈（図9-7）が出土しており，岡内・宮本・近藤らによって，戦国晩期，古くは前3世紀前半，新しくは前3世紀後半と考えられている〔岡内 2003：28，宮本 2000：214，近藤 2006：56-61〕。後藤直は，この銅戈をⅠ式銅戈の古いタイプの範疇と考えており，その結果，Ⅰ式銅戈の年代観は総じて新しいものとなり，朝鮮半島の銅戈の上限年代を前3世紀前半代とする〔後藤 2007：309〕。しかし，筆者の今回の変遷案では，辛荘頭M30号墓出土の朝鮮式銅戈は，身が大きく，さらに幅広く，また報告の写真〔河北省文物研 1996：684-731〕を見る限り，固定鬮が突出し，研ぎが鬮にまで及ばないA3類に相当する新式の銅戈に見える。後藤が指摘する通り特異な例である。むしろ，この年代はA3類の年代の一点を示すものであり，決して朝鮮式銅戈の出現時期に関わる年代ではない。いずれにしても，筆者分類のA類は，遅くとも前4世紀前半から前3世紀後半にまで型式変化を遂げながら存続した。B類とA類の併行関係と時期については，別に論じることにしたい。

おわりに

ここまでの検討をもとに，いくつかの課題について見通しを述べておきたい。まず歴史的な観点でみた場合，燕において成侯段階に樋をもつ遼西式銅戈系の要素の影響がないということは，遼西式銅戈の存在によって春秋末期から戦国前半期には，燕の影響を受けつつも，遼西地域に独自の政体があったことを示している。そして，成侯以降の段階，おそらく前4世紀前半頃に遼西式銅戈の要素を燕式銅戈に取り入れ，さらに王銘を付し，儀器化するまでになった〔宮本 2000：225-226〕。これと同時に，前4世紀前半頃に遼西式銅戈は遼寧式銅剣2式とともにみられなくなり，遼西地域は本格的に「燕化」〔宮本 2006a：43〕する。この時期以降に，遼西地域に本格的に燕の影響が及び始めたことを示していると考える。これまでに遼西式銅戈が出土した東大杖子遺跡や孤山子遺跡では，燕系の青銅器が出土しており，特に東大杖子遺跡では青銅彝器が多数出土している〔国家文物局 2001：57-61〕。したがって，燕化はすでに前6世紀末前後には遼西地域に及んでいた。先述のように，遼西式銅戈の特徴について，筆者は，遼寧式銅剣をベースに中国式銅剣の要素を融合させ，独自の銅戈を創出したと考えた。さらに遼西式銅戈は，遼寧式銅剣との異器種間交流を通じて製作

され，両者は密接な関係にあり，当初は，遼寧式銅剣をある種のアイデンティティーとする地域集団によって，遼西式銅戈が保有されていた。

　ところで，遼西地域の集団は，それまで存在しなかった銅戈を保有するにあたって，なぜ，中国式銅戈をそのまま模倣しなかったのであろうか。この問題は，銅戈の機能的な問題だけでは理解できない，象徴的な背景があったと考える。おそらくは，遼寧式銅剣は遼西地域の集団にとってある種のアイデンティティーを表象するものであり，銅戈も銅剣のデザインをベースとする必要があった。そして，中国式銅戈との差異化をはかるために，あえて効果的で機能的な特徴を捨象してまで，自分たちのアイデンティティーの表象である遼寧式銅剣的な要素をもってきたのであろう。あるいは，遼寧式銅剣の棘状突起にみられるような外側に刃部を突出するということがある種のアイデンティティーの表象であり，これが遼西式銅戈でも発揮され，上下に三角形状に翼のように広がる形態の胡を生み出した可能性もある（註3）。

　こうした遼西地域で遼寧式銅剣と遼西式銅戈がなくなるほどの燕化とは，相当にインパクトの大きいものであったであろう。こうした動向の延長線上に遼東，さらに朝鮮半島に反動として影響が及んだ結果，遼西式銅戈が東方に伝播する契機になったのではないか。遼東や朝鮮は，早くから遼寧式銅剣を有する地域であり，遼西式銅戈を製作することはそれほど難しいことではない。

　それでは，なぜ朝鮮半島では銅戈の出現が遅れるのであろうか。それは，銅戈の使用形態にあると考える。銅戈は，本来，車馬や騎馬での戦いに用いる武器である。しかも，この段階の銅戈は，小形であり，長兵用として使用された。遼西式銅戈も中国式銅戈と同じ大きさであり，長兵用の可能性が高い。遼西地域では，王成生の中国式銅戈の集成によれば，遅くとも春秋後半段階には銅戈があり，わずかに車馬が用いられるようになった可能性がある〔王 2003：217-221〕。遼西式銅戈の出現は，まさにこうした車馬に伴った中国式銅戈の増加と無関係ではないであろう。これに対し，遼西の東には，凌河と広大な湿地があり，さらに遼東は山がちで車馬などは容易に伝播しなかったのであろう。山間部を通じて，騎馬の風習が伝播するにしても鄭家窪子遺跡付近までが限界であり，山がちで平野部が狭く川も多い朝鮮半島では，車馬による戦いは無理で，ほとんど歩兵戦であり，さらに森林などの存在から短兵による接近戦が主であったであろう〔小林 2006：143〕。銅剣が先に伝播した理由も，こうした理由によると考える。こうしたなか，接近戦とはいえ，少しでも長い柄をもち振り回すことができるような威力のある武器は，銅剣と銅矛のみの戦闘方法からすれば脅威であり，銅戈を受け入れたのであろう。遼西が燕の強い影響を受け，遅くとも前4世紀前半頃，その余波がさらに東方にまで及び，かなりの緊張状態が遼東から朝鮮半島北部に及んだのではないか。この情勢のなかで，朝鮮半島で銅戈が出現し，戦闘方法の再編が生じたものと考える。

　そして，朝鮮半島で銅戈が形成されるときには，歩兵戦で使用するために，銅戈の柄は短いものが必要となった。実際，日本では出土した戈の柄はすべて野球のバット程度の短いもの（約60cm程度）である。そして，短い柄に装着する戈が小さいと威力に欠けるため，朝鮮半島では戈を大形化した。実際に，平均で1.5倍近く大きくなっている。遼西式銅戈から朝鮮式銅戈への大きさにおける飛躍は，このように説明できよう。さらに，大形化とともに，遼西式銅戈のように胡が三角形状に大きく開いていると，短い柄では上下に幅をとり邪魔である。そこで，胡を縮小した。また，朝鮮半島の銅剣には，細身のものがあり，遼西でみられたような「異器種間交流」の結果，より細くなったのであろう。以上，ここまで遼西式銅戈に導かれつつ，そこから派生する問題，特に朝鮮式銅戈の出現について検討を行なってきた。現段階での遼西式銅戈の資料は，極めて少ないことは事実であるが，少ないながらも，形の意味や変化の過程に関し，これまで説明することができなかった多くの点について重要な指摘ができたと考える。

（註1）　ここでの観察結果は，国学院大学栃木短期大学参考館が所蔵する，戦国時代の中国式銅戈の観察による。

(註2) 形態を比較する場合，遼西式銅戈と朝鮮式銅戈では大きさに相当の違いがあるので，形態の特徴を比較しやすくするため，長さをそろえて比較を行なう。大小も重要な要素であるが，形の変化を検討するときに縮尺を統一すると検討しにくいが，この方法によってプロポーションなどの比較が容易となる。春成秀爾は，この方法によって，遼寧式銅剣の型式変化を的確に説明した〔春成2006〕。使用者，製作者に共有された実体化される前の原型としてのイメージは，どのような縮尺になっても全体のバランスは維持されるはずであるので，この春成の方法は有効であると考え，本稿でも適用する。大小の問題は，この分析の後に行なうべきであろう。

(註3) 遼寧式銅剣では，当初，双房例のように先端部にあった棘状突起がすぐに下方に下がっていく点は，この突起の部分が実用的な機能に基づいてつけられたものではない可能性がある。夏家店上層文化の剣鞘には，頭部を三角形状にして，目の表現をもつマムシ形のもの（熱水湯例）が存在する。また，鄭家窪子6521墓例のような剣柄や剣鞘の文様（「連続Z字文」）は，2匹の蛇が絡み合った剣鞘の文様が，西周後期頃に雷文化したものが起源であり，これは多鈕鏡（小黒石溝98M5例を祖型に十二台営子M2例へと変化）にも繋がる。剣の形態も三角頭のマムシを模した可能性を考える必要がある。マムシの頭部は男根にもみたてられ，剣はここから男性の象徴となったのであろう。遼西式銅戈の胡が翼状に三角形に開くのもこうしたマムシの頭部三角形を意識した可能性も考える必要がある。

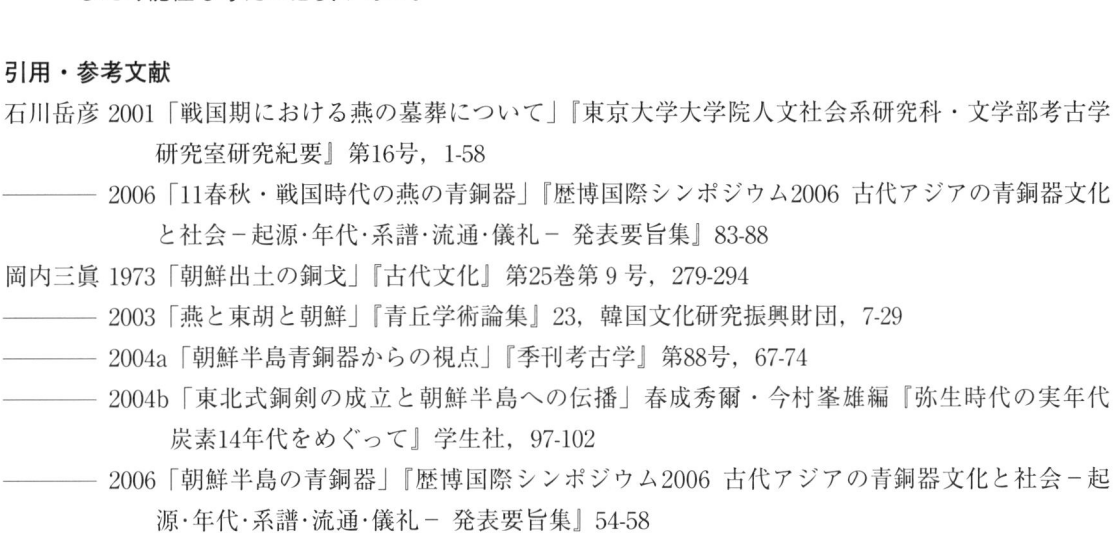

引用・参考文献

石川岳彦 2001「戦国期における燕の墓葬について」『東京大学大学院人文社会系研究科・文学部考古学研究室研究紀要』第16号，1-58

――― 2006「11春秋・戦国時代の燕の青銅器」『歴博国際シンポジウム2006 古代アジアの青銅器文化と社会－起源・年代・系譜・流通・儀礼－ 発表要旨集』83-88

岡内三眞 1973「朝鮮出土の銅戈」『古代文化』第25巻第9号，279-294

――― 2003「燕と東胡と朝鮮」『青丘学術論集』23，韓国文化研究振興財団，7-29

――― 2004a「朝鮮半島青銅器からの視点」『季刊考古学』第88号，67-74

――― 2004b「東北式銅剣の成立と朝鮮半島への伝播」春成秀爾・今村峯雄編『弥生時代の実年代 炭素14年代をめぐって』学生社，97-102

――― 2006「朝鮮半島の青銅器」『歴博国際シンポジウム2006 古代アジアの青銅器文化と社会－起源・年代・系譜・流通・儀礼－ 発表要旨集』54-58

郭大順 2006「遼東半島青銅器文化の独自性―双房6号墓を例に―」『歴博国際シンポジウム2006 古代アジアの青銅器文化と社会－起源・年代・系譜・流通・儀礼－ 発表要旨集』54-58

国家文物局 2001「遼寧建昌大杖子戦国墓地的勘探与試掘」『2000中国重要考古発現』文物出版社，57-61

後藤 直 2007「朝鮮半島の銅戈」『遼寧を中心とする東北アジア古代史の再構成』（課題番号：16320106 平成16年度～平成18年度科学研究費補助金基盤研究（B）研究成果報告書（研究代表者：大貫静夫)，301-322

近藤喬一 2006「燕下都出土の朝鮮式銅戈」『有光教一先生白寿記念論叢』高麗美術館研究所，56-61

小林青樹 2006「中国外郭圏の銅戈」『歴博国際シンポジウム2006 古代アジアの青銅器文化と社会－起源・年代・系譜・流通・儀礼－ 発表要旨集』141-146

――― 2008「弥生青銅祭器の起源と遼寧青銅器文化」『祭祀遺跡に見るモノと心 平成19年度フォーラム資料集』国学院大学研究開発推進機構，43-59

小林青樹・石川岳彦 2006「遼西の銅戈と弥生年代」『文部省科学研究費補助金学術創成研究 弥生農耕の起源と東アジア 炭素年代測定による高精度編年体系構築』ニューズレターNo.5，国立歴史民俗博物館，4-5

小林青樹・石川岳彦・宮本一夫・春成秀爾 2007「遼西式銅戈と朝鮮式銅戈の起源」『中国考古学』第7

号，日本中国考古学会，57-76
春成秀爾 2006「弥生時代の年代問題」『弥生時代の新年代』新弥生時代のはじまり　第1巻，雄山閣，65-89
藤尾慎一郎 2006「日韓青銅器文化の年代」『古代アジアの青銅器文化と社会−起源・年代・系譜・流通・儀礼−』国立歴史民俗博物館，89-94
宮本一夫 2000「第7章 戦国燕とその拡大」『中国北疆史の考古学的研究』　中国書店，205-235
─── 2003「東北アジア青銅器文化からみた韓国青銅器文化」『青丘学術論集』第22集，95-123
─── 2004「青銅器と弥生時代の実年代」『弥生時代の実年代』学生社，198-218
─── 2006ａ「長城地帯の青銅器」『古代アジアの青銅器文化と社会−起源・年代・系譜・流通・儀礼−』国立歴史民俗博物館，41-47
─── 2006ｂ「杏家荘2号墓出土の遼寧式銅剣」『シリーズ山東文物7　東方はるかなユートピア−烟台地区出土文物精華展−』山口県立萩美術館・浦上記念館，91-95
王成生 2003「遼寧出土銅戈及相関問題的研究」遼寧省文物考古研究所編『遼寧考古文集』遼寧民族出版社，217-241
河北省文物研 1996『燕下都』文物出版社，684-731

図版出典
図1〜5・7・8：（小林作成：以上のうち，図2は〔小林ほか 2007〕の図2［61頁］からの出典であるが，このときの図は縮尺に誤りがあり，本稿掲載の図が正しい縮尺の図であることを明記する）
図6：（1：小林作成，2ａ・3ａ：〔後藤 2007〕より引用改変，その他：〔宮本 2003〕より引用改変）
図9・10：（〔後藤 2007〕より引用改変）図10掲載図出土遺跡（1九月山下　2下細洞里　3石巌里（左）・紋繍里（右）　4草浦里　5石塘里　6合松里　7辛庄頭　8石山里　9貞柏里　10九月山麓　11九鳳里　12草浦里　13月山里　14素素里　15入室里　16草浦里　17束ケ浦　18宮坪里　19吉武高木　20鹿部　21太平里　22九鳳里　23伝壱岐　24白巌里　25連渓洞　26鳳岩里）以上のうち、17・19・20・23：日本，ほかは朝鮮半島
図11：1：（〔宮本一夫 2000〕，2〜4：〔石川岳彦 2001〕より引用改変）

日本列島における武器形青銅器の鋳造開始年代

吉田　広

はじめに

　日本列島における武器形青銅器の鋳造開始年代をめぐる議論は，AMSによる実年代問題が俎上に上がる以前から，長い論争を重ねてきた。研究史については，西谷・宮井〔1987〕に詳しく，その後も，小田〔1985・1990・1992〕，片岡〔1993・1999〕，岩永〔1991・1994〕などによって議論が深められている。それでもなお，現在この問題に明確な決着をみていないし，本論においても，誰もが納得する明快な答えを導き出すことはできまい。ところが，本書の企画が示すように，AMSによる実年代問題に対して的確な判断を下すために，青銅器研究に求められているところは大きい。逡巡して回答を留保しているわけにはいかない。そこで本稿では，鋳造開始年代の限定を阻んでいる要因について整理した上で，現状で限定できる鋳造開始年代と，可能性として遡上し得る鋳造開始年代について峻別して提示し，与えられた課題に答えることとする。

1　問題の所在

　鋳造開始年代の絞り込みを阻害しているのは，何より鋳造関連資料の不足である。開始年代に限ったことではないが，鋳型などの鋳造関連資料は，総じて製品資料より少なく，製品の全形を窺い知れる，あるいは型式を特定できる資料となるとさらに減る。そして，鋳造時期を直接特定できる資料を伴った例は一層限られる。この鋳造開始年代を語り得る資料は「初期鋳型」と表現されるが〔片岡1999〕，武器形青銅器の初期鋳型とできるのは，表1上段に示す程度である。

　ところが，この初期鋳型が，製品とは異なる分布・発見の傾向を示す。細形の武器形青銅器は北部九州でも玄界灘沿岸地域に一貫して多く認められながら，初期鋳型となると，佐賀平野や熊本平野など，有明海沿岸地域に点在する。出現期の武器形青銅器を「初期製品」と仮称するなら，初期鋳型と初期製品の分布傾向の乖離が，鋳造開始年代を絞り込む上で，想定される可能性の範囲を広げている。現在発見されている初期鋳型が，初期製品の分布する地域の鋳造開始年代も示すとするなら，玄界灘沿岸地域の初期製品は，朝鮮半島からの舶載か初期鋳型出土地域からの移入ということになる。ところが，現在発見されている初期鋳型が，初期製品の分布する地域の鋳造開始年代を示していない，初期製品の分布域において初期鋳型が未発見であるとすることも，十分可能である。

　その想定を後押しするのが，初期鋳型に彫り込まれた形状と，初期製品の形状の乖離である。数少ない初期鋳型に対して，初期製品の形態的多様性が目立つ。詳細は後述するが，初期鋳型に見られない形状で，かつ朝鮮半島出土製品にもほとんど認められない特徴を有する初期製品が，確実に存在する。これらを列島産と位置づけるかどうかで，想定される鋳造開始年代が変わってくる状況なのである。

　さて，その際初期製品の時期は，出土した遺構の時期，ほとんどは墳墓であり，木棺墓なら供献土器によるが，多くは北部九州で発達を始めた成人用大型甕棺により求められる。該当するのが，型式設定以来，前期末葉に位置づけられてきた金海式甕棺である。ところが，近年，金海式を中期初頭とする見解が提起されており，流動的な状況がある。

以上のように，初期鋳型の稀少性，初期鋳型と初期製品の分布離齬，初期製品の多様性，金海式甕棺の位置づけといった現状が，鋳造開始年代の特定を難しくしていると言える。これらを踏まえ，あるいは問題を整理した上で，武器形青銅器鋳造開始年代の絞り込みを試みよう。

2　鋳型からみた武器形青銅器の鋳造開始年代（表1）

鋳造開始年代を直接語り得る鋳型資料としては，伴出土器によって時期特定できるものを探さねばならない。そのような鋳型のうち，弥生時代中期中葉以前に遡る諸例を初期鋳型としており〔片岡 1993〕，これを確認する。その後，少ない資料を補うべく，伴出資料を欠いたり，新しい時期の遺物とともに出土している鋳型資料から，細形に該当する武器形青銅器鋳型を掬い上げ，さらに武器形以外の初期鋳型などにも言及する。そして，出土鋳型から絞り込める列島における武器形青銅器の鋳造開始年代についてまとめることとする。

（1）武器形青銅器の初期鋳型（図1）

中期中葉以前に遡る武器形青銅器鋳型資料は，表1上段にあげた18例である。表採などで直接の伴出土器不明ながら，周辺の状況から中期中葉以前に限定できる可能性の高いものを含めて，この数字である。

まず，帰属時期の上限が中期に収まっている。そして，18例のうち，玄界灘沿岸地域5例に対し，有明海沿岸地域12例，近畿1例である。また，玄界灘沿岸地域は，志賀島勝馬を除いて，中期中葉まで下がる。初期鋳型における有明海沿岸側への偏在性を，再確認することができる。

以下，器種ごとに資料を確認する。なお，型式名・内容は吉田編〔2001〕による。

①銅矛

銅矛の初期鋳型としては，以下の8例を指摘できる。須玖坂本遺跡B地点4次1号溝（5），土生遺跡12次SK06（7），仁俣遺跡SK028（8），姉遺跡Ⅳ区SK4004（10），吉野ヶ里遺跡田手二本黒木地区SK04（12），吉野ヶ里遺跡田手一本黒木地区7Tr（13），本行遺跡1号鋳型（14），白藤遺跡（15），そして八ノ坪遺跡1次H5A小区表採（17）である。

このうち，吉野ヶ里の2例が節帯下端に複数突帯をめぐらす1類で，本来一連の遺構出土の可能性が指摘されているが，袋部下端幅に差がある。大型のSK04（12）は現在出土しているいずれの1類銅矛より幅が大きく，身長40cmを超えるとみられる。一方，小型の7Tr（13）は身長20cmに満たない可能性が高い。なお，後者のもう1面には銅矛鋒部が彫り込まれており，平面形状からして，反対面と同様の大きさになるとみられる。

一方，袋部下端節帯が1帯からなる2類は，土生12次SK06（7）で確認できる。下端幅は小型1類の吉野ヶ里（13）とほぼ同じながら，鋒へ向けての袋幅の減少具合がやや小さく，吉野ヶ里（13）より若干大型に復元できる。

他は節帯部が残らない諸例で，仁俣（8）はやや小型とみられる。本行1号鋳型（14）の関部が残る面は身長38cm前後に復元でき，もう1面は身長46cmを超える中細形a類銅矛である。八ノ坪（17）は，銅矛袋部の一端が残るのみ。

姉SK4004（10）は細形銅矛鋳型として報告されているが，器種・型式認定をめぐって異論が多い〔岩永 1987，柳田 1986・2007など〕。ただし，伴出土器から，中期中葉以前に大型化した武器形青銅器が鋳造されていたことは確かである。

白藤（15）は1面に銅剣鋒部を彫り込むが，もう1面は砥石転用により，幅に変化のある溝状の彫り込みが残る。この形状・幅が，同出のミニチュア状の矛形銅製品〔表1参考文献32〕にほぼ一致し，この製品の鋳型である可能性がある。

②銅戈

銅戈の初期鋳型は，鍋島本村遺跡2区SK345（9）と八ノ坪遺跡1次H5A小区表採の2例（16・

表1 武器形青銅器の初期鋳型，以外の細形武器形青銅器鋳型，および武器形以外の初期鋳型と初期の鋳造関連遺物

	出土遺跡・遺構	時期	面	器種	型式	文献
1	福岡県福岡市　志賀島勝馬包含層	中期前半？	単	剣	細形	2・3・14
2	福岡県春日市　須玖タカウタ遺跡2号土壙	中期中葉	A	？	？	40
			B	？	？	
3	福岡県春日市　須玖坂本遺跡B地点4次1号溝	中期前半～中頃	単	剣	細形	42
4	福岡県春日市　須玖坂本遺跡B地点4次1号溝	中期前半～中頃	単	剣	細形	42
5	福岡県春日市　須玖坂本遺跡B地点4次1号溝	中期前半～中頃	単	矛	細形	42
6	福岡県みやま市　上枇杷遺跡2号土壙	中期前半	A	剣？	？	16・22
			B	鉇	？	
			C	？	？	
7	佐賀県小城市　土生遺跡12次SK06	中期前半	単	矛	細形2	43
8	佐賀県小城市　仁俣遺跡SK028	中期前半	A	矛	細形	34
			B	武器形？	？	
			C	武器形？	？	
9	佐賀県佐賀市　鍋島本村遺跡2区SK345	中期前半	単	戈	細形	20
10	佐賀県神埼市　姉遺跡Ⅳ区SK4004	中期初頭～中葉	単	矛	細形	10・11・12
11	佐賀県神埼市　姉遺跡Ⅳ区SK7101	中期初頭～中葉	単	剣	中細形A	10・11・12
12	佐賀県吉野ヶ里町　吉野ヶ里遺跡田手二本黒木地区154TrSK04	中期前半	A	剣	細形	21・22・29
			B	剣	細形	
			C	矛	細形	
			D	矛	細形1	
13	佐賀県吉野ヶ里町　吉野ヶ里遺跡田手一本黒木地区7Tr北側落込	中期前半？	A	矛	細形1	17・21・22・29
			B	矛	中細形	
14	佐賀県鳥栖市　本行遺跡Ⅱ区土器溜(1号鋳型)	中期前半～中頃？	A	矛	細形	23・30・45
			B	矛	ミニチュア	
15	熊本県熊本市　白藤遺跡ピット	中期	A	矛	ミニチュア	32
			B	剣	細形	
16	熊本県熊本市　八ノ坪遺跡1次H5A小区表採	中期初頭～前半？	A	戈	細形	44・46
17	熊本県熊本市　八ノ坪遺跡1次H5A小区表採	中期初頭～前半？	A	戈	細形	44・46
18	兵庫県尼崎市　田能遺跡鋳型ピット	中期前半	単	剣	中細形A	8
19	福岡県福岡市　西新町遺跡B地区第8号住居	古墳時代前期	A	剣	細形	6
			B	剣	細形	
20	福岡県福岡市　大橋遺跡1・2次包含層	中期？	A	剣	？	18
			B	剣	細形？	
21	福岡県福岡市　雀居遺跡9次2区土坑SK59	庄内期	A	剣	細形	35
			B	？	？	
22	福岡県春日市　須玖岡本遺跡5次包含層		A	剣	細形	26・27
			B	剣	細形	
23	福岡県春日市　大谷遺跡B地点10号住居柱穴		A	矛	中細形	5・11
			B	剣？	細形？	
24	福岡県春日市　大谷遺跡D地点7号住居		単	剣	細形	5・11
25	福岡県春日市　大谷遺跡B-D地点間表土下		A	剣	細形	5・11
			B	剣	細形	
26	福岡県大野城市　石勺遺跡A地点包含層		A	剣	細形	33
			B	剣？	細形？	
27	福岡県飯塚市　立岩下ノ方遺跡		単	戈	細～中細形	1・4
28	佐賀県唐津市　中原遺跡14区包含層(鋳型Ⅰ)		A	剣	細～中細形	
			B	剣？	鉄剣形？	
29	佐賀県唐津市　中原遺跡14区包含層(鋳型Ⅱ)		A	矛	細～中細形	
			B	矛	細形	
30	佐賀県小城市　土生遺跡12次SD14	中期前半～後半	A	矛	細形	43
			B	装飾品？	？	
31	佐賀県小城市　土生遺跡12次SD14	中期前半～後半	A	矛	細形	43
			B	矛	細形？	
			C	装飾品？	棒状	
32	佐賀県小城市　久蘇遺跡包含層		A	矛	細形1	48
				装飾品？	棒状	
			B	矛	ミニチュア	
			C	武器形？	？	
33	佐賀県佐賀市　惣座遺跡SK635	中期？	A	矛	細形1	11・13
			B	鉇	細形	
			C	剣	細形	
34	佐賀県吉野ヶ里町　吉野ヶ里遺跡吉野ヶ里丘陵地区Ⅲ区SJ0937	中期中葉～後期	単	剣	細形	21・22
35	佐賀県吉野ヶ里町　吉野ヶ里遺跡吉野ヶ里丘陵地区Ⅳ区SK0541	古墳	A	矛	細形	21・22
			B	装飾品？	棒状	
			C			
36	佐賀県吉野ヶ里町　吉野ヶ里遺跡田手一本黒木地区包含層		A	剣	細形	21・22
			B	剣？	？	
37	佐賀県鳥栖市　本行遺跡Ⅱ区頂上部ピット(3号鋳型)		A	剣	細形	23・30・45
			B	剣？	細形？	
38	佐賀県鳥栖市　本行遺跡Ⅱ区溝状遺構(4号鋳型)	近代	A	剣	細形	23・30・45
			B	剣	細形	
39	佐賀県鳥栖市　本行遺跡65号土壙(10号鋳型)	中期末葉～後期前半	A	剣	細形	23・30
			B	剣	細形	
40	佐賀県鳥栖市　平原遺跡SH3006	後期後半	A	戈	細形	36・41
	佐賀県鳥栖市　大久保遺跡SH7012	古墳後期	B	？	？	
41	福岡県福津市　勝浦高原遺跡SU52	中期前半	単	小鐸		38
42	福岡県添田町　庄原遺跡7号貯蔵穴	中期前半	単	鉇		24・28
43	福岡県北九州市　松本遺跡Ⅰ区20号土坑	前期末葉～中期初頭	単	小鐸		31
44	福岡県北九州市　松本遺跡Ⅰ区20号土坑付近	前期末葉～中期初頭	単	小鐸		31
45	佐賀県小城市　土生遺跡5次SB023柱穴P5	中期前半	単	鉇		22・28・43
46	熊本県熊本市　八ノ坪遺跡1次SK171	中期前半	単	小鐸		44・46
47	和歌山県御坊市　堅田遺跡内環濠	前期末葉	単	鉇		39
48	京都府向日市　鶏冠井遺跡SD8214	中期前葉	単	鐸	菱環～外縁付鈕式	7・9・25
49	福井県坂井市　下屋敷遺跡SD001	中期中葉	単	鐸		15
50	愛知県名古屋市　朝日遺跡14次SK01	中期前葉	単	鐸	菱環鈕式	47
51	佐賀県吉野ヶ里町　吉野ヶ里遺跡田手二本黒木地区SD001(環濠)	前期～中期初頭	鞴羽口片1・同？1・坩堝片？1			21・29
52	佐賀県吉野ヶ里町　吉野ヶ里遺跡田手二本黒木地区154TrSK04及び周辺	中期前半	錫片・青銅片・銅滓・炉壁片？			21・29
53	熊本県熊本市　八ノ坪遺跡1次SK086	中期前半	銅片(湯口片)			44・46
54	熊本県熊本市　八ノ坪遺跡1次SK091	中期初頭	銅片・銅滓			44・46
55	和歌山県御坊市　堅田遺跡	前期末葉～中期初頭	焼土塊・羽口？・土製中子？			39

17）の3例である。

　鍋島本村（9）は，身幅などの法量から細形で，脊と樋が収束するⅡ式に位置づけられる。脊・刃部とも厚さがあり，胡部への広がりが小さければⅡ式a1類，大きければⅡ式b1類となる。八ノ坪（16）は，両面に銅戈鋒部を彫り込んでいる。鍋島本村と同じく，脊と樋が収束するⅡ式で，身の厚さを保ったⅡ式a1類あるいはⅡ式b1類である。両面で鋒平面形に若干の差があるが，いずれも鍋島本村（9）より身幅が狭い。八ノ坪（17）の1面には銅戈下端部が彫り込まれている。胡部に向かって身幅・刃部幅とも大きく張り出さず，脊・刃部ともかなりの厚さを有する細形Ⅱ式a1類である。

③ 銅　剣

　銅剣の初期鋳型は，志賀島勝馬包含層（1），須玖坂本遺跡B地点4次1号溝（3・4），姉遺跡Ⅳ区SK7101（11），吉野ヶ里遺跡田手二本黒木地区SK04（12），白藤遺跡（15），そして田能遺跡（18）の7例である。

　志賀島勝馬（1）は，剡方を中心とした身中位が残り，本来剣身長30cmを超える大型の細形にあたる。吉野ヶ里SK04（12）は，4面鋳型のうち3面に銅剣下端の茎部・関部が残るが，法量比較から，やはり細形でも大型の部類に属すとみられる。一方，白藤（15）は鋒部のみを残すが，研磨後に樋先端部となる部位がすでにみられ，30cm以下となる可能性が高い。

　さらに大型，つまり中細形銅剣に位置づけられるのが，姉SK7101（11）と田能（18）である。いずれも，中細形A類にあたる。

　なお，元翼断面形態の詳細な検討を行なった柳田〔2005・2007〕に拠れば，以上の銅剣初期鋳型はいずれも，朝鮮半島の鋳型・製品とは異なり，翼端部が脊付近より厚みを増す特徴をもつと言う。

④ 詳細不明

　その他，詳細不明ながら武器形の初期鋳型とできるのが，須玖タカウタ遺跡2号土壙（2）と上枇杷遺跡2号土壙（6）である。前者は鋳型面の一部をわずかに残すのみであるが，同遺跡出土の銅矛中子とともに，春日丘陵における青銅器生産の開始を語る資料である。後者は3面に鋳型として使用した痕跡が認められ，うち1面が武器形であり，鉄剣形銅剣の可能性が指摘されている〔片岡 1993〕。

（2）初期以外の細形武器形青銅器鋳型（図2）

　伴出資料から初期鋳型とは位置づけられないものの，本来は該当した可能性のあるものとして，細形の鋳型を取り上げて補足する。

① 銅　矛

　細形1類の鋳型は2例ある。惣座遺跡SK635（33）と久蘇遺跡包含層（32）である。前者は3面を利用したうちの1面に，細形1類銅矛節帯下端の3条突帯が残る。後者も3面のうちの1面に，3条の突帯を巡らした節帯下端が残り，半環状の耳がその上位につく。両者とも小片であり，本来の大きさの推定は難しい。

　このほかに1・2類不明ながら，土生遺跡12次SD14で2点が出土している（30・31）。いずれも関部付近であり，中細形か細形でもやや大型の部類にあたると推定される。また，中原遺跡でも細形あるいは中細形に位置づけられる銅矛両面鋳型（29）が出土している。

　久蘇鋳型（32）の1面には，湯口を伴って細身の製品が彫り込まれているが，近接する土生遺跡11次調査出土のミニチュア状の矛形品鋳型〔表1参考文献43〕との共通性から，同様の鋳型と推測する。

② 銅　戈

　初期鋳型と規定できる以外の細形銅戈鋳型としては，立岩下ノ方遺跡（27）と平原遺跡SH3006出土と大久保遺跡SH7012出土接合（40）の2例がある。前者は，古くに報告されているが，その

図1　武器形青銅器の初期鋳型（縮尺1/3，表1各参考文献より）

図2 初期鋳型以外の細形武器形青銅器鋳型（縮尺1/3，表1各参考文献より）

後詳細確認がなされていない。実測図による限り，樋先端が合致しない細形Ⅰ式とみられるが，脊に鋳出し鎬のような表現もあり，疑問が残る。後者は，樋と脊が1点で収束するⅡ式であり，身幅は初期鋳型とした八ノ坪（16）と鍋島本村南（9）の間に位置づけられる。

③ 銅 剣

細形に位置づけられる初期以外の銅剣鋳型は，以下の諸例となる。西新町遺跡B地区第8号住居（19）は，両面にほぼ平行な翼と脊が彫り込まれ，元部にあたる。雀居遺跡9次2区SK59（21）は

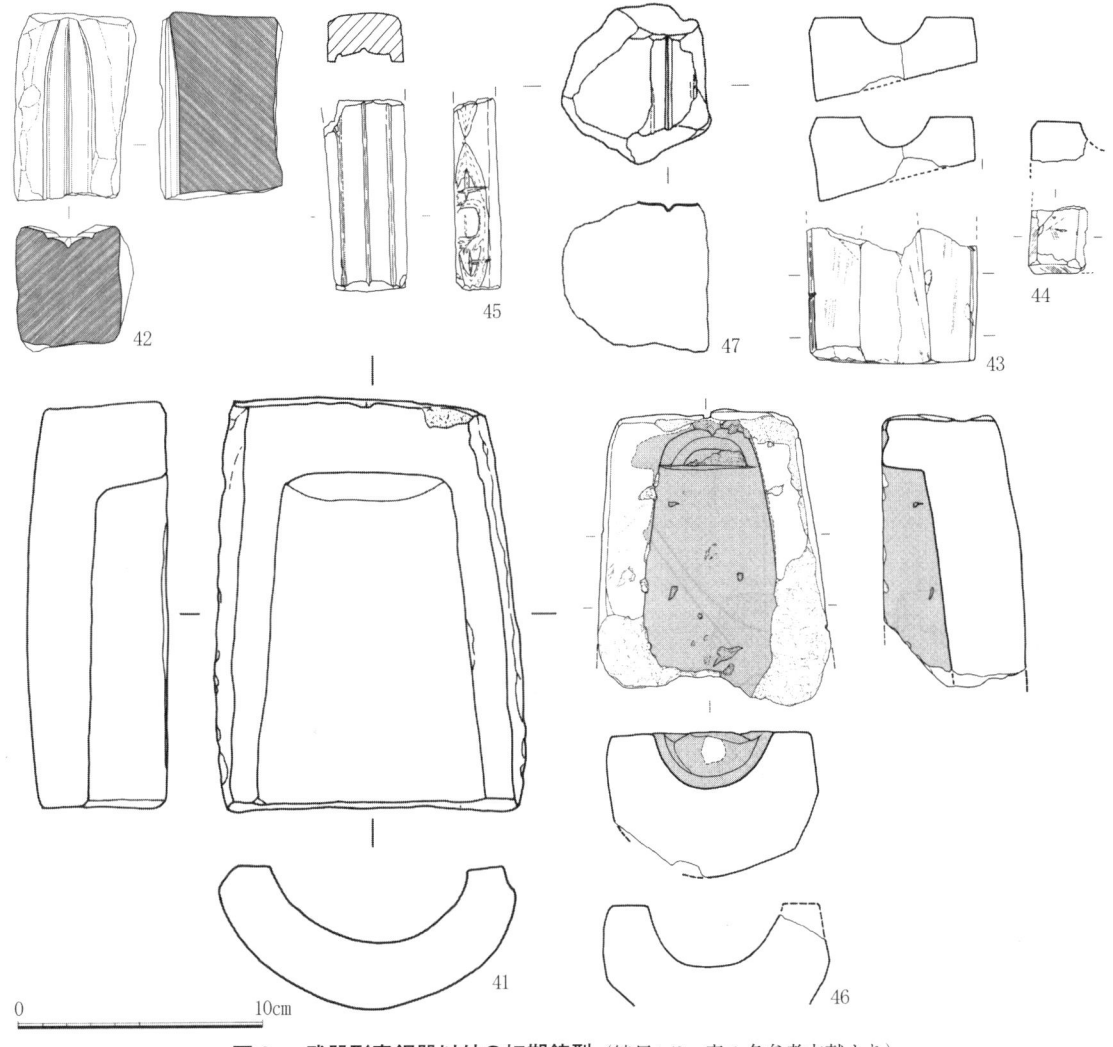

図3 武器形青銅器以外の初期鋳型（縮尺1/3，表1各参考文献より）

下端部半身で，元外形はやや丸みをもつ。須玖岡本遺跡5次包含層（22）は，両面とも半身が残る。直線的な外形をなし，元部とみられる。大谷遺跡では2点が出土し，D地点7号住居（24）は身上位半身の断片，B-D地点間表土下（25）は下端部半身の断片である。いずれも翼幅が狭く，細形でも小型細身の部類にあたる。銅矛鋳型として取り上げた惣座（33）には，2面に銅剣脊と翼の彫り込みが認められる。吉野ヶ里遺跡では3点がある。吉野ヶ里丘陵地区Ⅲ区SJ0937（34）は，刳方部付近の半身で，やや大型の部類にあたるとみられる。吉野ヶ里丘陵地区Ⅳ区SK0541（35）と田手一本黒木地区包含層（36）は，ともに脊部の彫り込みが残る程度で詳細不明。本行遺跡でも3点を指摘できる。Ⅱ区頂上部ピット3号鋳型（37），Ⅱ区溝状遺構4号鋳型（38），65号土壙10号鋳型（39）である。3号鋳型（37）は1面に細形の可能性のある鋒部を彫り込み，もう1面が明確な銅剣下端部である。4号鋳型（38）は両面鋳型の1面に銅剣中位の彫り込みがある。突起部をすでに鋳型に彫り込んであり，突起が2つある異形であるが，身幅は細形の範疇に収まるとみられる。10号鋳型（39）は後の改変が大きいが，銅剣の脊と翼部の彫り込みが窺える。

その他，中原遺跡で細形あるいは中細形と鉄剣形の両面鋳型（28）が出土し，大橋遺跡包含層（20），大谷遺跡B地点10号住居柱穴（23），石匁遺跡A地点包含層（26）の各鋳型に，細形銅剣の可能性が残されている。

なお，これらの鋳型もやはり，元翼端部が脊付近より厚みを増す特徴をもつとされている〔柳田2005・2007〕。

(3) 武器形以外の初期鋳型と初期の鋳造関連遺物（図3）

武器形青銅器以外についても，初期鋳型に該当する資料を確認する。同時に，鋳型以外の鋳造関連遺物についても，初期の資料について言及しておく。

① 鉇

鉇に3例の初期鋳型がある。庄原遺跡7号貯蔵穴（42），土生遺跡5次SB023柱穴P5（45），堅田遺跡内環濠（47）である。庄原（42）は上半部の鋳型で，中期前半の土器を伴う。土生（45）も中期前半の土器を伴い，身中位が残る。そして，堅田（47）は近畿前期末葉の土器を伴い，表面の隆状帯部とみられる彫り込みが認められる。

② 小銅鐸

小銅鐸鋳型は4例が該当する。勝浦高原遺跡SU52（41），松本遺跡Ⅰ区20号土坑（43）および同20号土坑付近（44），そして八ノ坪遺跡1次SK171（46）である。勝浦高原（41）は，中期前半の貯蔵穴床面より出土した未製品。鐸身の彫り込みは12.9cmを測る。松本遺跡20号土坑（43）は，前期末葉～中期初頭の土器を伴出しているが，より前期末葉の様相が強いとされている。鋳型は小銅鐸身部とみられ，復元鐸身高約6.5cm。付近からは対となる合わせ型（44）も出土している。八ノ坪（46）は中期前半の土器を伴う。鋳型は鐸身現存高10.6cmで，高さ1.5cmの菱環鈕がつく。

③ 銅　鐸

銅鐸においても，初期鋳型とすべき資料がある。鶏冠井遺跡SD8214（48），下屋敷遺跡SD001（49），そして朝日遺跡14次SK01（50）の3例である。鶏冠井（48）は舞上面に斜格子文をもつ小型銅鐸で，菱環鈕式から外縁付鈕式に復元される。伴出土器についても整理がなされ，畿内第Ⅱ様式の時期が求められている。下屋敷（49）は高さ20.7cmとやや小型の鐸身部のみを彫り込んだ未製品で，畿内第Ⅱ様式から第Ⅲ様式前葉の土器を伴う。そして，朝日（50）は斜格子文帯と綾杉文帯の一部を残す鐸身部片で，文様構成と復元される大きさから，菱環鈕1式に位置づけられている。伴出土器は畿内第Ⅱ様式後半に並行する。

④ 鋳型以外の鋳造関連遺物

吉野ヶ里遺跡では，田手二本黒木地区SD001（環濠）から鞴羽口片1点と，その可能性のある土製品1点，そして坩堝の可能性がある土製品1点が出土している（51）。特に後2者は環濠下部からの出土である。また，4面鋳型が出土した田手二本黒木地区SK04とその周辺では，高純度の錫片や青銅片，銅滓，そして炉壁らしい焼土片の出土が報告されている（52）。八ノ坪遺跡でも，小銅鐸鋳型を出土したSK171に近接するSK086とSK091から銅片や銅滓が出土している（53・54）。特に，前者出土の銅片は湯口部分に相当するとみられる。SK086は中期前半の土器を出土し，SK091を切る。SK091からは中期初頭の土器が出土している。堅田遺跡でも，各所から焼土塊が出土し，羽口や土製中子，溶炉遺構の存在も報告されている（55）。

(4) 小　結

個別資料を解説してきたが，各武器形青銅器について，鋳造開始時期とその状況を確認しよう。

まず，銅矛は中期前半に有明海沿岸地域で鋳造を開始している。鋳造を行なった型式は，袋部下端に複数突帯をめぐらす1類が主体で（12・13・32・33），2類も存在する（7）。しかも，すでに大小の差が現われている。他方，ミニチュア状矛形品も，中期前半には認められる（15・32）。1類やミニチュアは製品自体少ないものの，それらの生産が中期前半の有明海沿岸地域においては安定的に行なわれていたと推察される。そして，中期中頃には中細形銅矛の鋳造を有明海沿岸地域で確認でき（14），玄界灘沿岸地域でも中細形銅矛鋳型が確認できるようになる（29）。

銅戈も，やはり有明海沿岸地域で中期前半に鋳造の開始を確認できる。脊と樋が収束する細形Ⅱ式であり，まだしっかりした厚みを保ち，身幅に若干の変化も窺える（9・16・17・40）。ところが，

このような形態も銅矛同様に製品は少ない。一方，玄界灘沿岸地域では，報告例があるものの問題を残し（27），現時点で確実な鋳造開始は中細形銅戈段階ということになる。

銅剣も，有明海沿岸地域では中期前半の鋳造開始が知られる。しかも，すでに剣身長30cmを超すとみられる大型品が登場している（12）。さらに大型化を進めたのが中細形A類で，中期中頃までに有明海沿岸地域（11）と遠く近畿地域（18）にまで広がる。一方，玄界灘沿岸地域でも，中期前半に遡るとみられる鋳型が銅剣では存在する（1）。そして，元翼断面形態において，日本列島的な特徴がすでに現われていると言う〔柳田 2005・2007〕。

以上のように，初期鋳型から確実に遡及できる鋳造開始年代は，武器形青銅器3種のいずれにおいても，現状では中期前半である。また，いずれも有明海沿岸地域が卓越し，鋳造開始時の内容に，地域と型式に偏りが存在する。他方，武器形以外の鉇や小銅鐸さらには銅鐸でも，中期前半には鋳造を開始している。小銅鐸では中期初頭までの遡及を北部九州で確認できるが（43），前期末葉とする鉇（47）は並行関係について検討を要し，前期末葉への遡及が指摘されている鋳造関連遺物（51・55）についても，伴出関係・並行関係についてなお検討すべき部分があると考える。したがって，武器形青銅器の鋳造開始が，小銅鐸と同じ中期初頭まで遡ることは想定しておくべきとするが，前期末葉への遡及は現状では積極的に言及できない。

3　甕棺編年の再確認（図4）

上記してきたように，鋳型資料による限り，鋳造開始年代は中期前半が現状である。さらなる遡及の可能性は，製品の検討も含めてなす必要がある。そのとき，時期を特定する手段が，出土墳墓の時期，とりわけ甕棺編年である。武器形青銅器出現期の甕棺は，前期末葉に位置づけられてきた金海式が該当するが，その位置づけが近年変移してきている。その状況を確認した上で，出土武器形青銅器の時期認定を行なう。

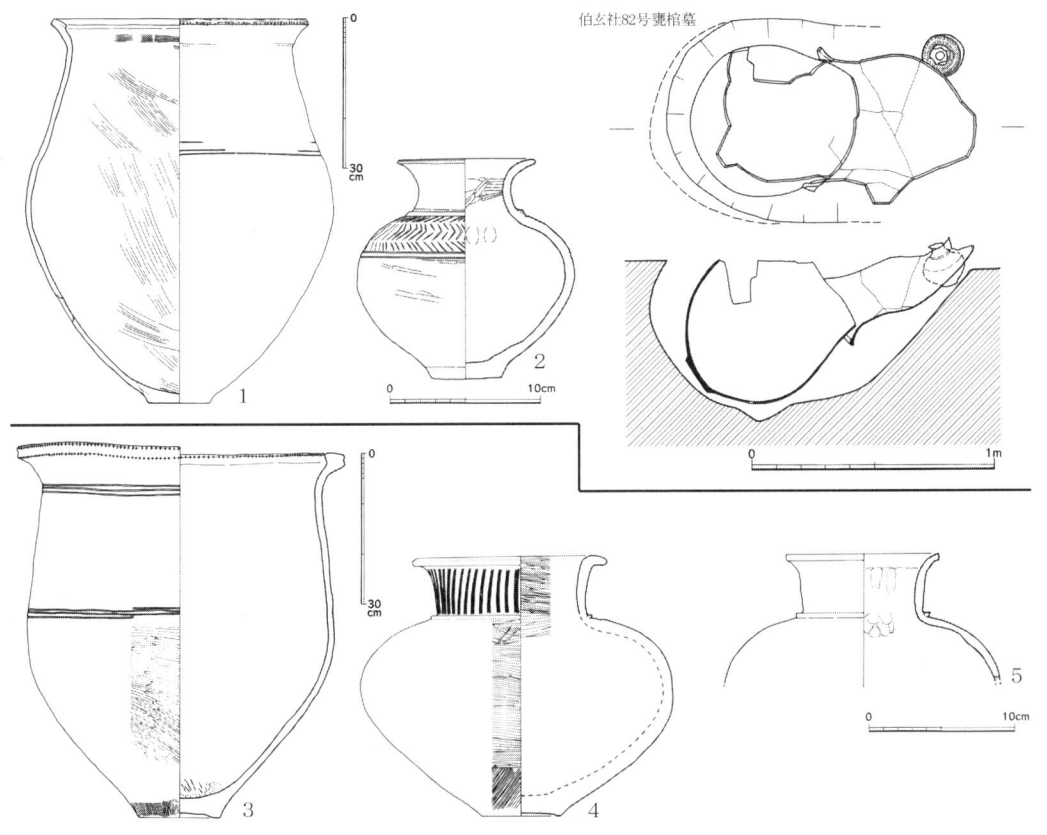

図4　前期末葉から中期初頭の甕棺と供献土器（上段：柳田編〔2003〕より，下段：力武・横山編〔1996〕より）

― 47 ―

現行の甕棺編年の基軸は森〔1966〕に拠っており，該期の伯玄式，金海式の設定も行なわれている。すなわち，前期後半の伯玄式は，「伯玄町遺跡のものをもって代表させる。広口の壺形に近い板付Ⅱ式の甕二個を，大形のものを上からかぶせ，差合わせにして斜めに埋置し，傍に無軸羽状文をもつ小形の壺を副葬している」とし，続く前期末葉の金海式について，「慶尚南道金海邑会峴里の甕棺は，この型式のなかでもやや新らしいものであり，さかのぼるものは頭部がやや狭まる点で伯玄式に近い。(中略) 器形の特徴は弥生前期の広口壺に共通するものであり，外彎する口縁部の頂上部には，外側の上下端に刻目文をもつ断面方形の凸帯をもうけている。文様は口縁下及び胴部に数条の平行沈線文を入れ，しばしば両者を数条の縦沈線文で，数カ所連結している」としたのである。その後，橋口〔1979〕による編年でも，伯玄式をKⅠb式，金海式をKⅠc式として，前者を前期後半，後者を前期末葉とした。一部で異論〔柳田・小池編 1981〕が提示されながらも，金海式を前期末葉に位置づける見解が，以来大勢を占めてきた。

　しかし，多くの金海式甕棺や副葬小壺をもつ木棺墓が出土した吉武遺跡群の調査と報告により，異なる状況が明らかとなってきた。例えば，金海式甕棺の吉武高木116号甕棺墓において城ノ越式の副葬小壺が伴う (図4-3・4)，城ノ越式の副葬小壺 (図4-5) を伴っている木棺墓が，墓群の中で金海式甕棺に先行して造営されたと想定されるなどである〔力武・横山編 1996〕。これを承けて常松〔1998〕は，金海式を古段階と新段階に分け，吉武高木116号甕棺などを新段階として中期初頭の城ノ越式に並行させ，吉武高木110号甕棺や伯玄社82号甕棺墓副葬小壺などを古段階として前期末葉に位置づけ，武器形青銅器副葬の始まりをこの段階とした。

　他方，前期後半の標識遺跡である伯玄社遺跡の報告書が刊行され〔柳田編 2003〕，甕棺と供献土器についても詳細が検討された。特に，伯玄式の標識となった82号甕棺墓で前期末葉の副葬小壺を伴い，伯玄式が前期末に位置づけられることが明示された (図4-1・2)。

　伯玄社82号甕棺と吉武高木116号甕棺を新古の2段階に設定することは共通する。これを常松〔1998〕は金海式の古新でとらえ，柳田編〔2003〕では伯玄式・金海式自体の呼称を採用していないが，伯玄式と金海式と呼ばれてきた段階に相応する。柳田編〔2003〕も述べるように，森〔1966〕による伯玄式設定の経緯をみれば，伯玄式の標識である伯玄社82号甕棺を金海式古段階とするのは適当でなかろう。伯玄式と金海式について，時期的あるいは地域的な重複の可能性もなおあるが，伯玄式を前期末葉，金海式を中期初頭と位置づけることとする。なお，常松〔2006〕では，吉武高木110号甕棺など，吉武遺跡群の武器形青銅器副葬の金海式甕棺すべてを，新段階すなわち中期初頭に整理し直している。

4　副葬開始期の武器形青銅器 (表2，図5・6)

　上記編年に基づいて，武器形青銅器副葬の開始を確認する。「初期鋳型」に対してやや時間幅は狭いが，中期初頭とする金海式と次のKⅡa式〔橋口 1979〕あるいは城ノ越式までの武器形青銅器を，「初期製品」として集成した (表2)。吉武遺跡群がまとまった出土例であるが，最近古賀市馬渡・束ヶ浦遺跡E地区2号甕棺墓においても，金海式甕棺から良好な武器形青銅器のセットが出土している (図5)。これらを含めて，玄界灘沿岸地域を唐津から山口北浦まで広がり，逆に有明海沿岸側には，小郡の1例を含めても4例でしかない。初期鋳型の分布との違いは歴然である。

　一瞥してみて，金海式を遡った伯玄式からの出土例がない。先の編年に照らせば，武器形青銅器の副葬開始，すなわち製品そのものの出現は中期初頭であり，前期末葉に遡らない。その一方で，前述した初期鋳型の状況との違いは，分布以外の面でも看取できる。以下，武器形3種について，その内容を初期鋳型の状況と対比しながら確認する。

(1) 銅矛

　銅矛は9例を数え，1類yタイプが3例 (19・28・29)，2類yタイプが2例 (13・36)，2類x

表2　副葬開始期の武器形青銅器

	武器形青銅器	出土遺跡・遺構	甕棺型式	供献土器		文献
1	細形Ⅱa2戈	福岡県志摩町 久米遺跡23号甕棺墓	城ノ越式			66・70
2	細形剣	福岡県福岡市 飯倉甕棺墓	金海式			51
3	細形Ⅱa2戈	福岡県福岡市 西福岡高校遺跡2号甕棺墓	金海式			52・70
4	細形剣	福岡県福岡市 東入部遺跡群2次調査957号木棺墓				60
5	細形剣	福岡県福岡市 東入部遺跡群2次調査84号甕棺墓				60
6	細形剣(鋒)	福岡県福岡市 吉武遺跡群1次調査88号甕棺墓	金海式			65・67
7	細形Ⅰy剣	福岡県福岡市 吉武高木遺跡100号甕棺墓	金海式			63・67
8	細形Ⅰy剣	福岡県福岡市 吉武高木遺跡115号甕棺墓	金海式			63・67
9	細形Ⅰy剣	福岡県福岡市 吉武高木遺跡116号甕棺墓	金海式	城ノ越式小壺		63・67
10	細形Ⅰy剣	福岡県福岡市 吉武高木遺跡117号甕棺墓	金海式	城ノ越式小壺	ヒスイ製勾玉1, 碧玉製管玉42, ガラス小玉1	63・67
11	細形Ⅰy剣	福岡県福岡市 吉武高木遺跡1号木棺墓		城ノ越式小壺	碧玉製管玉20	63・67
12	細形Ⅱb剣	福岡県福岡市 吉武高木遺跡2号木棺墓		城ノ越式小壺	ヒスイ製勾玉1, 碧玉製管玉135	63・67
13	細形2y矛	福岡県福岡市 吉武高木遺跡3号木棺墓		城ノ越式小壺	多鈕細文鏡1, ヒスイ製勾玉1, 碧玉製管玉95	63・67・70
14	細形Ⅱa1戈					
15	細形Ⅰy剣					
16	細形Ⅳ剣					
17	細形Ⅱb剣	福岡県福岡市 吉武高木遺跡4号木棺墓		城ノ越式小壺		63・67
18	細形矛(鋒)	福岡県福岡市 吉武大石遺跡1号甕棺墓	金海式			63・67
19	細形1y矛	福岡県福岡市 吉武大石遺跡45号甕棺墓	金海式			63・67
20	細形Ⅰy剣					
21	細形Ⅰx剣	福岡県福岡市 吉武大石遺跡51号甕棺墓	金海式		碧玉製管玉11	63・67
22	細形2x矛	福岡県福岡市 吉武大石遺跡67号甕棺墓	金海式			63・67
23	細形Ⅱa1戈	福岡県福岡市 吉武大石遺跡70号甕棺墓	金海式			63・67・70
24	細形Ⅰy剣	福岡県福岡市 吉武大石遺跡140号甕棺墓	金海式			63・67
25	細形Ⅱb1戈	福岡県福岡市 吉武大石遺跡1号木棺墓		城ノ越式小壺		63・67
26	細形Ⅱb剣					
27	細形Ⅱb剣	福岡県福岡市 吉武大石遺跡5号木棺墓				63・67
28	細形1y矛	福岡県福岡市 板付田端遺跡甕棺墓群	金海式~須玖式			49・59・71
29	細形1y矛					
30	細形2x矛					
31	細形Ⅰx剣					
32	細形Ⅰy剣					
33	細形Ⅰx剣					
34	細形Ⅰy剣					
35	細形剣(鋒)	福岡県小郡市 北牟田遺跡12号木棺墓				54・56
36	細形2y矛	福岡県古賀市 馬渡・束ヶ浦遺跡E地区2号甕棺墓	金海式			70・72
37	細形Ⅰa1戈					
38	細形Ⅰx剣					
39	細形Ⅰy剣					
40	細形矛(鋒)	福岡県宗像市 朝町竹重遺跡SX28土壙墓		中期初頭~前葉小壺		64・70
41	細形Ⅱa3戈					
42	鉄剣細形剣?	福岡県遠賀町 慶ノ浦遺跡24号土壙墓				69
43	細形Ⅱb剣	福岡県遠賀町 金丸遺跡土壙墓				73
44	細形Ⅱb剣	福岡県北九州市 二ノ丸家老屋敷遺跡1号石棺墓			碧玉製管玉83	44
45	細形Ⅰy剣	佐賀県唐津市 宇木汲田遺跡18号甕棺墓	金海式			55
46	細形剣(鋒)	佐賀県唐津市 宇木汲田遺跡32号甕棺墓	金海式			55
47	細形Ⅰa2戈	佐賀県武雄市 釈迦寺遺跡SJ246甕棺墓	「金海くずれ」			58・70
48	細形Ⅰa2戈	佐賀県佐賀市 東山田一本杉遺跡SJ075甕棺墓	金海式			62
49	細形剣(片)	佐賀県佐賀市 津留遺跡SP024土器棺木棺併用墓	城ノ越式甕			61
50	細形剣?	長崎県対馬市 住吉円貝塚石棺内土器棺墓	金海式?			53
51	細形Ⅰx剣	山口県下関市 梶栗浜遺跡石棺墓	綾羅木Ⅲ式		多鈕細文鏡1, 碧玉製管玉若干	50・68
52	細形Ⅰy剣					
53	細形剣(鋒)	山口県下関市 中ノ浜遺跡7次調査ⅠⅠ-1土壙墓				57・68
54	細形戈(鋒)	山口県下関市 中ノ浜遺跡7次調査G1集骨				57・68

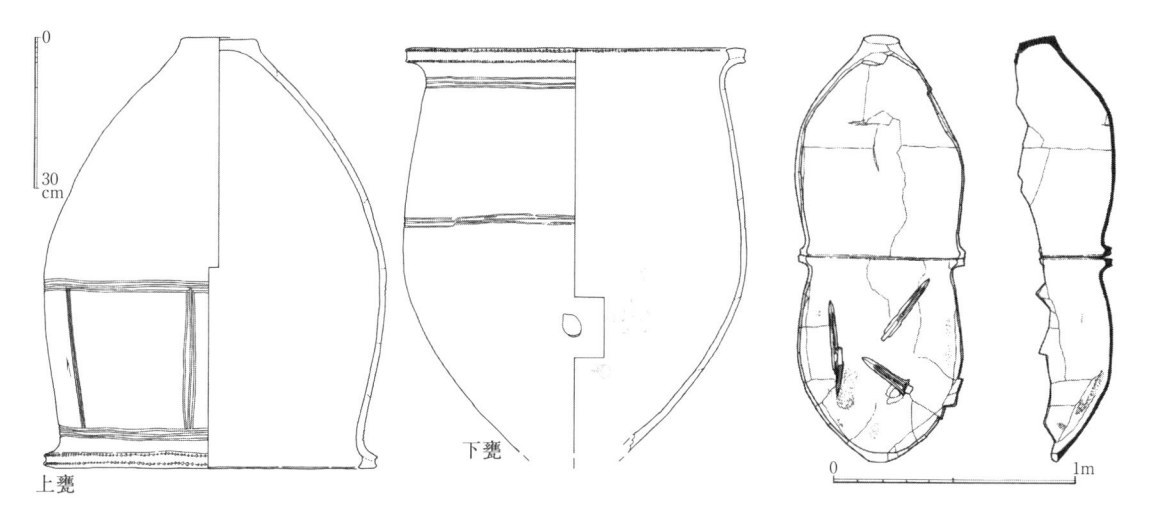

図5　馬渡・束ヶ浦遺跡E地区2号甕棺（表2参考文献72より）

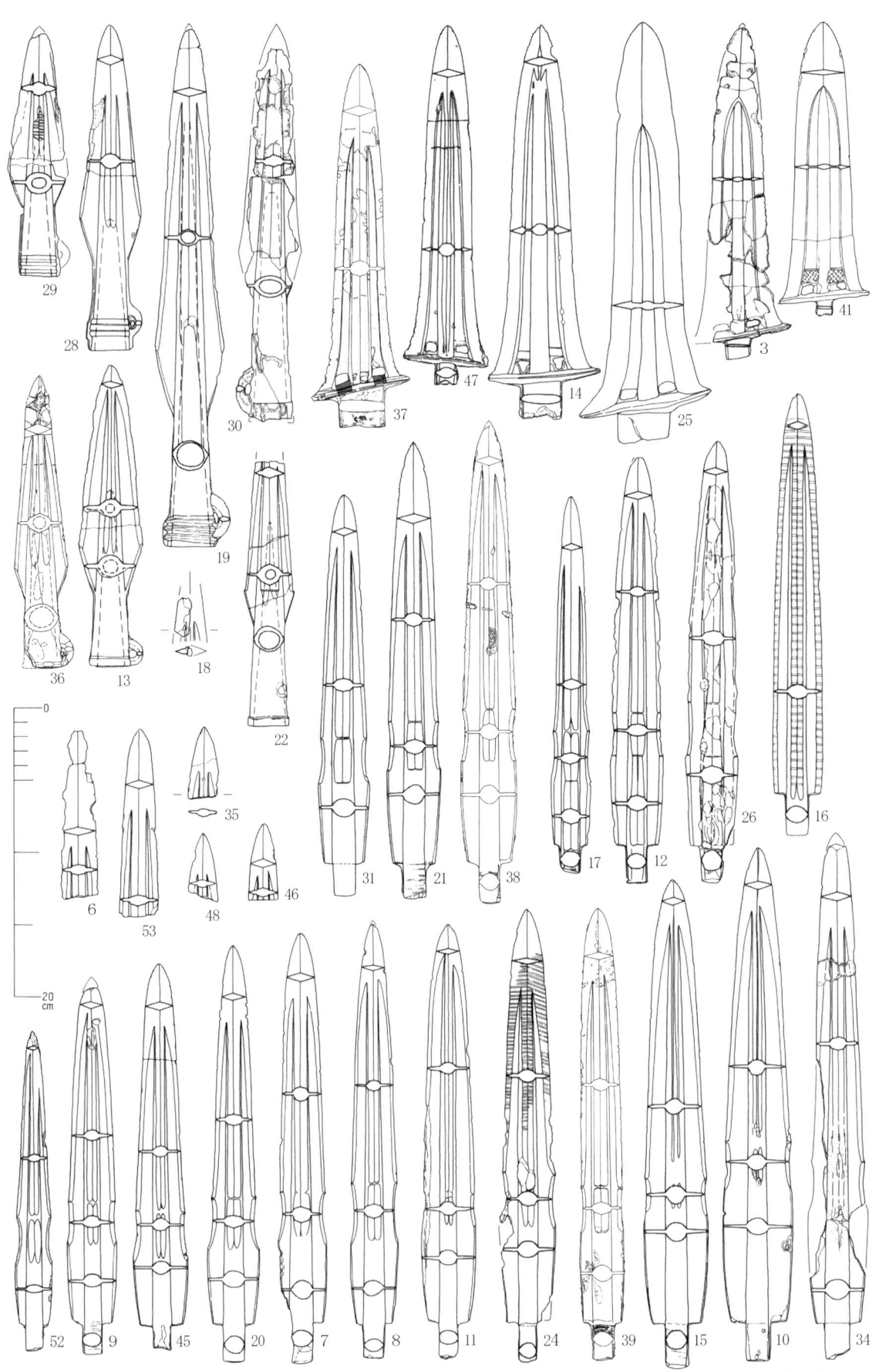

図 6　副葬開始期の武器形青銅器（縮尺1/4, 36〜39：表2参考文献72, 41：表2参考文献70, 他：吉田編〔2001〕より）

表3　日本列島鋳造開始期における鋳型と製品の地域性

武器形青銅器	朝鮮半島南部		玄界灘沿岸		有明海沿岸	
	鋳型	製品	鋳型	製品	鋳型	製品
目釘孔系列細形銅矛	○	○	×	×	×	×
有耳系列細形1類銅矛	×	×	×	○	×	×
有耳系列細形2類銅矛	×	×	×	○	○	×
ミニチュア矛形品	×	×	×	×	○	○
細形Ⅰ式銅戈	×	○	(○)	○	×	○
細形Ⅱ式a1類銅戈	○	○	○	○	○	×
細形Ⅱ式a2類・a3類銅戈	×	×	×	○	×	×
細形Ⅱ式b1類銅戈	×	×	×	○	(○)	×
細形銅剣（小型）	○	○	×	○	×	×
細形銅剣（大型）	×	(○)	○	○	○	×
鉄剣形銅剣	×	×	×	○	○	×
※柳田〔2005〕のBⅠ銅剣	○	○	×	×	×	×
※柳田〔2005〕のⅡA銅剣	×	×	○	○	○	×

タイプ2例（22・30），そして鋒出土例が2例（18・40）である。初期鋳型では1類に偏っていたのが，製品では2類も多い。身長は17〜36cmと大小の差がすでに認められ，鋳型の状況に一致する。そして，鋳型と異なって出土地は玄界灘沿岸のみである。

朝鮮半島の同時期の状況はなお明確でないが，1類や2類のような半環状の耳を袋部にもつ有耳系列の銅矛自体が少なく，有耳の銅矛は日本列島出土品よりむしろ大型のものが多く，後出的ですらある。替わって主流を占めるのが，日本列島にはほとんど存在しない目釘孔系列の銅矛である〔吉田2003〕。よって，列島出土の初期銅矛が朝鮮半島製であるとすると，朝鮮半島では主要な銅矛ではなく，しかも多くが列島にもたらされたことになる。むしろ，列島出土の初期銅矛が列島内で鋳造された可能性も，現時点で充分想定されよう。その際，製作地を初期鋳型の出土地に限定すると，出現期から北部九州の広範囲で銅矛の生産と流通に関する主体的作用の存在が想定されることになる〔下條1997・柳田2007など〕。

(2) 銅　戈

銅戈は9例で，Ⅰ式a1類が1例（37），Ⅰ式a2類が1例（47），Ⅱ式a1類が2例（14・23），Ⅱ式a2類が2例（1・3），Ⅱ式a3類が1例（41），Ⅱ式b1類が1例（25），鋒出土例が1例（54）である。初期鋳型では，Ⅱ式a類（a1類）にほぼ限られていたが，かなり多様な型式を含んでいる。そして，銅戈においても，1例を除いて，やはり玄界灘沿岸地域に出土が集中している。

この中でとりわけ注目されるのは，朝鮮半島で見いだせない，扁平脆弱なⅡ式a2類・Ⅱ式a3類であり，橋口〔2005〕が明器と位置づける銅戈である。Ⅱ式a3類は中期前葉まで下がる可能性が高いものの，Ⅱ式a2類は金海式甕棺および城ノ越式甕棺から出土しており，確実に中期初頭に出現している。従来から指摘されているように，これらが列島産である可能性は高い。一方，中細形へと連なるⅡ式b2類が全くみられないことは，中細形への転換が初期鋳型の時期よりやや遅れることを示唆する。

(3) 銅　剣

残る36例が銅剣である。そのうちⅠ式yタイプが最も多く13例，Ⅰ式xタイプは5例，Ⅱ式b類が6例，Ⅳ式が1例，鉄剣形？が1例，鋒あるいは断片出土例が6例，詳細不詳が4例である。剣身長は20〜33cmと大小の差が認められ，初期鋳型の状況に合致する。出土数は銅矛・銅戈に比べて多く分布も広いが，玄界灘沿岸地域以外は鋒部の出土が目立つ。

剣身長30cmを超える銅剣は，朝鮮半島ではあまりみられない。これが早くに出現し，しかも初期鋳型でも認められる状況は，銅剣において早い段階から列島での鋳造開始を示唆する。さらに，中細形もすでに初期鋳型の範疇内に認められ，鉄剣形も鋳型・製品ともに早くに出現していることは，

銅矛・銅戈に比べて早い列島化を示しているとも言える。一方，柳田〔2005〕に拠れば，吉武遺跡群出土の多くが朝鮮半島と同じ元翼断面形態をとり，この特徴は初期鋳型には見いだせなかった。

(4) 小　結

最初に述べたように，副葬品としての武器形青銅器の登場は，3種とも金海式甕棺の時期，すなわち中期初頭である。その登場範囲は，初期鋳型より広範囲に及ぶが，玄界灘沿岸地域を中心とし，有明海沿岸地域には非常に少ない。しかも，初期鋳型以上に限定した時間幅で設定した初期製品にもかかわらず，初期鋳型以上に多様な型式が存在し，朝鮮半島で鋳型・製品ともみられないものまで存在する。その状況をまとめたのが表3である。鋳造という生産活動だけでなく，流通をも含めて，多様な可能性が指摘できる現状と言える。

5　まとめ－武器形青銅器の鋳造開始年代の現状－

鋳型と製品から，日本列島における鋳造開始段階の状況を確認してきた。結果，以下のようにまとめることができる。

まず，初期鋳型から明言できる武器形青銅器の鋳造開始は中期前半である。

それ以上の遡及は，中期初頭まで遡る可能性の高い小銅鐸鋳型が存在すること，金海式甕棺に副葬された武器形青銅器に，初期鋳型にも朝鮮半島出土武器形青銅器にもみられない諸特徴が存在し，すでに日本列島的な形の形成に到っていることから，中期初頭への遡及は想定可能である。しかし，前期末葉までは，現状の資料では困難である。

参考文献

岩永省三 1987「青銅利器と銅鐸の鋳型」『古文化談叢』第17集

岩永省三 1991「日本における青銅武器の渡来と生産の開始」小田富士雄・韓炳三編『日韓交渉の考古学』弥生時代篇，六興出版

岩永省三 1994「日本列島産青銅武器類出現の考古学的意義」『古文化談叢』第33集

小田富士雄 1985「銅剣・銅矛国産開始期の再検討－近年発見の鋳型資料を中心にして－」『古文化談叢』第15集

小田富士雄 1990「銅剣・銅矛国産開始期の再検討（2）－その後発見の鋳型資料を中心にして－」『古文化談叢』第23集

小田富士雄 1992「国産銅戈の出現－新出の細形銅戈鋳型をめぐって－」『北部九州の古代史』名著出版

片岡宏二 1993「筑紫平野における初期鋳型の諸問題」『考古学ジャーナル』359

片岡宏二 1999『弥生時代渡来人と土器・青銅器』雄山閣

下條信行 1997「玄界灘VS有明海」『平成9年度春季特別展　青銅の弥生都市－吉野ヶ里をめぐる有明のクニグニ－』大阪府立弥生文化博物館

常松幹雄 1998「カメ棺の変遷と終焉」『平成10年度福岡市博物館特別企画展　弥生人のタイムカプセル』福岡市博物館

常松幹雄 2006『最古の王墓・吉武高木遺跡』シリーズ「遺跡」に学ぶ024，新泉社

西谷　正・宮井善朗 1987「青銅製品の鋳造」『論争・学説　日本の考古学』第4巻　弥生時代，雄山閣

橋口達也 1979「甕棺の編年的研究」『九州縦貫自動車道関係埋蔵文化財調査報告ⅩⅩⅩⅠ』福岡県教育委員会

橋口達也 2005「明器銅戈考」『九州歴史資料館研究論集』30

森貞次郎 1966「弥生時代における細形銅剣の流入について－細形銅剣の編年的考察－」金関丈夫博士古稀記念委員会編『日本民族と南方文化　金関丈夫博士古稀記念論文集』平凡社

柳田康雄・小池史哲編 1981『三雲遺跡Ⅱ』福岡県文化財調査報告書第60集

柳田康雄 1986「青銅器の仿製と創作」横山浩一編『図説 発掘が語る日本史』第6巻 九州・沖縄編，新人物往来社
柳田康雄編 2003『伯玄社遺跡』春日市文化財調査報告書第35集
柳田康雄 2005「青銅武器型式分類序論」『國學院大學考古学資料館紀要』第21輯
柳田康雄 2007「銅剣鋳型と製品」『考古学雑誌』第91巻第1号
吉田　広編 2001『弥生時代の武器形青銅器』考古学資料集21
吉田　広 2003「朝鮮半島出土の倭系武器形青銅器」『青丘学術論集』第22集
力武卓治・横山邦継編 1996『吉武遺跡群Ⅷ』福岡市埋蔵文化財調査報告書第461集

表参考文献
表1
1．森貞次郎 1942「古期弥生式文化に於ける立岩文化期の意義」『古代文化』第13巻第7号
2．森貞次郎・渡辺正気 1958「福岡県志賀島発見の細形銅剣鎔范」『九州考古学』第3・4号
3．森貞次郎・乙益重隆・渡辺正気 1960「福岡県志賀島の弥生遺跡」『考古学雑誌』第46巻第2号
4．岡崎　敬 1977「青銅器とその鋳型」『立岩遺蹟』立岩遺蹟調査委員会
5．佐土原逸男編 1979『大谷遺跡』春日市文化財調査報告書第5集
6．池崎譲二ほか 1982『西新町遺跡』福岡市埋蔵文化財調査報告書79集
7．長谷川浩一・國下多美樹・山中　章 1982「鶏冠井遺跡出土の銅鐸鋳型」『考古学ジャーナル』210
8．福井英治編 1982『田能遺跡発掘調査報告書』尼崎市文化財調査報告第15集
9．國下多美樹ほか 1983『向日市文化財調査報告書』第10集，向日市教育委員会
10．堤　安信 1984「佐賀県千代田町姉貝塚出土の銅矛・銅剣の鋳型」『考古学雑誌』第70巻第2号
11．小田富士雄 1985「銅剣・銅矛国産開始期の再検討－近年発見の鋳型資料を中心として－」『古文化談叢』第15集
12．堤　安信編 1985『姉遺跡Ⅰ』千代田町文化財調査報告書第3集
13．立石泰久編 1986『惣座遺跡』大和町文化財調査報告書第3集
14．後藤　直編 1987『福岡市の文化財－考古資料－』福岡市教育委員会
15．富山正明編 1987『下屋敷遺跡・堀江十楽遺跡』福井県埋文調査報告第14集
16．川述昭人編 1988『上枇杷・金栗遺跡』福岡県文化財調査報告書第82集
17．七田忠昭ほか 1990『吉野ヶ里遺跡』佐賀県文化財調査報告書第100集
18．横山邦継編 1990『公園関係埋蔵文化財調査報告書Ⅰ』福岡市埋蔵文化財調査報告書第220集
19．小田富士雄・韓炳三編 1991『日韓交渉の考古学』弥生時代篇，六興出版
20．木島慎治編 1992『鍋島本村南遺跡』佐賀市文化財調査報告書第35集
21．七田忠昭ほか 1992『吉野ヶ里』佐賀県文化財調査報告書第113集
22．片岡宏二 1993「筑紫平野における初期鋳型の諸問題」『考古学ジャーナル』359
23．向田雅彦 1993「鳥栖市出土の青銅器鋳型類」『考古学ジャーナル』359
24．岩本教之編 1994『庄原遺跡発掘調査概報』添田町教育委員会
25．國下多美樹 1994「鶏冠井銅鐸鋳型の評価をめぐって(上)・(下)」『古代文化』第46巻第7号・第8号
26．春日市史編さん委員会 1995『春日市史』上巻、春日市
27．平田定幸編 1995『須玖岡本遺跡』春日市文化財調査報告書第23集
28．片岡宏二 1996「青銅製鏃考」『考古学雑誌』第81巻第2号
29．七田忠昭 1997『吉野ケ里遺跡』佐賀県文化財調査報告書第132集
30．向田雅彦編 1997『本行遺跡』鳥栖市文化財調査報告書第51集
31．佐藤浩司 1998『永犬丸遺跡群2』北九州市埋蔵文化財調査報告書第216集
32．林田和人・原田範昭 1998「白藤遺跡群出土の矛形銅製品・鋳型について」『肥後考古』第11号

33. 向　直也・丸尾博恵編 1998『石勺遺跡Ⅲ』大野城市文化財調査報告書第52集
34. 永田稲男編 1999『仁俣遺跡』三日月町文化財調査報告書第12集
35. 松村道博編 2000『雀居遺跡5』福岡市埋蔵文化財調査報告書第635集
36. 德永貞昭ほか 2001『柚比遺跡群1』佐賀県文化財調査報告第148集
37. 平田定幸編 2001『須玖盤石遺跡』春日市文化財調査報告書第29集
38. 池ノ上宏編 2002『津屋崎町内遺跡』津屋崎町文化財調査報告書第19集
39. 川崎雅史編 2002『堅田遺跡－弥生時代前期集落の調査－』御坊市教育委員会・御坊市文化財調査会
40. 平田定幸編 2002『須玖タカウタ遺跡』春日市文化財調査報告書第32集
41. 渋谷　格 2004「柚比遺跡群での青銅器生産に関する序説」『九州考古学』第79号
42. 境　靖紀 2005「須玖坂本遺跡Ｂ地点（4次調査）」『春日市埋蔵文化財年報』12 平成15年度，春日市教育委員会
43. 永田稲男編 2005『戌・赤司・赤司東・深川南・土生』三日月町文化財調査報告書第16集
44. 林田和人 2005『八ノ坪遺跡Ⅰ』本文編，熊本市教育委員会
45. 柳田康雄 2005「佐賀県本行遺跡鋳型再考」『古代学研究』第168号
46. 林田和人 2006『八ノ坪遺跡Ⅱ』分析・考察・図版編，熊本市教育委員会
47. 野澤則幸・伊藤正人編 2006『埋蔵文化財調査報告54　朝日遺跡（第13・14・15次）』名古屋市文化財調査報告69
48. 太田正和編 2007『久蘇遺跡』小城市文化財調査報告書第3集

表2
49. 中山平次郎 1917「銅鉾銅剣の新資料」『考古学雑誌』第7巻第7号
50. 森本六爾 1927「長門富任に於ける青銅器時代墳墓」『考古学研究』第2輯
51. 森貞次郎 1968「飯倉の甕棺と細形銅剣」『有田遺跡』九州大学文学部考古学研究室
52. 森貞次郎 1968「有田甕棺遺跡の甕棺と銅戈」『有田遺跡』九州大学文学部考古学研究室
53. 坂田邦洋 1975「住吉平貝塚」『対馬の遺跡』縄文文化研究会
54. 橋口達也編 1979『九州縦貫自動車道関係埋蔵文化財調査報告ⅩⅩⅩⅠ』中巻，福岡県教育委員会
55. 岡崎　敬編 1982『末盧国』六興出版
56. 片岡宏二 1984「小郡市内出土の青銅器」『大板井遺跡Ⅳ』小郡市文化財調査報告書第22集
57. 豊浦町教育委員会編 1984『史跡中ノ浜遺跡』豊浦町教育委員会
58. 坂井義哉編 1990『釈迦寺遺跡』武雄市文化財調査報告書第24集
59. 小田富士雄・韓炳三 1991『日韓交渉の考古学』弥生時代篇，六興出版
60. 濱石哲也・榎本義嗣編 1993『入部Ⅳ』福岡市埋蔵文化財調査報告書第343集
61. 前田達男編 1994『前田遺跡群Ⅱ』佐賀市文化財調査報告書第50集
62. 樋口秀信 1995『東山田一本杉遺跡』佐賀県文化財調査報告書第125集
63. 力武卓治・横山邦継編 1996『吉武遺跡群Ⅷ』福岡市埋蔵文化財調査報告書第461集
64. 宗像市史編纂委員会 1997『宗像市史　通史編』第一巻 自然・考古，宗像市
65. 二宮忠司・大庭友子編 1998『吉武遺跡群Ⅹ』福岡市埋蔵文化財調査報告書第580集
66. 河合　修編 1999『久米遺跡』志摩町文化財調査報告書第21集
67. 力武卓治・横山邦継編 2000『吉武遺跡群ⅩⅡ』福岡市埋蔵文化財調査報告書第650集
68. 山口県編 2000『山口県史』資料編 考古1，山口県
69. 武田光正編 2001『先ノ野遺跡・慶ノ浦遺跡』遠賀町文化財調査報告書第14集
70. 橋口達也 2005「明器銅戈考」『九州歴史資料館研究論集』30
71. 森田礼子編 2005『東京国立博物館図版目録』弥生遺物篇（金属器）増補改訂，東京国立博物館
72. 井　英明編 2006『馬渡・束ヶ浦遺跡1』古賀市文化財調査報告書第40集
73. 武田光正編 2007『尾崎･天神遺跡・金丸遺跡Ⅱ』遠賀町文化財調査報告書第18集

銅鐸の系譜

春成秀爾

1 序　説

　近畿地方の弥生時代に特別に発達した祭器の代表は銅鐸である。鈕をもち，身の内部につり下げた舌（玉製，青銅製，鹿角製，木製）が身の下縁と接触して音を発する有鈕有舌の青銅製の器具を，中国では銅鈴と呼ぶ。その一方，柄をもち身の内部に舌をつけ，柄をにぎって振り鳴らす有柄有舌の青銅製の器具を銅鐸と呼ぶ。

　日本の銅鐸の起源は古代中国に源を発する銅鈴に求めることができるので，本来ならば銅鈴と呼ぶべきである。しかし，日本では奈良時代以来，銅鐸と呼び慣わしてきた歴史があるので，菱環鈕式，外縁付鈕式，扁平鈕式，突線鈕式の系列にのる銅鈴だけを銅鐸と呼び，それ以外は銅鈴と呼ぶことにしたい。

　韓国では日本の研究者が名付けた小銅鐸〔藤田・梅原　1923：34〕，または銅鐸の名称を現在も使っている〔金　1972：114，国立中央博物館編　1992：28,43，国立晋州博物館　1992：14〕。しかし，朝鮮半島には「小銅鐸」に対応する「大銅鐸」は存在しない。小銅鐸の呼称は，日本が朝鮮半島を植民地として支配していた時代に，「我が銅鐸」と比較して使い始めた日本中心の発想にもとづくものである。同じ系統，同じ形状をもつ器種を北朝鮮や中国では銅鈴と呼んでいるので，韓国のものも銅鈴と呼ぶことにしたい。

　なお，今回はふれないが，日本で銅鐸を模倣して小さく作ったものは小銅鐸，朝鮮半島の銅鈴を模倣して作った九州・本州のものは銅鈴と呼ぶことにする。ただ，日本列島の出土品のなかには，銅鈴と小銅鐸との区別が難しい例を含んでいることは確かである。

　銅鈴から銅鐸への道のりは，佐原真によって初めて提示された。それを要約すると，次のとおりである。

　古代中国では，銅鈴は犬，牛，馬，羊など家畜の頭に吊るし，それらの動きにつれて鳴る「単なる鳴り物」で，旗や車につけることもあった。朝鮮半島に分布する朝鮮式小銅鐸も銅鈴である。祭りのカネと考える説もあるが，文様をもたないから，これも家畜につり下げる鳴り物が主な用途であったとみられる。日本の銅鐸の直接の原型は，朝鮮式小銅鐸である可能性がつよい。しかし，日本には食肉用家畜が到来しなかったために，鈴は家畜の頭から切り離され，祭りのカネへと転じ，大型化し，にぎやかに飾りたてるように変わった。すなわち，家畜用の鈴から祭り用のカネへの転換は，鈴が朝鮮海峡を渡った時におこった〔佐原　1979：48-49〕。

　佐原が，銅鐸の起源＝家畜の鈴説にこだわったのは，学生時代にアフガニスタン・パキスタンでの調査に参加し，羊や山羊の頭についていた銅鈴の印象が強烈にのこったこと，後年，家畜の鈴の用途について牧童たちが家畜の群れをあやつるためであると佐々木高明から教わったこと，漢代とされる銅鈴に「大吉利　牛馬」，「宜子孫　宜牛羊」，「大富貴　宜子孫　宜牛羊」などの銘をもつものがあることなどが理由になっていた。

　1987年，佐原は「朝鮮半島では，この時代，なお，ウマなどの家畜や車は未発達であったことを思うと，朝鮮式小銅鐸が祭りの場で竿などに吊りさげて揺り鳴らされた可能性も充分である」と述べている〔佐原　1987：249-253〕。

その後，佐原のこの説は長い間，銅鐸の系譜について体系的に述べた唯一のものとして生きつづけた。

筆者は1984年に菱環鈕式銅鐸を集成してその実態を明らかにした〔春成 1984〕。1989年には，最古銅鐸説もあった福田型銅鐸を集成し，福田型が外縁付鈕式から扁平鈕式に属する九州産の銅鐸であることを論じて，銅鐸の九州起源説を否定した〔春成 1989〕。

さらに1994年，中国の仰韶文化の土鈴が龍山文化で人の身につける銅鈴に転換し，二里頭文化，殷墟文化を経て西周代からアジア各地に広まっていき，日本の銅鐸は朝鮮半島の槐亭洞－合松里の人の身につける銅鈴を祖型として近畿で祭りのさいに使うカネとして成立したとする説を提示した〔春成 1994〕。しかし，日本の考古学研究者が銅鐸の起源に関心をもたなくなっていたために，特に問題にされることもないまま，今日に至っているというのが実状である。

小論では，中国・朝鮮半島の銅鈴の歴史をたどり，さらに弥生時代に日本列島に伝来して銅鐸に変容するまでの過程を描くことにしたい。銅鈴の歴史は長く，日本列島では弥生時代の終わりに廃絶したのち，古墳時代後期に馬鈴としてもう一度現われる。また，北海道へはオホーツク文化期に銅鈴が北方から伝わっている。今回は，中国は漢代の銅鈴まで，朝鮮半島では青銅器時代中期の銅鈴だけ，日本では初期の銅鐸だけを取りあげる。

2　中国中原の銅鈴

銅鈴の形態分類

中国では有鈕有舌の銅鈴は，約3600年前に中原の二里頭文化（夏代）に現われて以来，形態を変化させながら今日にいたるまで継続して使用してきた。ここでは，古代の銅鈴を，鈕のつく位置，身の下底（于）の形状，鰭（扉）の有無，身の文様，内面裾の突帯の有無によって，以下のように分類したうえで記述していくことにしたい。

鈕の位置	A	中鈕（なか）	小さな鈕が舞の中心につき，身の縁には直接つながらない型式
	B	縁鈕（ふち）	大きな鈕の外縁が身の縁に直接つながる型式
	C	無鈕	鈕をつけず，舞にあけた孔に紐を通して吊り下げる型式
身の下底	A	平底	身の底部が水平になる型式
	B	微凹底	身の底部が浅く凹む型式
	C	凹底	身の底部が大きく凹む型式
鰭の有無	A	片鰭	身の片側に鰭をもつ型式
	B	両鰭	身の両側に鰭をもつ型式
	C	無鰭	身に鰭をまったくもっていない型式
身の文様	A	無文	文様をもたない型式
	B	区画文	突線などで区画した型式
	C	饕餮文	饕餮文など獣形の文様をもつ型式
	D	幾何文	斜め格子文など幾何学的な文様をもつ型式
	E	有孔	三角形・長方形などの孔をあけた型式
内面突帯	A	無突帯	身の内面裾に突帯をもっていない型式
	B	有突帯	身の内面裾に突帯をもつ型式

---

1 山西・陶寺，2 山西・陶寺M3296，3・4 河南・二里頭Ⅵ－11，Ⅴ－4，5・6 河南・殷墟小屯M20，7 河南・殷墟，8・9・10 河南・殷墟郭家庄，11・12 陝西・張家坡M170，13・14・15・16・17 河北・琉璃河，18 陝西・竹園溝M13，19 山西・天馬-曲村M5189，20・21・22 湖北・雨台山，23 湖北・青龍泉M131，24・25 甘粛・楊郎IM18，IM14，26 湖北・団山，27 山東・薛国故城2－M2，28 河南・琉璃閣M150，29・30 陝西・八旗屯，31 河南・洛陽西郊4，32 不明，33・34 河北・毛慶溝，35・36・37・38 河南・焼溝

銅鐸の系譜（春成秀爾）

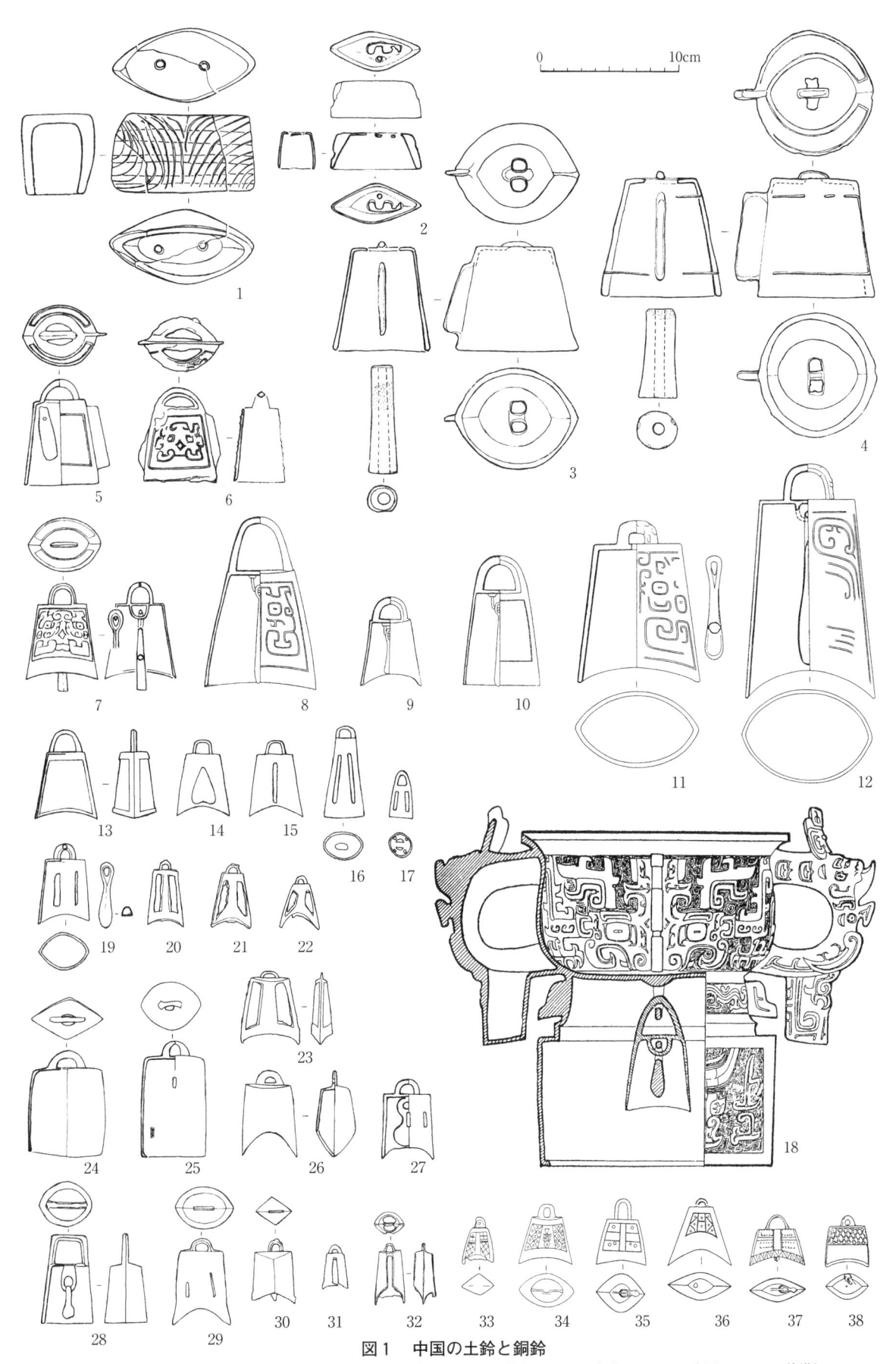

図1　中国の土鈴と銅鈴
（1・2 龍山文化，3・4 二里頭文化，5～10 商，11～19 西周，20～26 春秋，27～32 戦国，33～38 前漢）

土鈴から銅鈴へ

土鈴（中国では陶鈴と呼ぶ）は仰韶文化（約6000年前）にすでに現われている。身だけの土製品であるが，舞の2孔に紐を通して吊り手にしたのであろう。舌に相当するものは確認されていないが，鈴としての使用法をもっていたと考えてよいだろう。

中国最古の青銅器は，黄河上流域の馬家窯文化（約5000年前）の銅刀とされ，その後，山東龍山文化（約4400～4000年前），黄河上流域の馬廠文化（約4300～4000年前），内蒙古～河北の夏家店下層文化（約4000年前），黄河上流域の斉家文化（約4000～3600年前）になると，刀，斧，鑿，刀子，錐，尖頭器，匕，指輪，飾りなど，広く各種の器物にまで及ぶ〔安 1981，岡村 1989，岡内 1991〕。

中原龍山文化陶寺期（約3900年前）に属する山西省襄汾県陶寺遺跡M3296号墓出土の「鈴形銅器」は紅銅製で，鈕はついていない〔中国社会科学院考古研究所山西工作隊・襄汾地区文化局 1984：1068-1071〕。舞は鋳もれで大きな穴があいているが，その近くに新たに穿った1孔に紐を通して鈕の代わりにして，鈴として使ったのであろう。男性の人骨がのこっており，銅鈴は左腰部付近にあった。同遺跡から同じ形でやや大きな土鈴が出土している。報告者がいうように，それを銅で模したのであろう。舌がのこっていないので，有鈕・有舌の鈴と呼ぶには条件を満たしていないけれども，世界最古の銅鈴とみなしてさしつかえない。

二里頭文化の銅鈴

河南では二里頭文化（夏代，約3800～3600年前）で武器，工具，漁具，祭器など各種の青銅器が現われる。有鈕・有舌の銅鈴は，この二里頭文化に初めて登場する〔中国社会科学院考古研究所二里頭工作隊 1984・1985・1986・1992〕。

身は横断面形が円形または楕円形で，裾開きの弱い筒形で，その片側に大きな鰭をもつ。舞の中央に半環状の小さな鈕がつく中鈕である。文様は身に突線による方形の区画をもつ例がある。河南省偃師県二里頭遺跡から出土した小さな鈕，玉製の舌をもつ本格的な銅鈴が，河南にそれ以前にあった土鈴や，山西にあった「鈴形銅器」などの機能を継承している可能性はつよい。土鈴→陶寺鈴→二里頭鈴とみれば，土製品を青銅におきかえて銅鈴は成立したことになろう。いずれにせよ，銅鈴の澄みきった金属音に特別な意味を見いだしたことは確かである。

龍山文化の陶寺例は，人の左腰付近にあった。二里頭文化の二里頭例は人骨が遺存していなかったが，出土位置が判明しているⅤ区M4号墓，Ⅵ区M11号墓，Ⅵ区M57号墓では，胸と腰の間の左よりにあった。後の時期のように，犬の頸に着けていた形跡はまったくないことから，被葬者が木柄につけて手に持ったか，身に着けた可能性を想定したい。伴出した一端に1孔をもつ「玉棒」は，銅鈴をつけるための柄の可能性もあろう。二里頭遺跡で発掘された墓葬は多数あるが，そのうち5基にのみ伴ったのであるから，特別な人物の持ち物であったのだろう。安徽省肥西県大墩孜遺跡の例は，人骨は明らかでないが紡錘車を伴っていた〔安徽省博物館 1978〕。紡錘車は一般に女性の埋葬に伴うから，この銅鈴は女性が手に持ったか，身に着けたのであろう。資料は少ないが，龍山文化～二里頭文化では，銅鈴は人の身に着ける人鈴として出発したのである。

商代の銅鈴

銅鈴は商代に河南省安陽市殷墟付近で爆発的に普及する。しかし，殷墟を離れると銅鈴の普及はさほどでない。鈕は中鈕だけでなく縁鈕が現われる。中鈕では中央に大きな杏仁形の孔をもつ舞が存在するが，縁鈕のばあいは身は完全に筒抜けの状態で舞が存在しない例が多い。身に方形の突線をもち鰭を片側につけた二里頭文化の伝統がのこる。方形の区画内に突線で饕餮文を逆さにしてあらわしたものが盛行する一方，商代末の郭家庄では饕餮文は衰退しており，陝西省西安市老牛坡では，すべて側鈕，平底の無文である〔劉編 2002：300〕。身の左右に鰭をもつものもある〔中国社会科学院考古研究所編 1998〕。河南省安陽市小屯M20号墓の銅鈴7個には以上のすべての型式が含まれ

銅鐸の系譜（春成秀爾）

1 山西・陶寺M3296　2 河南・二里頭M57
3 河北・藁城台西M102
4 河南・殷墟小屯M20
5 河南・殷墟西区M613
6 河南・殷墟郭家庄車馬坑M52
7 河南・上村嶺M1706
8 内蒙古・南山根M4
9 南山根M3
10 河北・玉皇廟M275
11 玉皇廟M256
12 玉皇廟M2

図2　中国の人鈴・馬鈴・犬鈴・旗鈴の出土位置
（1 龍山文化，2 二里頭文化，3〜6 商，7 西周後期〜春秋，8・9 夏家店上層，10〜12 春秋）

― 59 ―

ている〔李ほか1970〕。平底が多いが，この時代の終り頃に凹底が現われる。

　殷墟文化でも，犬や馬とのかかわりを考えにくい状況で発掘された銅鈴が少なくない。殷墟婦好墓から出土した銅鈴18個もそうである〔中国社会科学院考古研究所編 1980〕。犬や馬とのかかわりをもっていないとすれば，銅鈴は武丁の妻でシャーマンでもあった婦好に必要な鳴り物であったと考えるほかない。銅鈴の出土状態についての記述がないので，18個の銅鈴はすべて婦好一人が身につけたのかどうかは判断できない。いずれにせよ，中国最古の銅鈴が，人との関連をもって出現したことの伝統がのこっている。甲元眞之は，シャーマンとされる婦好の墓に，鏡などの祭器のほかに銅戈などの武器が伴っていたことから，婦好を戦いにあっては軍の先頭にたち，天の神を味方につけて相手を呪い殺す「戦うシャーマン」と性格づけている〔甲元 1989：35〕。

　甲骨文・金文の文字を分析した白川静によると，令の象形は礼冠を着けて，ひざまずいて神意を聞く神職の者の形である。そして，鈴は神をよび，神を送るものであって，その音をもって悪霊をはらう機能をもっている，という〔白川 1984：896,898〕。また，楽の象形は，木の柄のある手鈴の形で，これを振って，その楽音をもって神を楽しませるものである〔同前：111〕。すなわち，文字の形から「手にもって振る鈴」＝手鈴が，商・周代に存在したことを知る。『周礼』巾車に「大祭祀には鈴を鳴らし鶏人に応ず」とある鈴は，手に持って鳴らすものである，と容庚は考えている〔容 1941〕。

　手鈴の形状は，河北省石家庄市小沿村の前漢墓から銅鈴85個と銅鈴架40個余りが出土したことによって判明する〔石家庄市図書館考古小組 1980〕。それは，弓形の銅板の両端にそれぞれ1孔，中央に2孔をもつもので，前者は銅鈴をさげるため，後者は木柄に装着するための目釘孔であろう。すなわち，2個の銅鈴を木柄に着けて鳴らす形式である。銅鈴架の出土は他の遺跡からは聞かないが，孤立した例とも思えないから，銅鈴架には木製品があり，また前漢代まで二里頭文化以来の手鈴の伝統が生きていたことになろう。

　問題は家畜との関係である。犬の頭に鈴をつけた例の初見は，殷墟文化2期の殷墟西区，武官大墓などの墓に殉葬された例である。白川静は，殷王の陵墓や宮殿の正房や門などに犬を埋めているのは，犠牲として供えたものではなく，呪禁のためであって，地中からしのびよる蠱(き)(邪霊)を防ぐために，嗅覚の鋭い犬をそこに埋めて守らせたのだ，と甲骨文から解釈している〔白川 1954，1970：34-42〕。これが奠基である。

　中国では犬の殉葬は，甲骨文の時代からはるかにさかのぼる新石器時代の早い時期から認められる。すなわち，仰韶文化1期(約7000〜6000年前)の河南省下王崗遺跡，大汶口文化前期(約6300〜5500年前)の江蘇省劉林遺跡18号墓と25号墓，江蘇省大墩子遺跡40号墓と44号墓などにその例があり，犬を早くから特別な動物とみている。しかし，中原の地域では，犬の殉葬はその後いったん衰退する。そして，再びさかんになるのは殷墟文化からである。

　埋葬した犬の大部分は，人の墓に伴うものであるが，湖北省青龍泉遺跡では屈家嶺文化前期(約5500〜5000年前)に属するF6住居址の南室東辺基壇の下，同晩期のF3住居址の東辺基壇の下から埋葬した犬の骨が出土している〔中国社会科学院考古研究所編 1991〕。中国新石器時代に，生者を死から護るために死者を死霊・悪霊から護るという考えがあったことは，キバノロの牙をつけた獐牙器の着装や副葬〔甲元 1980〕，豚の下顎骨または頭骨の副葬，そしてそれらを副葬するに先だって家屋内に懸けておく習俗の存在によって判明する〔春成 1993〕。青龍泉遺跡などの住居址に埋葬してあった犬は，その住居に住む人を護る役割を担っていたのである。

　犬を殉葬する理由について，高士与市は，帝と自然神を祭る祭祀の埋の儀で，犬が中心的な存在となっていることから，犬の霊性が霊界に通ずるという白川の説を参考にしながら，別の意見を述べる。「犬が石器時代の昔から，狩猟に，あるいは見張番として人間の生活と非常に緊密な関係を保ち，さらに犬がその鳴声によって，人間より早く外敵の襲来を予知することから，犬がある種の霊感，予感をもったものと考えられた」。犬が「霊界に通ずるきわめて重要な存在であることを知

銅鐸の系譜（春成秀爾）

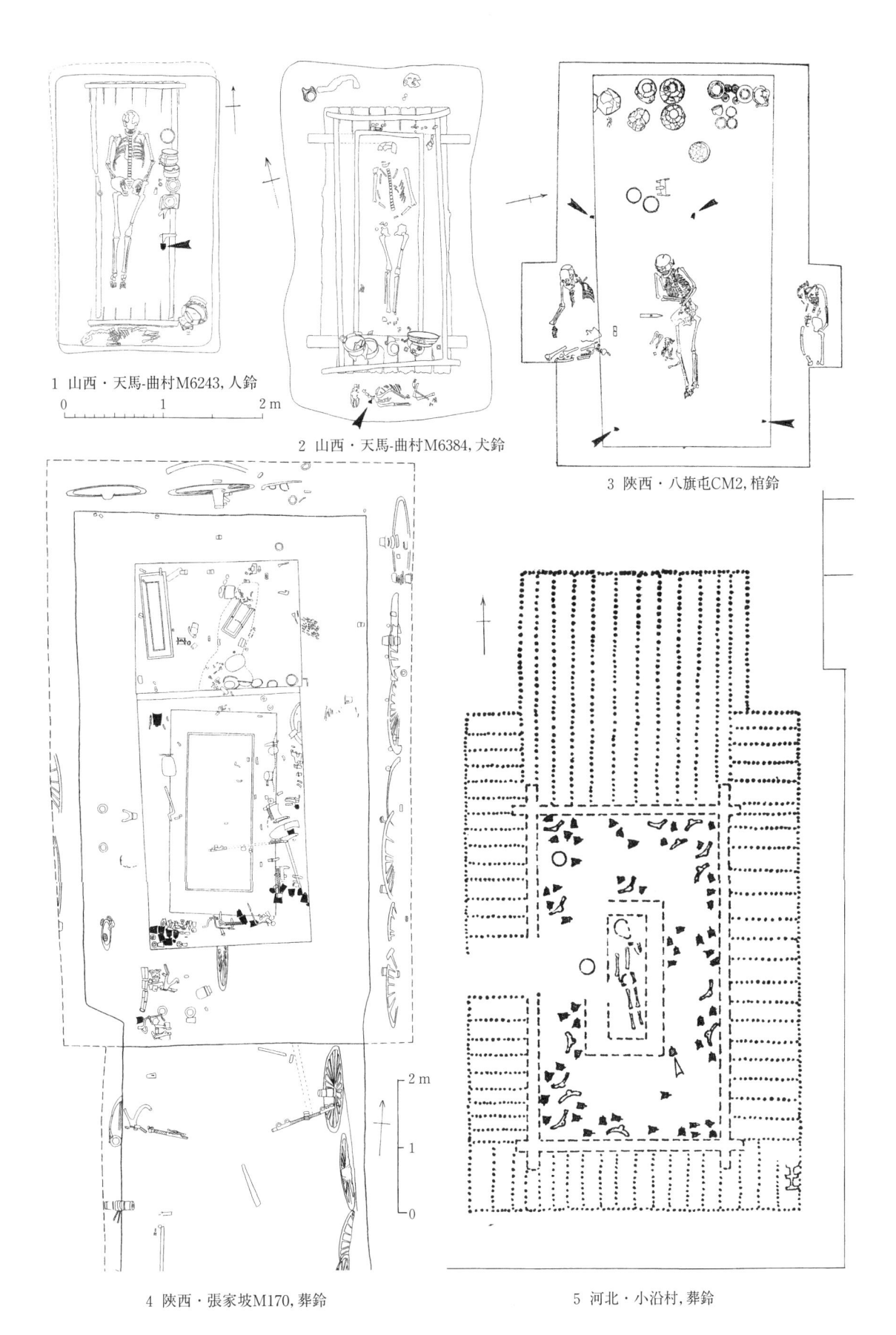

1 山西・天馬-曲村M6243, 人鈴

2 山西・天馬-曲村M6384, 犬鈴

3 陝西・八旗屯CM2, 棺鈴

4 陝西・張家坡M170, 葬鈴

5 河北・小沿村, 葬鈴

図3　人鈴・犬鈴・棺鈴，葬鈴の出土位置
（1・2 西周，3 秦，4 戦国，5 前漢　白抜き矢印は犬鈴，弓形は銅鈴架）

り，また犬が冥界における葬儀神としての役割をはたす」ことから，犬は「死者の霊を安らかに天界に通ぜしめる道案内」であるとの考えである〔高士 1954：40〕。

ここでは，白川・高士説を参考にして，犬の殉葬については，死者を外敵から守護することにあったと考えておきたい。犬がその鋭い嗅覚によって人間より早く外敵の存在・襲来を察知し，外敵が現われると真っ先に闘い，人間を護ろうとするからである。こうして，犬は人が移動するときの護衛役にもなった。夏家店上層文化に属する内蒙古自治区寧城県南山根遺跡102号墓出土の骨片の線刻画〔安ほか 1981〕は，車を牽く馬に犬が付き添った情景を描いており，このことをよく示している。

その犬の頸に銅鈴をつけるのは，鈴の音が外敵から馬車あるいは戦車そして馬車に乗る人を護るからであることは明らかであろう。

中国では，龍山文化の遺跡から馬の骨が出土しているが，飼い馬かどうかはわかっていない。飼い馬の存在が知られているのは殷墟文化2期からである。加茂儀一は，中国ではシベリア南部から家畜化されていた飼い馬を入手したか，または中国にもともと棲んでいた野生のモウコノウマを独自に家畜化したか，どちらかだろうと推定する。また，馬車については，トルコのカッパドキア地方に住んでいたヒッタイト人が約3900年前に馬をひく戦車をつくり，まもなくメソポタミア北部その他へひろまっていったという〔加茂 1980：26〕。

中原に馬がひく戦車が現われるのも飼い馬と同じく，殷墟文化（約3300～3100年前）からである。林巳奈夫は，ハンチャルの研究〔Hančar 1955〕を援用して，1本の轅をつけた殷墟文化の馬車は，構造，繋駕法，御法など基本的な特徴が古代オリエントのものとまったく同じであること，馬車はオリエントでは約4000年前，中国では約3300年前頃に現われることから，馬車はオリエントで成立・発展し，それが中国に伝わったと推定している〔林 1959：280〕。その後この問題を検討した川又正智も，殷墟文化の馬車は西アジアから伝播した可能性を考えている〔川又 1994：88-107〕。

馬の頸に銅鈴を付けた例の初見は，殷墟文化2期の河南省安陽市武官大墓に殉葬された馬の例〔郭 1951：39-40〕と，安陽市小屯C区M20車馬坑の4頭の馬の両端の2頭の例〔李ほか編 1970：図8〕であって，殷墟文化1期は，墓そのものの発掘例がない。したがって，馬の存在をふくめて上限は殷墟文化2期までしか遡りえないということであって，それ以前には銅鈴は馬とのかかわりをもっていなかったのである。この点とかかわりをもつのであろうが，二里頭文化の銅鈴と，殷墟文化の小屯M20号車馬坑の馬鈴とを比較すると，後者のほうが一回りも二回りも小さくなっている。銅鈴は何につけるかによって，おおよその大きさが決まったことを示しているのであろう。

安陽市大司空村175号車馬坑〔馬ほか 1955：62〕と，同市郭家庄車馬坑M52の例〔中国社会科学院考古研究所編 1998：128〕の車軸と輈（ながえ）の接する付近からそれぞれ1個の銅鈴が出土している。西周代に製作した毛公鼎の銘文に「朱旂，二鈴」とあるのは，旗につける鈴があることを示している〔林 1966：79-80〕。西周代の陝西省長安市張家坡2号車馬坑発掘の2号車〔中国科学院考古研究所編 1962：図94〕を基礎にして，林巳奈夫は馬車に竿をたて旗の端に銅鈴をつけた旗鈴を復元している〔林 1976：70〕。ただし，同遺跡発掘の馬車には銅鈴を伴っていない。旗鈴は，商代が主であったように思える。

殷墟文化で銅鈴の発達をみたのは，この文化がもっとも栄えた中心地域の河南省安陽である。この地域では，犬の頸，車を牽く馬の頸に着けることがもっとも多い。しかし，犬だけに着けて馬には着けない殷墟西区・大司空村，犬と馬に着ける武官大墓，馬だけに着ける小屯などがあり，他に大司空村や郭家庄に馬車の旗につけていたと推定できる例もある。このように，同じ殷墟でも地点によって状況が著しく異なる。なお，犬や馬の頸につけるばあいは1個が普通である。銅鈴を，犬や馬の頸につけるのは，その音によって寄りくる外敵＝邪霊を斥けるところにあり，鈴は殷の有力者たちを葬送するにあたっては欠かすことのできない道具立てだったのであろう。

殷墟文化で銅鈴の使用は爆発的に増えた。人，犬，馬だけでなく，旗にまで着装の範囲を拡大し

ている。この時期の鈴は，他の青銅礼器と同じように，辟邪の意味をもつ饕餮文で飾り，その機能の強化につとめている。この間，鈴を使用する目的は一貫して，その音によって悪霊を退散させ，神の加護を求めることにあったのであろう。

西周代の銅鈴

西周代になると，銅鈴の分布は陝西省・山東省まで広がる。人鈴が主で，犬鈴は衰退，馬車は存在するが馬鈴は少なくなる。棺または棺の覆い，青銅礼器の簋にまで銅鈴をつけるようになる。

西周代の銅鈴は，中鈕が主で縁鈕は少ない。陝西省宝鶏市竹園溝13号墓〔盧・胡 1988〕や山西省天馬－曲村の例〔北京大学考古学系商周組ほか編 2000〕では前期の鈴は饕餮文で飾っているけれども，以後はなくなり，無文化する。河北省北京市琉璃河遺跡のM53号墓〔北京市文物研究所 1995〕の銅鈴は，身の中を突線で区画する代わりに台形に凹めている。そして，同54号墓では身の中央を凹める代わりに不整三角形の孔をあけている。さらに，身の中央に縦に細長い方形の孔をあけたもの，身の左右に細長い方形の孔をあけたものが現われる。凹底は西周代に顕著になる。

型式学的には，二里頭文化および商代の身の方形の突線，商代の饕餮文を囲む方形の突線が変化して，西周代の身の方形の凹みが生じ，さらにその簡略形として身に三角形の孔や細長い方形の孔をあけるようになったのであろう。内蒙古の夏家店上層文化が受容したのは，この孔の多い型式の銅鈴である。

陝西省宝鶏市竹園溝遺跡〔盧・胡 1988〕の西周前期の墓では，銅鈴は人の頭部や足元から出土し，明らかに人の身体に着けるものとして存在した。

陝西省長安県張家坡遺跡〔中国社会科学院考古研究所編 1999〕の西周前期の車馬坑と馬坑から，大中小81個の銅鈴が見つかっている。M170号墓から出土した大型，中型の銅鈴49個の多くは槨内の足もと側に集めてあった。そのうち1個は，高さが16.3cmあり，古代中国で最大級の大きさで饕餮文をもっている。馬車を多数副葬しているので，報告者は馬鈴と考えている。しかし，馬鈴としては異常な大きさであって，別の用途をもっていた可能性がある。なお，小型品は犬鈴として使っていたという。

三門峡市上村嶺墓地〔中国科学院考古研究所編 1959b：29, 34〕では，1052号墓から出土した25個は，棺内に4個，槨内に12個あり，のこり9個の位置の記載はない。棺内の2個は頭上，2個は右足付近から出土した。1706号墓から出土した18個は，棺内に4個，槨内に12個，棺内の4個は右胸に2個一対，左腰に1個，右足元に1個というように，人の身体に着用していたようである。1716号馬坑では，坑内に馬2頭，犬1匹の骨格がのこっており，犬の頸下から銅鈴1個が出土した。上村嶺墓地は，人の身体に2個一対で着用しているほか，犬につけていた確かな例である。

河北省北京市琉璃河遺跡の西周前期の墓では，ⅠM53号墓で棺内の人は銅鈴を伴わず槨内に殉葬した人の足付近から1個，ⅠM54号墓で腰坑と埋土からそれぞれ1個，ⅠM105号墓で槨内の一端に集めた副葬品のなかに銅鈴2個一対，ⅠM108号墓で槨の埋土から2個，ⅡM205号墓で槨内に埋葬した人の頭部側の副葬品のなかに3個，ⅡM254号墓で棺内の人の左頭付近から1個，ⅡM264号墓で棺外の足先付近から単独で1個出土している。しかし，ⅠM53CHの車馬坑の馬4頭，犬2匹および殉葬者1人は銅鈴を伴っていない。同遺跡の西周中期の墓では，ⅠM6号墓の棺内の人の股間付近の埋土中に1個，殉葬犬1匹の頸に1個伴っただけで，のこりの墓には銅鈴を伴っていない。そして，西周後期の墓では銅鈴はまったく伴わない〔北京市文物研究所 1995〕。同遺跡のM1193号墓からも銅鈴は出土していない。

西周代には青銅礼器の穀物をいれる簋の内側に銅鈴を取りつけることが流行する。陝西省宝鶏市竹園溝13号墓などからの出土品では鉢形の容器の底に半環をつけ縁鈕・微凹底の銅鈴を1個吊り下げている。遼寧省義県花児楼出土の俎には内側に銅鈴2個つけている〔遼寧義県文物管理所 1982〕。1点は身に饕餮文を施し，もう1点は無文である。有文品は商代のものかもしれない。

北京市琉璃河遺跡では，銅鈴はほとんど前期に集中している。易県燕下都M16号墓など燕国の遺跡からは銅鈴の出土はない。河北省を中心とする西周代の燕国では，銅鈴は前期には発達したが，その後は著しく衰退したと考えるほかない。

春秋・戦国時代の銅鈴

春秋時代になると，小さな中鈕，凹底，身の左右に縦に細長い孔をあけた西周代に簡略化した型式の銅鈴が普及する。

湖北省襄樊市団山の東周墓M1号墓では槨の一隅に5個おいてあった〔襄樊市博物館 1991〕。馬具も出土しているので，馬の頭につけたのか，人の身につけたのかは決めがたい。中鈕，凹底，身は底に向かってあまり広がらず，孔もあけていない。春秋後期の例である。

甘粛省寧夏自治区楊郎の東周墓地では銅鈴はすべて中鈕で身は舞と下底の幅がほぼ同じで横断面は菱形または杏仁形，舞と身の下半部の下よりの左右に細く短い孔をもっている。馬6頭，牛7頭，羊38頭の頭骨計51個と馬具を副葬した人物の脚下に銅鈴6個があった。馬の頭骨と数が一致することから報告者は馬鈴と推定している〔寧夏文物考古研究所 1993〕。

陝西省鳳翔県八旗屯の秦国墓地の春秋中期～戦国中期の墓40基から合計50個の銅鈴が出土している。そのうちCM2号墓では，槨内の棺があった位置の四隅から銅鈴が出土した〔呉・尚 1980：68〕。銅鈴は中鈕，凹底，身の左右に縦に細長い孔をもっている。

湖北省鄖県の東周墓地のM131号の銅鈴は，小さな中鈕，凹底，身の左右に縦長の孔をあけている。厚さ2mmで紙のように薄いので，報告者は明器と考えている〔中国社会科学院考古研究所長江工作隊 1989：158〕。

戦国時代の銅鈴は，中鈕に細長い身，凹底をもち，身の中央に下底まで達する長方形の孔をもつのが特徴である。その一方，小さな中鈕，凹底，身の中央に縦線を1本いれ，その左右に斜め格子文をもつ型式，同様に身を縦に3区画にわけて文様を施す型式が現われる。西周代から文様の簡略化と作りの粗雑化が進んでいたそれまでの銅鈴が，同時代の編鐘の形状と文様構成の影響をうけて，中原に有文の新たな型式を生みだしたのであろう。これが，以後の銅鈴の基本型となる。

陝西省西安市半坡の戦国時代のM53号墓では，4個の銅鈴が棺の四隅にあったことから，棺材の四隅に懸けてあったと推定されている〔金 1957：83-84〕。八旗屯CM2号例と同様，棺鈴である。

陝西省西安市の秦始皇帝陵に伴う兵馬俑坑の兵や馬には鈴の表現はない。

漢代の銅鈴

河南省洛陽市焼溝の21号墓では6個一組で墓室の前部，123号墓では6個一組で墓室内，77号墓では棺内の人骨の左側，1023号墓では棺内の人骨の右側から銅鈴が出土している。いずれも馬具をまったく伴っていない。6個一組で出土したほうを報告者は編鐘の明器とみなしている〔洛陽区考古発掘隊 1959〕。遺体に伴った2例は腰につける人鈴と考えてよいだろう。

先に取りあげた河北省石家庄市小沿村の木槨墓では，槨内の入口を除く全周にのこっていた銅鈴85個と鈴架40余個は，葬儀の参列者がもってきた銅鈴を槨内に投じた一種の葬鈴であったのだろう。その一方，河北省北京市豊台区大葆台1号墓は大型の墓で，墓道に3台の車馬を副葬していた〔大葆台漢墓発掘組 1989〕。2号墓も大型であったけれども，どちらもただの1個の銅鈴も伴っていない。

1・2 内蒙古・南山根M4，3 河北・小白陽M41，4・5 河北・玉皇廟M198・M34，6 黒龍江・平洋M140，7・8 不明，9 河北・北辛堡M2，10・11 不明，12 内蒙古・毛慶溝M39，13 不明，14 黒龍江・平洋M167，15 河北・小白陽M41，16 河北・北辛堡M2，17 遼寧・炮手営子M881，18 遼寧・欒家営子M901，19 遼寧・孫家溝M7371，20・21 遼寧・三官甸，22 遼寧・楼上，23・24 遼寧・南山裡，25 咸鏡北道・草島，26 咸鏡南道・永興邑，27 忠清南道・槐亭洞，28 伝・平安南道・平壌付近，29 忠清南道・合松里，30・31・32 慶尚北道・入室里

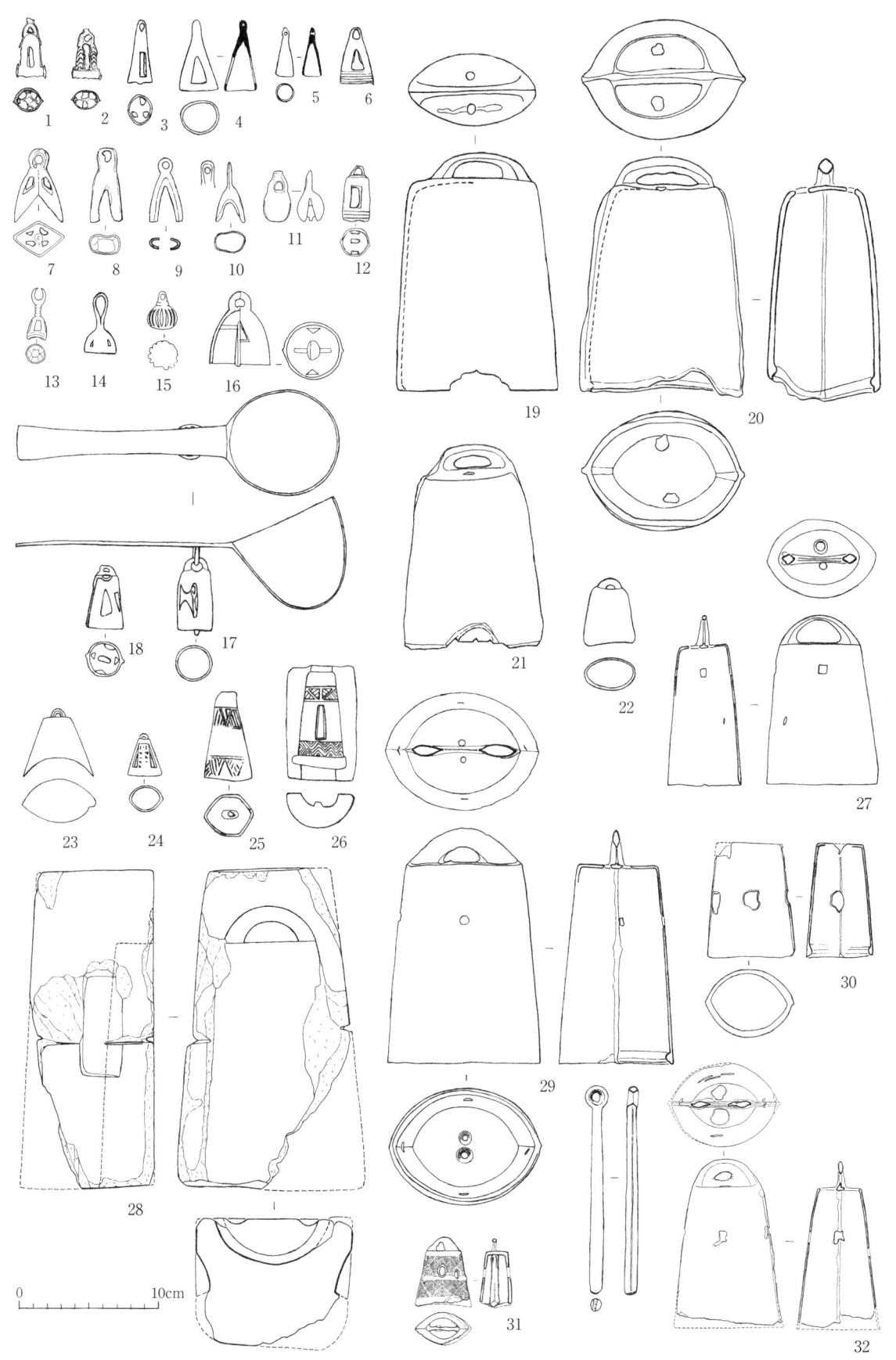

図4 内蒙古, 遼寧, 朝鮮半島の銅鈴

(1〜3・12・15・16 夏家店上層, 4・5 春秋, 6〜11・13・14 春秋〜戦国, 17〜22・24 遼寧青銅器文化, 23 戦国〜漢, 25・26 朝鮮青銅器前期, 27〜29 朝鮮青銅器中期, 30〜32 朝鮮青銅器中・後期)

3　中国東北地方の銅鈴

内蒙古の銅鈴

　中国東北部では，銅鈴を出土した遺跡は遊牧騎馬民族の文化とされる内蒙古から遼寧省最北部の夏家店上層文化から匈奴文化に多く，遼寧青銅器文化には少ない。この地方では商・西周までさかのぼる銅鈴は知られていない。

　赤峰市寧城県南山根遺跡〔中国科学院考古研究所内蒙古工作隊 1975：134-137〕では，銅鈴（報告では銅鈴形飾り）はM3号墓から9個，M4号墓から42個出土している。いずれも成年女性の墓であって，男性を埋葬したM5号墓，M10号墓，M12号墓には銅鈴はなかった。M3号墓では右腹部に数個，足元の外れに2個あった。M4号墓では頭の上部，左右，胸付近に大量に散在し，また足元付近に5個あった。銅鈴は，高さ4.0cm，幅2.2cm，身の中央に長三角形または長方形の孔を両面にそれぞれ1つもち，その左右に斜格子文または羽状文（逆V字文）を施している。一種の縁鈕，鈕の上部についている方形の突起は，湯道のはみ出し部分を完全に削り落とさなかったことに由来する。

　その一方，M102号墓〔朝・中合同考古学発掘隊 1986〕からは，銜と銜留を一鋳した製品に銜5個など「車馬器」が伴出しているほか，馬車を線刻した骨が出土しているので，彼らが馬車をもっていたことは確かである。しかし，銅鈴は存在しなかった。同じく「車馬器」を副葬していたM101号墓でも銅鈴はなかった。車馬具を伴う墓が男性であるとすれば，南山根では銅鈴は，女性が衣服につける人鈴であったことになろう。時期は，春秋前期ころである。

　寧城県小黒石遺跡では，石槨墓から銅鈴が7個出土している。1式は球形でニンニク形を呈し，身に方形の孔，中に小さな銅球がある。大は直径4cm，小は1.7cmである。類例は，河北省懐来県甘子堡遺跡から出土している〔劉 1995：106, 50〕。2式は，円錐形，平底，頂が尖った鈕をもち，身の両面に1孔がある。南山根遺跡の銅鈴に近いようである。時期は，南山根とほぼ同じ春秋前期ころである。小黒石では，銜と軛などの車馬具も出土しているが，銅鈴との関係は明らかでない。なお，別の墓からは銅鈴2個を同時に作る鋳型が1組出土している。2個一対で使うことを意識しての製作法であろう。縁鈕，平底である。

　同じ型式の粗製の銅鈴は，北京市延慶県軍都山付近の春秋前期～後期に属する山戎がのこした玉皇廟遺跡から大量に発掘されている［北京市文物研究所 2007］。舌を伴っていないので，たくさん束ねた銅鈴同士がぶつかりあって音を発するのであろう。円錐形の銅鈴は春秋前期に出現し，18基の墓から計61個出土，楼空形すなわち縦に細長い孔を全周に多数あけたニンニク形の銅鈴は春秋後期に出現し，2基の墓から計15個出土した。男性の墓は10基，女性の墓は6基で，中級ないしそれ以下の人が銅鈴をつけていたと推定されている。さらに，銅鈴の下底の凹みが鋭角になり，人字形を呈する垂飾りが春秋前期に出現し，30基の墓から計430個出土している。これらは，腰付近あるいは足もとにあり，人鈴である。

　同じ寧城県の孫家溝7371号墓〔寧城県文化館ほか 1985：33-35〕では，南山根や小黒石とは別型式の銅鈴2個が見つかっている。下開きのコ字形の中鈕，下底は平らであるが中央に「雲頭形」すなわち2段の弧形の凹みをもっている。舞にあけた円形の2小孔は舌をさげるために鋳造後のものであろう。身は下反り，無文である。高さは16.4cmあり，他地方では例を見ない大型品である。伴出の遼寧式銅剣はⅠb式でT字形の柄と加重器が付き，銅刀，銅斧，銅錐を伴っている。軛の部品や車軸頭など馬車の部品は含まれていないので，馬鈴と考えることはできない。時期は，春秋中期ころである。

　遼寧省西豊県西岔溝遺跡は前漢前期に属する匈奴の墓地とされている。この遺跡からは大量の銅鈴が出土している〔孫 1960〕。その数は千個以上に達し，多くの人が腰に10個から40個余りの銅鈴を帯飾りとして着けていた，と調査者の孫守道から私は聞いた。彼らは，銅鈴を腰につけて馬上の人となっていたのであろう。

遼西の銅鈴

　内蒙古に近い遼寧省凌源県三官甸墓では，銅鈴6個と馬具は銜2点，銜留1対のほか，蛙形節約12点，蛙形飾り2点，蛇蛙形飾り2点，虎兎形飾り2点，虎形節約7点，泡4点が出土している〔遼寧省博物館 1985〕。しかし，軛の部品や車軸頭など馬車の部品は含まれていない。銜留は中央と両端に環をつけた騎馬用の形式であるので，ここでは騎馬はおこなっているけれども，馬車の存在は否定せざるを得ない。6個の銅鈴は，高さが最大の1号が18.9cm，最小の5号が13.7cmで，孫家溝例と同じく中国の銅鈴のなかでは特別に大型である。鈕の型式は，中鈕と縁鈕の両方があり，断面は杏仁形，身の高さの割には低い半円形の鈕である。舞に間隔をあけて円形の孔が二つあいている。ただし，最大の1号にはそれがない。5号だけは身の側方に小さな方形の型持ちが一つあいている。鋳型の彫り込みがA面とB面では完全には一致していないために，身の左右側と鈕から身にかけての個所に幅の狭い鰭状の部分が生じている。身は外に反っている。身の下底は平底で片面の中央部分だけを弧形に凹めている。孫家溝7371号墓の銅鈴の下底の「雲頭形」の凹みが痕跡としてのこっているのであろう。裾の内面には断面が半円形の突帯がめぐっており，弧形に凹んでいる個所ではそれに合わせて弧形に曲がっている。舌が接触するための突帯はあるけれども，舌は伴出していない。商・西周の馬や犬の頸につける銅鈴は小型品1個であって，このような大型品6個が馬鈴・犬鈴であったとは考えにくい。したがって，銅鈴は人の身につけたか，または編鐘のように連ねてならした可能性がある。三官甸墓は燕の銅鼎と遼寧Ⅱa式の銅剣を伴っており，春秋後期，前5世紀後半とみられる。

　建平県炮手営子M881号墓からは柄に銅鈴をつけた杓が出土している〔李 1991〕。その発想は手鈴の系譜をひいているのであろう。縁鈕，平底で無文，高さ5.0cmで，舞の内側の環に舌をつけている。遼寧Ⅰb式銅剣，遼寧式銅矛と多鈕粗文鏡を伴っており，春秋中期，前7世紀までさかのぼるのであろう。

　建平県欒家営子M901号墓から遼寧Ⅰb式銅剣とともに出土した銅鈴2点は，縁鈕，平底で円錐形の身の四方に三角形の孔を4個あけている〔李 1991：7-8〕。舞の内面に半鐶を付けて，舌を垂らすようにしている。高さ4.4cm。春秋中期，前7世紀頃であろう。

　朝陽県十二台営子1号墓では，遼寧Ⅰa式銅剣と銜，銜留の存在から馬の存在は認められるけれども，馬車が存在したことを証明する部品は見つかっていない〔春成 2007a〕。各種の青銅製の部品のなかには銅鈴は含まれていない。

　瀋陽市鄭家窪子6512号墓でも，遼寧Ⅰb式〜Ⅱa式銅剣と銜，銜留は存在したが馬車の部品はなかった。ただし，銜留は2頭以上の馬を同時に牽く形式であったので，その社会に馬車が存在した可能性はありうる〔春成 2007a〕。青銅器の種類・量とも遼寧青銅器文化でもっとも豊富な副葬品をもっているが，銅鈴は1点も存在しない。

　錦西県烏金塘墓でも，遼寧Ⅱa式銅剣に銜，銜留が副葬されているけれども，銅鈴を伴っていない。

　喀左県南洞溝石槨墓では，遼寧Ⅱa式銅剣に銜，銜留と軛部品や車軸頭など馬車の部品が伴出しているので，馬車の存在を確認できる。しかし，ここでも銅鈴を伴っていない。

　以上に取りあげた内蒙古と遼西の遺跡のうち，銅鈴を出土した南山根・小黒石と孫家溝・三官甸は遺跡の所在地は近接しているが，努魯児虎山地を境にして夏家店上層文化と遼寧青銅器文化の銅鈴の型式はまったく異なる。また，銅剣も後二者は遼寧式だけであるのにたいして，前二者は北方系と遼寧式が混在している。年代のちがいが存在することは確かであるけれども，系譜的につながらないので，春秋後期ころに新たな目的をもった大型の銅鈴が遼西でも南西よりに誕生したことを考えざるをえないだろう。しかし，十二台営子，山湾子，鄭家窪子など，遼寧式銅剣を出土した代表的な墓には銅鈴をみない。

遼東の銅鈴

　遼寧省大連市楼上墓は方形の墳丘墓で10基の墓からなる。そのうち3号墓から，遼寧式銅剣Ⅰ式が5本，銅斧2個などに銅鈴1個が伴出している〔旅順博物館 1960〕。中鈕式，微凹底，無鰭・無文，高さ5.1cmの小型品である。馬具と断定できる青銅製品は出土していないし，他の墓からも1個も見つかっていない。人鈴の可能性がつよいだろう。

　古く報告された銅鈴には，大連市南山裡発見の銅鈴2個がある〔森 1937：331〕。1点は円錐形に近い復元高3.0cmの小型品で，縁鈕と復元，平底，身の中央に三角形の小さな凹みを縦2列にもつ文様帯，その左右に縦長三角形の孔をあけている。もう1点は高さ4.7cm，中鈕，凹底，無文，どちらも出土状況は不明，辻金具など馬具を伴出している。時期は漢代と推定されている。

　その一方，大連市崗上墓など遼寧式銅剣を出土した遼東の代表的な墓から銅鈴が見つかっていないので，遼寧青銅器文化では遼西・遼東とも銅鈴は発達しなかったと考えるほかないだろう。

4　朝鮮半島の銅鈴

朝鮮半島北部の銅鈴

　朝鮮半島は北西で遼東と接する。遼東の青銅器文化で銅鈴は普及しなかったことから，北西部でも未発達であった。細形銅剣を特徴とする朝鮮青銅器文化でも，銅鈴の発見は少ない。

　北朝鮮で最古の銅鈴資料は，咸鏡北道羅津草島遺跡出土の銅鈴と咸鏡南道永興邑遺跡出土の銅鈴鋳型であろう。

　草島の銅鈴は，鈕はもともと存在せず孔があいているようである。身には2段に複合鋸歯文を施している。これに類する銅鈴には，内蒙古出土品で東京国立博物館蔵のTJ4094がある〔高浜ほか 2005〕。同じような文様をもち，円錐形の中央に方形の孔がある。

　永興邑の鋳型は，竪穴住居跡にのこされていた。公表された図では，鈕の存在ははっきりしない。身の上下に横帯文を施している。上帯は方形の区画を描いたあと斜線でうめ，下帯は山形文を重ねている。身の中央に細長い長方形の孔をあけるためにそこを高くのこしている。美松里型土器に近い時期とされる。銅斧や遼寧式銅矛の鋳型が伴出しているので，前8世紀頃までさかのぼる朝鮮半島最古の銅鈴である。

朝鮮半島南部の銅鈴

　日本の銅鐸の起源とかかわりそうな銅鈴は，韓国忠清南道で見つかっている。縁鈕で断面は杏仁形，身の中央上よりに型持ちの孔が一つ，両側面にそれぞれ一つの型持ち孔をもつ。文様はない。身は外に反っており，下底は平らである。石槨墓から2個一対出土するのが普通である。

　忠清南道大田市槐亭洞の銅鈴は，鈕の頂部が過度の使用により断面円形になっている。湖林博物館蔵の銅鈴が，鈕の本来の形状を保っているのであろう。内面裾の突帯はない。高さは11.2cm。伴出した細形銅剣，防牌形銅飾り，剣把形銅器，多鈕粗文鏡の型式からみると，細形銅剣成立期の銅鈴である。

　忠清南道扶余郡合松里の銅鈴は，内面の裾の縁に突帯をつけている。高さ16.3cmで，これが朝鮮半島最大の例である。細形銅剣など青銅器の型式や鉄器を伴うことから判断すると，槐亭洞の銅鈴よりも明らかに後出である。ただし，銅鈴そのものは一定期間伝世した可能性がある。

　遼西から遼東半島の先端をかすめて朝鮮半島西海岸にはいってきたことを示唆しているのであろう。銅剣，多鈕鏡に伴って2個1組で出土するから，これらは組み合わせて「戦うシャーマン」が身につけた祭具であったのだろう。

　慶尚北道慶州市入室里の墓から多鈕細文鏡とともに銅鈴が3個出土している。1個は縁鈕で裾広がりの身は，日本の初期銅鐸を思わせる形状である。もう1個は鈕を欠くが，身の内面裾に突帯をもっている。のこりの1個は小さな中鈕で，身に複合鋸歯文を2段に施している。

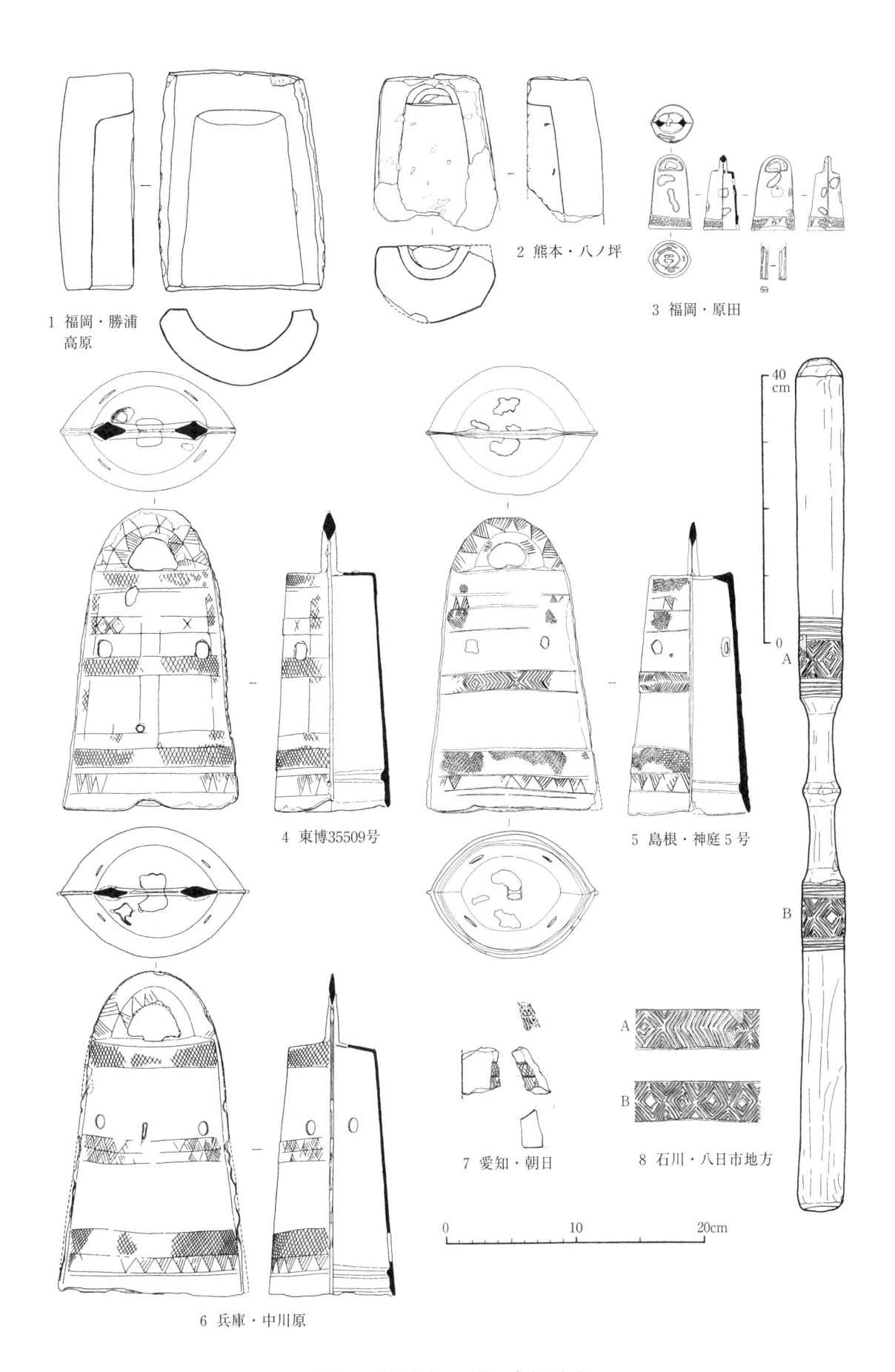

1 福岡・勝浦高原　　2 熊本・八ノ坪　　3 福岡・原田

4 東博35509号　　5 島根・神庭5号

6 兵庫・中川原　　7 愛知・朝日　　8 石川・八日市地方

図5　九州の銅鈴，近畿・東海の銅鐸

5 日本の銅鈴・銅鐸

九州の銅鈴

朝鮮半島と一衣帯水の北部九州では，少数ながら彼の地から銅鈴の実物が伝来し，使用されている。集落址に廃棄してあったり墓から出土することから，おそらく故地と同じように用いていたと考えてよいだろう。大分県宇佐市別府例はその典型である。

北部および中部九州では銅鈴の鋳型も出土しているので，自らも鋳造していたことがわかる。近年，中期前半までさかのぼる鋳型が見つかり，銅鐸の系譜についても検討が必要になっている。

福岡県福津市勝浦高原遺跡から無文の身だけを彫り込んだ未完成品が発掘されている〔池ノ上編2002〕。鋳型の総高16.5cm，身の高さ12.9cmで，鈕の推定高さは2.0cm程度であるから，縁鈕だとすると著しく低い。中鈕の可能性も考えておいたほうがよいかもしれない。身はかすかに外反りである。中期前半の貯蔵穴の床面から出土した。

熊本県熊本市八ノ坪遺跡からも銅鈴の鋳型が出土している〔林田編 2005〕。身の高さは現存10.6cmで横断面はつよい円形，縁鈕で断面は菱形，高さは1.5cmで低い。鋳型面は焼けて黒変しているので，無文の銅鈴であったことはまちがいない。中期前半の土器を伴っている。

これらは外型だけであるので，銅鐸の特徴である内面裾に突帯があるかどうかは不明である。

九州で従来知られていた銅鈴のなかでもっとも古い例は，福岡県嘉穂町原田遺跡の墓から見つかった中期前半と推定されている1個である。高さはわずか5.6cm，縁鈕で，身の下部に斜格子文の横帯をめぐらせている。鋳型では，福岡県春日市大谷遺跡と岡本4丁目遺跡で見つかった中期後半頃の例があった。そこで，弥生中期前半までさかのぼることが判明していた京都府鶏冠井鋳型や福井県下屋敷鋳型にもとづいて銅鐸の鋳造は朝鮮半島から九州を経由せず近畿に製作工人が渡来して始まったと考えてきた〔春成 1994：163-171〕。九州で中期前半までさかのぼり，高さも約12cmと約15cmの銅鈴を鋳造していたことが判明してくると，近畿の銅鐸の直接的な祖型を朝鮮半島ではなく，九州に求める考えも無碍に斥けることはできなくなった。

しかし，九州では銅鈴がそのまま大型化し，文様を施すこともほとんどなく，特別に発達させることはなかった。外縁付鈕2式ないし扁平鈕1式で，発達した鰭をもち辟邪の文様を施した福田型銅鐸は近畿の影響をうけて新たに成立したものであった〔春成 1989〕。銅鈴は朝鮮半島では，しばしば銅剣・多鈕鏡と共伴し，それらといっしょに使用したことを思わせるが，九州ではそのような銅鈴の使用法は発達しなかった。

東海・近畿の銅鐸

日本の銅鐸は，縁鈕，平底，有文（横帯文，袈裟襷文，流水文），そして大型であることを特徴とする。鈕の形態にもとづく菱環鈕式（Ⅰ式），外縁付鈕式（Ⅱ式），扁平鈕式（Ⅲ式），突線鈕式（Ⅳ式）の設定とその変遷に関する佐原真の考え〔佐原 1960〕は明快である。銅鐸の起源は，菱環鈕式（Ⅰ式）銅鐸の系譜と年代を明らかにすることである。

最古の菱環鈕式銅鐸は，次のような特徴をもっている。断面菱形の縁鈕で，鈕の内外斜面に外向きの鋸歯文を施す。幅がきわめてせまく無文の鰭をもつ。舞は水平，下底は平らである。身はわずかに外反り，四区袈裟襷文または横帯文を施し，その帯は低く突出している。型持ちの孔は舞の中央に1個所，身の上半の下よりの低い位置の左右に2個所のこしている。内面裾の縁から少し上に1本の突帯をめぐらせている〔春成 1984〕。

銅鐸は弥生前期末ないし中期初めに近畿地方で誕生したと考えられてきた。ところが，愛知県名古屋市朝日遺跡で菱環鈕式銅鐸の鋳型の小片が見つかり，銅鐸が成立した地域が名古屋付近であった可能性がでてきた。朝日鋳型は，身の上端の破片で上から斜格子文，羽状文を線刻してあり，羽状文は斜線の方向を違える個所に生じた三角形の部分にV字形の線を加えているのが大きな特徴で

ある。この文様は島根県斐川町神庭（荒神谷）5号銅鐸の文様から復元すると，重菱形文の左右に展開した羽状文である。まったく同じ文様は石川県小松市八日市地方遺跡出土の木製竪杵に線刻してある〔橋本2003：363〕。重菱形文＋羽状文は，おそらく北陸から中部地方の縄文系の文様であろう。この地方で最初に銅鐸を作り始めた工人に対して縄文系の人びとの意向が反映しているのである。その時期は伴出土器によると中期初め（Ⅱ期後半）である。福井県福井市下戸下屋敷から中期前半の土器とともに発掘された銅鐸鋳型の未完成品も同じ型式の可能性がつよい。菱環鈕1式銅鐸は，島根県神庭，兵庫県洲本市中川原から発見されているほか，出土地不明の東博35509号鐸がある。この型式の銅鐸は，現在までのところ，東海からも近畿中央部からも見つかっていないので，初期の段階ではまだ東海や近畿のシンボル的な祭器になっていない可能性がある。しかし，製作地に近いところではなく，はるかに離れたところに埋納してあったことは注意すべきことである。

　最古の銅鐸が出現するまでの経過をみると，大田槐亭洞銅鈴→扶余合松里銅鈴→東博35509号銅鐸とたどることができる。ただし，槐亭洞と合松里とは伴出品の組み合わせの違いからすると年代差が存在することは明らかで，両者の間にもう1型式はいり，それが東博鐸の直接的な祖型になっている可能性もある。合松里の銅鈴，さかのぼって凌源三官甸の銅鈴には内面裾の突帯がすでに存在する。突帯の位置は裾の縁で，銅鐸よりも低い。内面突帯をもつ三官甸の銅鈴と，それをもたない槐亭洞銅鈴との前後関係は，細形銅剣の系譜と年代の問題が解決していないので，容易に決めることはできない。

　朝鮮半島の銅鈴を大型化し，文様を施すことによって，面目を一新した銅鈴，すなわち日本の銅鐸は誕生した。朝鮮青銅器文化にない大型品を鋳造するために，外型と内型を固定する型持ちの位置は舞の中央に1個所，身の上半部の下よりの左右2個所に移した。

　東海・近畿の銅鐸にもっとも近いものは，現状では朝鮮半島の忠清南道で見つかっている。このことは，東海・近畿の銅鐸の製作工人が，九州を飛び越して忠清南道から直接渡来したことを意味しているのであろうか。朝鮮半島の銅鈴と東海・近畿の銅鐸との間をつなぐ可能性があるのはさきにふれた福岡県勝浦高原と熊本県八ノ坪など九州の銅鈴（鋳型）である。東海・近畿の銅鐸は，九州から移動してきた工人が製作しはじめたのか，新たな課題がでてきたといえよう。

　その点で勝浦高原鋳型の位置づけについて簡単にふれておきたい。鋳型の完成品でないので比較は難しいが，身の形状は舞幅と下底幅の差が菱環鈕式銅鐸よりも小さく，槐亭洞や合松里の銅鈴に近い。鈕の高さも菱環鈕式銅鐸よりも低く，忠清南道の銅鈴に近い。舞は側面からみると，山形に傾斜をもっており，それをもたない忠清南道の銅鈴や東博35509号銅鐸・神庭5号銅鐸とは異なり，そのあとに位置する中川原銅鐸と共通する。また，前後幅は，舞が6.0cmに対して下底が6.4cm（筒形度1.07）であるので，筒形の度合いはつよく，その点は東博35509号銅鐸よりも合松里銅鈴に近い。このように，勝浦高原鋳型には九州の独自色が現われているので，これをただちに菱環鈕式銅鐸の祖型にあてることはできない。むしろ，朝鮮青銅器文化の銅鈴を親とする兄弟の関係にあるとみたほうがよいだろう。

　朝鮮半島で無文の銅鈴を作っていた工人は，銅剣・銅戈・銅矛・多鈕鏡などを主として作っていた。しかし，東海あるいは近畿に移動したあと，銅鈴を人の身体から切り離し，農耕祭祀用の祭器として，まったく別なものに作り変えた。しかも，初期の段階では銅鐸だけを作っている。その変革を工人が自らの意志で遂行したとは考えにくい。彼らにとって製作可能な青銅武器や多鈕鏡などのうちから銅鈴だけを選び，銅鐸に作りかえたのは，むしろ東海あるいは近畿に住んでいた弥生人たちの意向をつよく反映していたと考えるべきであろう。最古銅鐸に施してある羽状文の起源が北陸に求められることは，このことをよく物語っている。

6　銅鈴から銅鐸へ

　中国では，銅鈴は人の腰につけて鳴らす（人鈴），または木柄の先につけて人が手にもって鳴ら

すものとして龍山文化に出現し二里頭文化で定着した。そして，商代になると銅鈴は爆発的に増加し，人鈴のほか馬の頸につける馬鈴，犬の頸につける犬鈴（狗鈴）として発達した。さらに，馬車の旗につける旗鈴もあった。西周代には，人鈴が依然として主であったが，犬鈴もあった。また，俎や簋の内側にとりつける器鈴があった。

前11世紀後半，殷的祭儀の担い手であった召氏一族は殷と離反して周と結び，帝辛を倒し，河北の地域の燕を建国した。この時期に殷的青銅器文化が東北アジアに拡散した背景には，召氏が殷の一部の民を率いて周に反抗する殷の残存勢力を一掃するために河北や山東の遠征したことをあげうる，という〔甲元 1988：614〕。

銅鈴は，西周代に饕餮文をもたない簡略型式が北京の琉璃河など燕国の中心部に現われる。そして，この型式が西方や東北方の内蒙古に展開していた夏家店上層文化に人鈴として伝わり，数多くを身につけるようになる。その習俗を漢代の匈奴が継承する。しかし，銅鈴は燕国そして遼寧青銅器文化では必須の器具とは考えられなかったようで，やがて衰退する。その理由は，犬の殉葬がなくなったことと，馬車が商—西周前期のようには盛んでなくなったこととも関連するのであろう。

春秋・戦国時代も人鈴が主であったが，馬鈴もあった。また，棺の四隅にかける棺鈴もあった。漢代にも，人鈴が主で，おそらく葬儀の参列者がもってきた手鈴を大量に槨内に投入する葬鈴もあった。牛，馬，羊など家畜の頸につけるために吉祥の銘文をいれるのは，韓国の慶州市皇吾洞16号墳から三国時代の「大富昌　冝牛羊」銘の銅鈴が出土しているように，漢代より後のことである。

朝鮮青銅器文化の銅鈴は，系譜的には遼寧青銅器文化の流れをくむ無文の人鈴で，シャーマンが2個一対を身につけて使ったようである。故地と同じように銅鈴はさほど発達しなかったけれども，一部にやや大型品を生みだしていることに注目すべきであろう。

その銅鈴は九州に伝わり，やはり無文が基本であったけれども，高さが10cmをこすやや大型品を作っている。使い方はやはり人鈴であったのだろう。

銅鐸の誕生地は，愛知県朝日遺跡で菱環鈕式銅鐸の鋳型が見つかったことにより，近畿地方ではなく名古屋付近であった可能性がつよくなってきた。高さがつねに20cmをこすような大型化をとげ，身と鈕に文様を施すことが銅鐸に必須の条件となった。菱環鈕式銅鐸の後半にいたり，近畿の数個所でも銅鐸を鋳造するようになった。

銅鐸の役目は，それが発する金属音と金属光沢とによって，悪霊を斥け，カミすなわち土地，稲，祖先の霊を祭場に招く祭鈴として人鈴から離れた。しかし，やがて音を発する「聞く銅鐸」から，音を発することを放棄した「見る銅鐸」へと移り，それに伴ってさらに大型化と文様の繁辱化が進んでいく。銅鐸はもはや農耕の祭りからも離れ，近畿勢力を悪霊・外敵から護るための政治的祭祀に用いる音の形象＝辟邪の形象品としての性格をつよめていく〔春成 1982〕。それは，鳴器から音のシンボルへの変容であった。

文　献

（日　本）

池ノ上宏編 2002『津屋崎町町内遺跡』津屋崎町文化財調査報告書，第19集

江上波夫・水野清一 1932『内蒙古・長城地帯』東方考古学叢刊，乙種第1冊，東亜考古学会

岡内三眞 1991「初期の青銅器」（小田富士雄・韓炳三編）『日韓交渉の考古学』90-101，六興出版

岡村秀典 1989「中国の青銅器文化」『季刊考古学』第27号，75-78

小田富士雄・韓　炳三編 1991『日韓交渉の考古学』弥生時代篇，六興出版

加茂儀一 1980『騎行・車行の歴史』法政大学出版局

川又正智 1994『ウマ駆ける古代アジア』講談社選書メチエ11

金　廷鶴 1972「韓国青銅器文化の源流と発展」（金廷鶴編）『韓国の考古学』106-146，河出書房

甲元眞之 1980「古代中国動物随葬考」『日本民族とその周辺』考古篇，565-592，新日本教育図書

―――― 1988「シャーマンと鏡」『日本民族・文化の生成』1，605-616，六興出版
―――― 1989「大陸文化との出合い」（工楽善通編）『弥生人の造形』古代史復元5，28-48，講談社
佐原　真 1960「銅鐸の鋳造」『世界考古学大系』2，日本Ⅱ，92-104，平凡社
―――― 1979『銅鐸』日本の原始美術7，講談社
―――― 1987「家畜のベルから祭りのベルへ」『古代出雲・荒神谷の謎に挑む』249-262，角川書店
白川　静 1954「殷代の殉葬と奴隷制」『立命館大学人文科学研究所紀要』第2号，108-138
―――― 1970『漢字』岩波新書，青747，岩波書店
―――― 1971『金文の世界』東洋文庫184，平凡社
―――― 1984『字統』平凡社
高市與市 1954「中国古代献犬考」『熊本史学』第7号，36-42
高浜　秀ほか 2005『東京国立博物館蔵　中国北方系青銅器』東京国立博物館
朝・中合同考古学発掘隊（東北アジア考古学研究会訳）1986『崗上・楼上1963－1965中国東北地方遺跡発掘報告』六興出版
難波洋三 2006「朝日遺跡出土の銅鐸鋳型と菱環鈕式銅鐸」『埋蔵文化財調査報告書54朝日遺跡（第13・14・15次）』名古屋市文化財調査報告書69，189-206，名古屋市教育委員会
橋本正博 2003「木製品」『八日市地方遺跡Ⅰ』第2分冊，遺物報告編，285-484，小松市教育委員会
林巳奈夫 1959「中国先秦時代の馬車」『東方学報』京都・第29冊，155-284
―――― 1964「殷周青銅彝器の名称と用途」『東方学報』京都・第34冊，199-297
―――― 1966「中国先秦時代の旗」『史林』第49巻第2号，66-94
―――― 1976「西周金文に現れる車馬関係語彙」『甲骨学』第11号，69-96
林田和人編 2005『八ノ坪遺跡Ⅰ』本文編，熊本市教育委員会
春成秀爾 1982「銅鐸の時代」『国立歴史民俗博物館研究報告』第1集，1-48
―――― 1984「最古の銅鐸」『考古学雑誌』第70巻第1号，29-51
―――― 1989「九州の銅鐸」『考古学雑誌』第75巻第2号，1-50
―――― 1993「豚の下顎骨懸架―弥生時代における辟邪の習俗―」『国立歴史民俗博物館研究報告』第50集，71-140
―――― 1994「銅鐸の起源と年代」『論争と考古学』市民の考古学1，149-189，名著出版
―――― 2007a「弥生青銅器の成立年代」『国立歴史民俗博物館研究報告』第137集，128-146
―――― 2007b「防牌形銅飾りの系譜と年代」『縄文時代から弥生時代へ』新弥生時代のはじまり，第2巻，128-146，雄山閣
福島日出海 1988「福岡県嘉穂郡嘉穂町原田遺跡出土の小銅鐸について」『考古学雑誌』第73巻第4号，66-74
藤田亮策・梅原末治 1923「朝鮮出土の小銅鐸と細紋鏡」『考古学雑誌』第13巻第11号，34-35
森　脩 1937「南満州発見の青銅器遺物」『考古学』第8巻第7号，328-33
（韓　国）
尹　容鎮 1981「韓国青銅器文化研究」『韓国考古学報』第10・11合輯，1-22
国立中央博物館編 1992『韓国の青銅器文化』汎友社
国立晋州博物館 1992『特別展　古代の音』国立晋州博物館
李　殷昌 1968「大田槐亭洞青銅器文化の研究」『亜細亜研究』第11巻第2号，75-99
李　健茂 1990「扶余合松里遺蹟出土一括遺物」『考古学誌』第2輯，23-67
（中　国）
安　志敏 1981「中国早期銅器的幾個問題」『考古学報』1981年第3期，269-285
安　志敏・鄭　乃武・中国科学院考古研究所東北工作隊 1981「内蒙古寧城県南山根102号石槨墓」『考古』1981年第4期，304-308

安徽省博物館 1978「遵循毛主席的指示，做好文物博物館工作」『文物』1978年第8期，1-11
安陽市文物工作隊 1991「殷墟戚家庄東269号墓」『考古学報』1991年第3期，325-347
郭　寶鈞 1951「一九五〇年春殷墟発掘報告」『中国考古学報』第5冊，1-61，図版1-45
　　──── 1964『濬県辛村』考古学専刊，乙種第13号，科学出版社
河北省文物研究所編 1985『藁城台西商代遺址』文物出版社
金　学山 1957「西安半坡的戦国墓葬」『考古学報』1957年第3期，63-92
錦州市博物館 1960「遼寧錦西県烏金塘東周墓調査記」『考古』1960年第5期，7-10，図版2
湖北省荊州地区博物館 1984『江陵雨台山楚墓』中国田野考古報告集，考古学専刊，丁種第27号，文物出版社
呉　鎮烽・尚　志儒 1980「陝西鳳翔八旗屯秦国墓葬発掘簡報」『文物資料叢刊』3，67-85
項　春松・李　義 1995「寧城小黒石溝石槨墓調査清理報告」『文物』1995年第5期，4-22
襄樊市博物館 1991「湖北襄陽団山東周墓」『考古』1991年第9期，781-802
石家庄市図書館考古小組 1980「河北石家庄市北郊西漢墓発掘簡報」『考古』1980年第1期，52-55
孫　守道 1960「"匈奴西岔溝文化"古墓群的発現」『文物』1960年第8・9期，25-35
大葆台漢墓発掘組 1989『北京大葆台漢墓』中国田野考古報告集，考古学専刊，丁種第35号，文物出版社
中国科学院考古研究所編 1956『輝県発掘報告』中国田野考古報告集，第1号，科学出版社
　　──── 1959a『洛陽中州路』中国田野考古報告集，考古学専刊，丁種第4号，文物出版社
　　──── 1959b『上村嶺虢国墓地』中国田野考古報告集，考古学専刊，丁種第10号，文物出版社
　　──── 1962『灃西発掘報告』中国田野考古報告集，考古学専刊，丁種第12号，文物出版社
中国科学院考古研究所内蒙古工作隊 1975「寧城南山根遺址発掘報告」『考古学報』1975年第1期，117-140，図版1-8
中国社会科学院考古研究所編 1980『殷墟婦好墓』中国田野考古報告集，考古学専刊，丁種第23号，文物出版社
　　──── 1991『青龍泉与大寺』科学出版社
　　──── 1998『安陽殷墟郭家庄商代墓葬』中国田野考古報告集，考古学専刊，丁種第60号，中国大百科全書出版社
　　──── 1999『張家坡西周墓地』中国田野考古報告集，考古学専刊，丁種第57号，中国大百科全書出版社
中国社会科学院考古研究所安陽工作隊 1979「1969－1977年殷墟西区墓葬発掘報告」『考古学報』1979年第1期，27-146
中国社会科学院考古研究所長江工作隊 1989「湖北鄖県東周西漢墓」『考古学集刊』6，143-173
中国社会科学院考古研究所二里頭工作隊 1984「1981年河南偃師二里頭墓葬発掘簡報」『考古学報』1984年第1期，37-40
　　──── 1985「1982年秋偃師二里頭遺址九区発掘簡報」『考古』1985年第12期，1085-1094，1108
　　──── 1986「1984年秋河南偃師二里頭遺址発現的幾座墓葬」『考古』1986年第4期，318-323
　　──── 1992「1987年偃師二里頭遺址墓葬発掘簡報」『考古』1992年第4期，294-303
中国社会科学院考古研究所山西工作隊・襄汾地区文化局 1984「山西襄汾陶寺遺址首次発現銅器」『考古』1984年第12期，1068-1071
田　広金・郭　素新 1986『鄂爾多斯式青銅器』文物出版社
寧夏文物考古研究所 1993「寧夏固原楊郎青銅文化墓地」『考古学報』1993年第1期，13-56
寧城県文化館・中国社会科学院研究生院考古系東北考古専業 1985「寧城県新発現的夏家店上層文化墓葬及其相関遺物的研究」『文物資料叢刊』9，23-58，文物出版社
馬　得志・周　永珍・張　雲鵬 1955「一九五三年安陽大司空村発掘報告」『考古学報』第9冊，25-79
北京市文物研究所 1995『琉璃河西周燕国墓地』1973-1977，文物出版社
　　──── 2007「軍都山墓地─玉皇廟」北京文物与考古系列叢書，文物出版社

北京大学考古学系商周組・山西省考古研究所編 2000『天馬－曲村』1980－1989，第1冊～第4冊，科学出版社
容　庚 1941『商周彝器通考』
洛陽区考古発掘隊 1959『洛陽焼溝漢墓』中国田野考古報告集，考古学専刊，丁種第6号，文物出版社
李　済・石　璋如・高　去尋編 1970『小屯』中国考古報告集之二，中央研究院歴史語言研究所
李　殿福 1991「建平孤山子，楡樹林子青銅時代墓葬」『遼海文物学刊』1991年第2期，1-9，27
劉　建中 1995「鈴形垂飾」（中国青銅器全集編輯委員会編）『中国青銅器全集』第15巻，北方民族，文物出版社
劉　士莪編 2002『老牛坡』西北大学考古専業田野発掘報告，陝西人民出版社
梁　思永・高　去尋 1970『侯家荘』中国考古報告集之三，中央研究院歴史語言研究所
遼寧義県文物管理所 1982「遼寧義県発現商周銅器窖蔵」『文物』1982年第2期，87-88
遼寧省昭烏達盟文物工作站・中国科学院考古研究所東北工作隊 1973「寧城県南山根石槨墓」『考古学報』1973年第2期，27-38，図版1-12
遼寧省博物館 1985「遼寧凌源県三官甸青銅短剣墓」『考古』1985年第2期，125-130，図版1
遼寧省博物館・朝陽地区博物館 1977「遼寧喀左南洞溝石槨墓」『考古』1977年第6期，373-375，図版1
旅順博物館 1960「旅順口区后牧城駅戦国墓清理」『考古』1960年第8期，12-17
盧　連成・胡　智生 1988『宝鶏㶅国墓地』文物出版社

（ドイツ）

Hančar, F. 1955 Das Pferd in prähistorischer und frühhistorischer Zeit, *Wiener Beiträgezur Kulturgeschichte und Linguistik*, B. XI

中国青銅鏡の起源と東北アジアへの展開

甲 元 眞 之

はじめに

　紀元前二千年紀以降のユーラシアに展開する古代の鏡は，オリエントに起源を有する柄鏡と鈕に紐を通して使用する中央・東アジアのタイプに分けられる。このうち中央・東アジアで盛行する円形の鈕付鏡の来歴に関しては，最近西欧の研究者の間で唱えられている中国青銅器の中央アジア起源説と関連して，西トルキスタン地域に祖源を求める想定が提示されてきている〔Di Cosmo 2002〕。ところが中央アジアで盛行する円形鏡は箍状の縁取りをもち，「コ」字形の鈕の拵えであり，背面に紋様を描くことはないのに対して，東アジアの円形鏡は平縁で縁取りがないか，あるいは小さく盛り上がって外縁は終わる。鈕は半円形を呈し，背面に各種の幾何学紋を配するものが主流であり，無紋の小型鏡は殷代後期から西周期に限って出現するに過ぎない〔甲元 2006a〕。年代的な検討を加えると，中央アジアに流行する単鈕無紋鏡はスキタイ－タガール期以降に属することが明らかであるのに対して〔Členova 1992〕，中国最古の鏡は殷後期，BC1300年頃に遡上することは確実であり，半円形鈕付き鏡の出現に関しては，中央アジア出土鏡との年代的落差は明確である〔甲元 2006a〕。

　問題なのは殷墟で検出される鏡と同様の三角鋸歯紋を背面に有する，西域の斉家文化に伴ったとされる鏡の存在である〔安志敏 1981〕。1点は1976年青海省貴南県尕馬台の25号墓で発見されたもので，直径は8.9cm，厚さ0.3cmを測り，外区に無紋の七角星紋と三角鋸歯紋を廻らす紅銅製品である（図1－1）（後にこれは成分分析が試みられ，青銅製品であることが判明した）〔李虎侯 1980〕。他の1点は1975年甘粛省広河県斉家坪の墓地で発見されたもので，無紋である。これら2点の斉家文化の副葬鏡に関しては詳しい記述がないために，委細は不明であるが，小型鏡であることは知られている。

　西欧の学者は尕馬台遺跡出土の鏡背面に記された紋様の来歴を問題とする。すなわち尕馬台鏡にみられる星型紋は中国に出自を求めるよりも，先スキタイ文化に隆盛した装飾品や土器の紋様（多くはアンドロノヴォ文化に属す）に多く描かれるとして，鏡の中央アジア起源を想定する〔O'Donoghue 1990〕。そして山西省霊石旌介墓出土の爵に刻まれた徽号から〔山西省考古研究所・霊石県文化局 1986，山西省考古研究所 2006〕，中央アジアと中国の鏡の仲介にあたったのは「羌」族であると想定する（註1）〔Di Cosmo 2002〕。鏡の祖形として掲げられたのは，直径が5.4cmほどの円盤形装飾品であり（図1－2），その年代は尕馬台鏡よりも後出するアンドロノヴォ文化に属するものであって，尕馬台鏡のモデルとはなりえない〔Gimbutas 1965〕。フィッツゼラルド-フーバーは，アンドロノヴォ文化よりも，バクトリア地域出土品とのモチーフが類似することを指摘するが，単なる紋様の親近性を手懸りにして論じるに過ぎないのであり，所属文化の構造的な検証はまったくなされていない〔Fitzgerald-Huber 1995〕ので，説得性に欠けるといわざるをえない。

　星型と称する紋様については，安徽省凌家灘遺跡で「八角星」紋様がすでに存在し，有軸羽状紋を放射状に配するものも見ることができる（図1－3・4）〔安徽省文物考古研究所 1989・2000〕ことから，中国でもこの種の紋様とは無縁ではない。

　長江流域の紀元前三千年紀に特異な発展をみせた玉器文化の要素が，その後黄河流域の古代文明に多く取り入れられていることは〔林 1995・2003〕，この鏡のモチーフが中国内部での伝統の中か

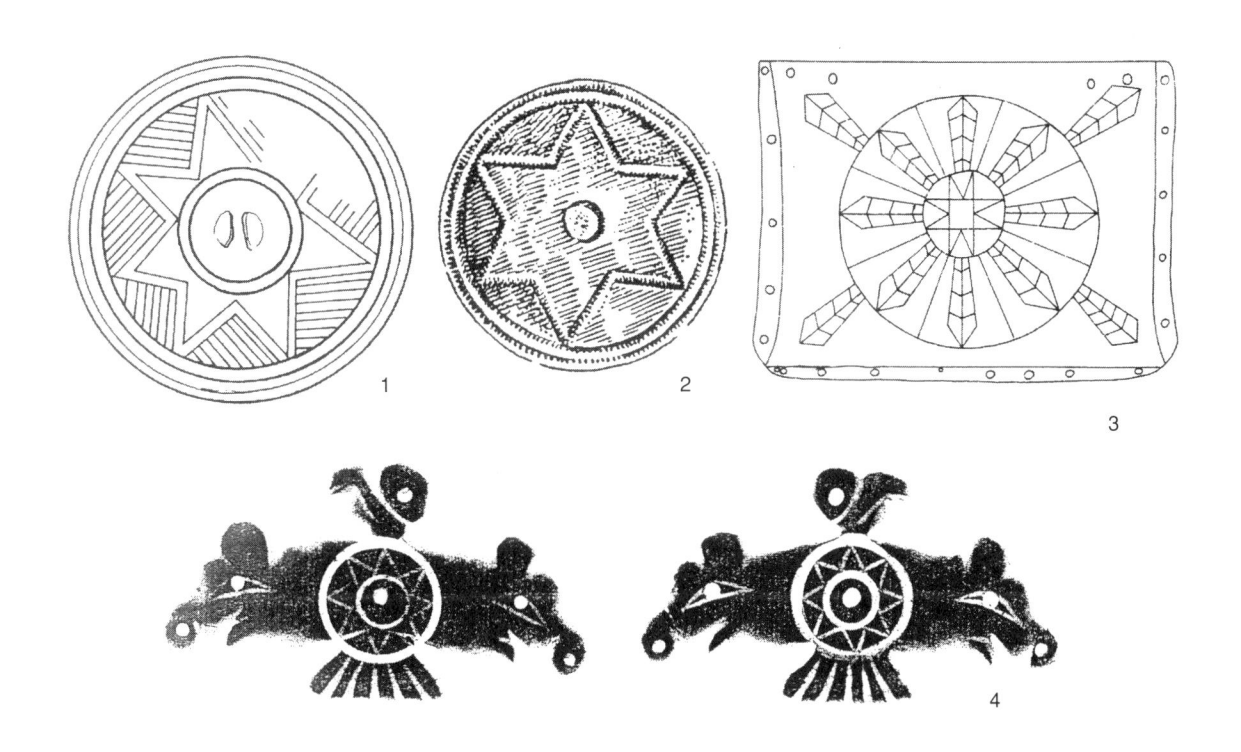

図1　星型紋様の遺物
（1 尕馬台銅鏡，2 アンドロノヴォ文化の円盤形装飾品，3・4 凌家灘遺跡の八角星紋様）

ら生まれた可能性が高いことを物語るものである。したがって必ずしもその来歴を中央アジアに求める必要はない。鏡の出土が期待される殷代の墓のほとんどが盗掘に遭い，古式の銅鏡が市中に多数出回っていることを考慮すると〔何冨生 2007〕，尕馬台鏡に類似した鏡が黄河流域に存在したとしても不思議ではない。尕馬台鏡については現在のところチャイルドの言う分布の「盲点」として扱い，詳しい遺跡報告を待って改めて検討したい。

1　殷墟出土および殷代の青銅鏡

　殷墟ではこれまでに3遺跡から6点の青銅鏡が発見されている。そのうち4点は婦好墓出土品で，外縁に珠紋列を施し，外区に綾杉紋を配する直径が12.5cm，厚さ0.4cmと11.7cmに厚さ0.2cm（図2－1・2）の大型の鏡2点，六重の圏に単線を施した直径が11.8cmで厚さが0.2ｃmの大型鏡1点（図2－3），それに外区に綾杉紋を廻らした直径が7.1cm，厚さ0.2cmを測る小型鏡1点がみられる（図2－4）〔中国社会科学院考古研究所 1980〕。どれも鏡面がやや反り返っていて，平直ではない点が特徴をなす。シャーマンであったと類推される婦好墓では大型鏡と小型鏡の組み合わせがみられることが重要であり，この点で小型鏡だけが分布する中央アジアの鏡とは性格が異なることが想定できる。

　大司空村南地25号墓で出土した鏡は，直径が7.5cmで厚さは0.3cm，鏡背に3圏の突線が同心円状に配され，鏡面はやや凸状に反り返っている（図2－6）〔中国社会科学院考古研究所安陽工作隊 1989〕。25号墓は二層台を有する小型木槨木棺墓で，鏡は頭部付近の瓠の下から検出されている。所属時期は殷墟2期の中頃で，婦好墓よりも時期的にやや先行する。侯家荘M1005号大墓からも1点出土した〔梅原 1959a〕。直径は6.7cmを測り鏡面はやや凸面を呈し，内区には弦紋による充塡鋸歯紋を，外区には弦紋による二つの弧線を繋ぐ形が表出されている（図2－7）。墓には6人の殉死者を伴い，副葬された青銅器も多く，他の墓とはその性格の違いが認められる。

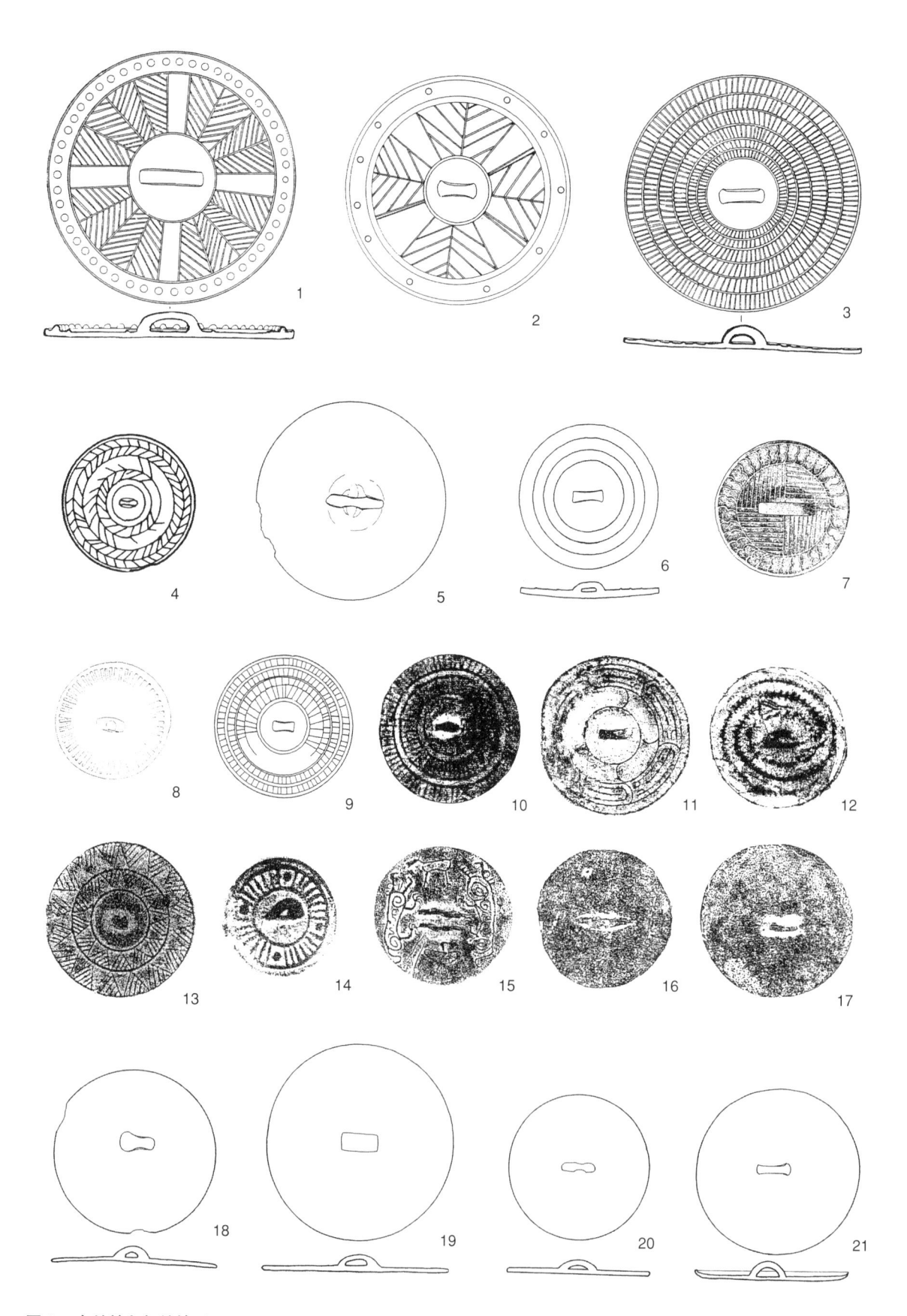

図2 **有紋鏡と無紋鏡**（1～4 婦好墓，5 辛村墓，6 大司空村南地25号墓，7 大司空村1005号墓，8 道虎溝遺跡，9 伝張家口，10 平凉遺跡，11 劉家村遺跡，12 漳県，13 伝臨夏，14 趙家荘遺跡，15 虢国墓，16 宝鶏市郊区，17 新荘河村遺跡，18・19 大華中荘遺跡，20 南指揮村遺跡，21 南山根102号墓）

このように殷墟で発見される銅鏡は，鏡面が凸状に反り返った形のものから展開したことが窺え，この点でも中央アジアや北アジアで出土の鏡とは異なっている。

殷代に遡る有紋鏡の資料として，その他にもいくつか挙げることができる。遼寧省喀左県道虎溝では崖面に露出していた土壙墓から銅環，玉玦などとともに1面の小型青銅鏡が採集されている〔郭大順 1987〕。直径が6.1cmで厚さが0.1cmと薄く，鏡背の外縁に相当する箇所に長条形の刻みが放射状に配されている。伴出する夾砂紅陶質の鉢形土器から魏営子類型に属するとされる。魏営子類型の文化は，殷の後期から西周初期に並行すると考えられていて，道虎溝遺跡の事例はそのほかのこの地域で発見される青銅礼器とともに，安陽地域との社会的関係の中でもたらされたものであろう。

アンダーソンにより紹介された河北省張家口で採集した鏡は，直径が6.9cmを測り，外区には4圏線で区画された内部に細かな単斜線が描かれている（図2—9）。大きさは異なるものの，紋様構成は婦好墓出土品と類似する〔Anderson 1932〕。ただし江上波夫はこれを仿製品として扱っている〔江上・水野 1935〕。

田広金と郭素新が内蒙古の青銅器についてまとめた本によると，オルドス地域では6面の鏡が出土していて，婦好墓出土品と同様の凸線紋で鏡背を飾るタイプも発見されているとするが，図がないために不明な点が多い〔田広金・郭素新 1986〕。そのうち1点は直径が6.3cmを測り，弦紋で鏡背面が飾られ，その中に短い弦紋が密に配されるという。文章からは張家口採集品と同様なものと推測される。あるいはかつて江上波夫により紹介されたエリックソン収集品を指すのかもしれない〔江上・水野 1935〕。類似した紋様構成をもつものが直径6.1cmと5cmの鏡に見られるとされる。他の3点は無紋鏡で2点は半円形の鈕がつき，平直な鏡面をもつ直径が7cmと6.2cmのもの，鏡面が凸面をなす鈕をもたない直径が8cmのものである。

これと類似した製品が甘粛省平涼県で採取されている。廃品回収の折みつかったもので，鈕座，内区，外区を凹線で区画し，短弦紋で充塡する（図2—10）。直径は6.8cmで極めて薄い作りとなっている〔高阿中 1991〕。報告者は婦好墓出土品と同例とみて殷代の所産とする。殷代の鏡は鈕座と内区のみで文様帯が構成されるのが特徴である。その点からすると，伝内蒙古品よりも鈕座，内区，外区の区分が明確になされており，時代は周代にまで降る製品と想定される。

甘粛省臨夏でも紅銅製の鏡が1点出土している（図2—13）。鈕座，内区，外区を細かな凸弦紋で区画し，内部をそれぞれ充塡鋸歯紋で飾る。青銅器を集成した中に掲げられているだけで，大きさ，出土地，出土状況は不明のままである〔李海栄 2003〕。あるいは，上述した圏線を有する鏡のうちの一つかも知れない。

2　西周期の有紋鏡

浚県辛村42号墓からも小型鏡が1点出土している（図2—5）が，報告書にはなく，梅原による紹介がある〔梅原 1959b〕。直径は約10cmで無紋，鏡面は平坦で周辺部は薄くなる。郭宝鈞は西周後期と想定したが，戈の形状は明らかに西周前期に属する型式であり，「成周」銘は燕国の西周前期に類例があり〔北京市文物研究所 1995〕，戟も西周前期にすでに登場していることからも〔北京市文物研究所 1995〕，古く位置づけることは可能である。梅原は周初の年代を想定している〔梅原 1959b〕。

河南省上村嶺虢国墓から3点の出土報告があり〔中国科学院考古研究所 1959〕，それ以外にも梅原によると数点の盗掘品があるらしい〔梅原 1959b〕。報告書に記載された1点は直径が6.7cmで背面には双鈕が付けられ，虎，鹿，鳥の4匹の動物紋様が鋳出されている（図2—15）。棺内の足の横から検出されている。他の2点は無紋で直径は5.9cmと6.4cmを測り，鏡面は平直で外縁が少し三角状に盛り上がるという特徴がみられる。2点揃って人骨の胸部から出土している。鏡面に布痕が認められることから，布に包んで置かれたと思われる。

上村嶺虢国墓1052号の「虢国太子」とされる墓から出土した「孤面形品」も，梅原により銅鏡と認定されている。直径が7.5cmを測り，鏡背面には肉厚の双虎が鋳出されている。これと同類が京都大学に所蔵されている。双虎に鏡縁から延びる虺龍をからませたもので，著しい凹面をなすことが特徴となっている。直径が8.6cmと上村嶺虢国墓と比べやや大きい。梅原は周代の青銅礼器に表出された紋様の類似から，中期の所産であると推定する〔梅原 1959b〕が，伴出する青銅器からは西周後期まで降るものと思われる。

陝西省扶風県劉家村のダム修理工事のおり，轄などとともに鏡が1点発見された。直径が8cmで鏡面が微かに窪む。背面には弦紋により鈕座，内区，外区を区画し，内区には弧紋を5個，外区には6個の弧紋のあいだに弦紋を配している（図2―11）。この種の紋様は西周後期の青銅器に多くみることができる。伴出した轄は西周の中・後期の遺物と考定されている（羅西章 1980）。

甘粛省漳県では農牧作業中に1点の鏡が採取されている（図2―12）。直径は6.5cmと小さく，また厚さも0.1cmと薄い作りである。鏡の周辺部には山形の縁取りがみられる。鏡背には頭を三角頭に描き，体中には綾杉を弦紋でめぐらせた屈曲する2匹の蛇が浮き彫りされている〔陳俊峰 1994〕。この紋様は他に類をみない。

陝西省淳化県長生荘で墓から6，7点の青銅器が発見されたことをきっかけとして，それに隣接して1基の墓が調査され，その中に銅鏡が含まれていた〔姚生民 1986〕。鏡の直径は5.5cmと小型で，鈕座と内区は突弦紋で区切られ，内区は珠紋を4点配し，その間は弦紋による充填がみられる。外縁は弦紋と同様に隆起している。鼎は弦紋を配する簡素な作りで殷代後期の作品であろう。その他に巻頭刀や刀子，銎式銅斧が伴ったといわれる。

青海省湟中県前営村では銅鉞とともに2点の鏡が採集されている〔李漢才 1992〕。1点は直径が6cm。鈕座と外区は凸弦紋で区画され，周辺部も盛り上がった縁取りが認められる。他の1点は直径が5.5cmと小さく内区と外区は凸弦紋で区画され，それら内部には短い直線紋で飾られている。所属年代は不明。

3　単鈕無紋鏡

単鈕無紋鏡には5～7cmの小型鏡と10cmを超える大型鏡がある。前者は厚さが薄く，鏡面が平直となるのに対して，後者は鏡面が窪み凹面を呈することが多い。

陝西省扶風県北呂村窖院周辺には先周文化期の遺構が多く分布する。そのうち北呂第2地点では土壙木棺墓から戈とともに1点の銅鏡が検出されている〔羅西章 1995〕。直径が7.8cmを測り，鏡面は平直で厚さは0.09cmと薄く，鋳造は粗雑で，一部には円形の剥落（砂孔）がみられる。背面には鈕座がなく，半円形の鈕が溶接したかのように拵えられているという。伴出した戈の型式から西周前期のものと考えられている。

長安張家坡178号墓では「銅器蓋」として紹介されている鏡がある〔中国科学院考古研究所 1962〕。直径が10.5cmで，鏡の周辺部が縁取りのようにやや厚くなっている。共伴した青銅器から西周前期と想定されている。また1983年から86年にかけての調査では170号墓と303号墓から各1点の銅鏡が発掘されている〔中国社会科学院考古研究所 1999〕。303号墓出土品は直径が7.1cmで厚さは0.2cmを測り背面には「コ」字形の鈕がつく。鏡面には窪みが認められる。170号墓は「甲」字形をなす大墓で，鏡は多数の副葬品に混じって布に包まれて検出されている。直径が7.2cm，厚さは0.1cmで，平面に半円形の鈕がつき，鏡面は微かに窪みがみられる。所属する時期は西周中期後半（共王～孝王）で，303号墓は不明とされる。

宝鶏市郊区と鳳翔件新荘河でそれぞれ1点の無紋鏡が検出されている〔王光永・曹明檀 1979〕。宝鶏市郊区出土品は墓の副葬品で，4点の鼎，1点の簋と伴出した。青銅礼器は西周初期の様式である。直径が5.6cmで，鏡面は平直をなす粗い作りである（図2―16）。新荘河で採集された鏡は直径が7.22cm。無紋で鏡面は微かに凸面をなしている（図2―17）。この発見以後この遺跡では乳

釘紋鼎などの青銅器の出土が相次ぎ，西周初期の埋葬に関係する遺物の一つであったと考えられている。

鳳翔県では南指揮村で副葬品として鏡が3点検出されている〔雍城考古隊 1982〕。直径が7.2cmと7cmを測る粗雑な作りの無紋鏡で，鏡背には半円形の鈕がつく。鏡面は平直である（図2―20）。他の1点は直径が7.1cmの不正円形をした極めて薄い作りの鏡面が平直となり，背面には「車」字の銘が認められる。中央部には0.05cmと低い凸帯が横位に付けられているという。鏡か否か判断に迷う代物である。副葬品として漆器箱内に納められていたとされる。

陝西省旬邑県崔家河東村でも墓の副葬品として1点の鏡が発見されている〔曹発展・景凡 1984〕。直径が9.5cmで無紋。写真では鏡の縁がやや盛り上がったように見える。また白龍村でも直径が8.8cmの無紋鏡が1点，土取り作業中に発見されている〔高西省 1993〕。直径が8.5～8.8cmの不正円形で，鏡面は微かに凸面をなす。共伴した青銅器には三穿の戈があり，西周前期とみられる。

岐山県王家嘴では直径が8.7cmの無紋鏡1点が出土している〔陝西省考古研究所・陝西省文物管理委員会・陝西省博物館 1979〕。写真でみると鏡面はやや凸面となり，鏡背には板状の鈕が付く。

これらのほかに陝西省では，隴県湯原村で1点の鏡が収集されている〔肖琦 1993〕。直径は7.7cm。無紋で鏡は全体的に薄いという。鏡背中央には鈕がみられる。

北京市昌平県白浮村では3基の大型木槨木棺墓が発掘され多量の西周初期の遺物を含む副葬品が出土している〔北京市文物管理処 1976〕。ここでは2号墓と3号墓からそれぞれ1点の鏡が検出された。2号墓出土鏡は直径が9.5cmで，鏡面は凹面。3号墓から出土した鏡は直径が9.9cm，鏡面は微かに窪み，鏡背は無紋で中央に板状の鈕がつく。2号墓では頭部はずれの木槨の隅から多くの青銅器とともに検出されたが，3号墓では死者の頭部近くから出土している。

遼寧省建平県水泉城子7701号墓と7801号墓で各1点ずつ鏡が出土している〔建平文化館・朝陽地区博物館 1983〕。無紋で鏡面は凹面をなし直径が10.8cmを測る。人骨の胸と腹の間から検出されている。7801号墓で出土した鏡は直径が10.4cm。鏡面はやや凹面を呈している。また大拉罕溝751号墓でも2点の鏡が出土している〔建平文化館・朝陽地区博物館 1983〕。直径は14.5cmから15cm，鏡面は凹状をなし，鏡背は無紋，鏡背中央には板状の鈕がみられる。これら寧城県出土の鏡はいずれも長方形竪穴土壙墓から検出され，筒状柄（銎式）銅剣や遼寧式銅剣を伴う。同じく寧城県では天巨星7301号墓で1点みられる〔寧城県文化館・中国社会科学院研究生院考古系東北専業 1985〕。石槨墓からの出土で，オルドス式銅剣や車馬具，装飾品などとともに2点出土している。鏡の大きさは直径が11.5cmで無紋，鏡面は深い凹面をなしている。オルドス式銅剣を基準にすると春秋中期頃と年代が想定される。

また遼寧省内では法庫県弯柳街遺跡から，北方式青銅器とともに1点の鏡が採集されている〔鉄嶺市博物館 1990〕。直径が8cm，厚さ0.5cmを測り，円形で鏡面は平直となる。

内蒙古寧城県南山根遺跡101号石槨墓から小型鏡が2点出土していると報告されている〔遼寧省昭烏達盟文物工作站・中国科学院考古研究所東北工作隊 1973〕。しかし蓋形器と分類された類も鏡と考えられる。「鏡」として分類されたものは直径が6.6cmと8.4cmで，鏡の周辺部には箍状の凸起がある。8点の蓋形とされたものは直径が10.5cmから11.3cmでいずれも無紋である。また102号墓でも1点の鏡が出土している〔中国社会科学院考古研究所東北工作隊 1981〕。人骨の腰部辺りから青銅武器と一緒に発見されている。鏡は直径が7.8cmを測り，鏡縁の部分が薄く盛り上がっている。鏡背面は無紋で中央に板状の鈕がある（図2―21）。また写真によると1点は凸面鏡の可能性がある。南山根遺跡の年代に関しては諸説あるが，西周末期から春秋初期にかけての頃と推定される。

内蒙古敖漢旗でも夏家店上層文化に属する墓から鏡の出土が報告されている〔邵国田 1993〕。山湾子では直径が10.4cmの円形で鏡面が窪み，鏡背に鈕が付く鏡が遼寧式銅剣や刀子などと伴って発見されている。熱湯水では直径が9.6cmで形状は山湾子と同様で無紋鏡が出土している。

東北北部では吉林省猴石山から単鈕無紋鏡6点が出土している〔張錫瑛 1985〕。鏡面が微かに反

り返るタイプと凹面タイプの2種類の鏡が発見されているという。大型のものは直径が9.5cmで小型のものは6cmである。戦国時代と推定されているが、猴石山石棺墓からの出土であれば、春秋時代に属する可能性がある〔大坪 1999〕。

青海省湟源県大華中荘では118基の木棺土壙墓が発掘され、34点の鏡が検出されている〔青海省湟源県博物館・青海省文物考古隊・青海省社会科学院歴史研究室 1985〕。鏡2点は足元から、1点は木棺外部からの出土である。図と文章によると鏡面は平直で鏡背は無紋。鈕の作り方にやや違いが認められる程度。大きさも10.5cmと9cmで、ほぼ類似している。鏡面が平直となる点に共通性がみられる（図2－18・19）。

以上有紋鏡にしろ、無紋鏡にしろ、殷代後期や西周初期の鏡面は微かに凸面をなすのが一般的で、その後鏡面が平直となり、中期の後半期から一部に凹面の鏡が出現して、小型平直鏡と大型凹面鏡が並存していたことが窺える。

4　多鈕鏡

これまでに中国東北地方で出土した多鈕鏡は、内蒙古小黒石溝遺跡98Ⅲ5号墓で1点〔岡村秀典氏の御教示による〕、遼寧十二台営子遺跡で5点〔朱貴 1960〕、大垊罕溝M851号墓で1点〔李殿福 1991〕、炮手営子M881号墓で1点〔李殿福 1991〕、鄭家窪子6512号墓で1点〔瀋陽故宮博物館・瀋陽市文物管理弁公室 1975〕、梁家村1号墓で1点〔魏海波 1987〕、丹東趙家堡で2点〔許玉林・王連春 1984〕（図3－7・8）、吉林集安五道嶺溝門で1点（集安県文物保管所 1981）（図3－9）の計13点が発見されている。また多鈕鏡の鋳型が吉林英額布で2件出土している〔張英 1990〕。いずれも外縁は回紋か斜線紋で縁取りするか、無紋として残し、平面全体を凹線紋で雷紋を描き斜線で充塡するもので、器面紋様が1紋様帯で構成されることが特徴となっている。

十二台営子遺跡1号墓出土の鏡のうち1面は男性の頭部におかれ、他の1面は足元で発見された。背面に3鈕を有し、鏡面の縁に幾何学紋を配する特異な形式である。鏡面は微かに膨らみをみせる（図3－2）。大きさは直径が24.9cmと極めて大きく、厚さは0.5～0.6cmを測る。2号墓からも2点出土し、紋様構成は1号鏡と類似している。大きさは20～21.1cm、厚さは0.2～0.3cm、背面には4鈕が付けられている。3号墓から出土した1点の鏡（図3－1）は平面に3鈕を並行に付け、前面に充塡と空白にした雷紋を配し、鏡縁は幾何学紋で縁取りをみせる。直径は22.5cm、厚さ0.8cmを測る。

遼寧省本渓市梁家村1号石棺墓で検出された鏡は直径が12.8cm、厚さ0.8cmで、基本的な紋様構成は十二台営子3号墓出土品と同じであるが（図3－3）、鏡縁部が凸起する点に異なりが認められる。

大垊罕溝851号墓出土鏡は直径が14.1cm、厚さ0.3cmで、内区には雷紋を配し、鏡縁は幾何学紋での縁取りをもつ（図3－4）。この墓からは無紋で平直な鏡面をもつ直径が5.8cmほどの小型鏡が2点と、直径が9.3cmの凹面鏡1点が伴って出土している。炮手営子881号墓では851号墓出土品と紋様構成は類似するが、外縁と内区の間に空白による区画帯を設け、紋様が崩れた鏡が検出されている（図3－5）。直径は12.5cmに厚さは0.6cm。この墓には鏡形銅器とされる凹面鏡が1点伴っている。直径が8.6cmで鏡背の半円形の鈕が付けられている。

鄭家窪子6512号墓では1点の多鈕鏡の出土が報告されている（図3－6）。直径が8.8cmで厚さは1cmとかなり分厚い。鏡縁は空白となり、内区には崩れた雷紋が施されている。頭部に置かれた箱の中に短剣2振りとともに納められていた。このほかに鏡形銅器とされる円形無紋の凹面鏡が6点あり、死者の頭部、胸部、腰部、脛部、脚部、足元にそれぞれ置かれていた。これには大小があって小型4点は直径が15cm、大型2点は直径が28cmを測る。

年代からみると小黒石溝が古く、大垊罕溝を挟んで炮手営子、十二台営子1・2号墓出土品と続き、十二台営子3号墓・梁家村がこれに次ぎ、鄭家窪子との変遷を想定できる。

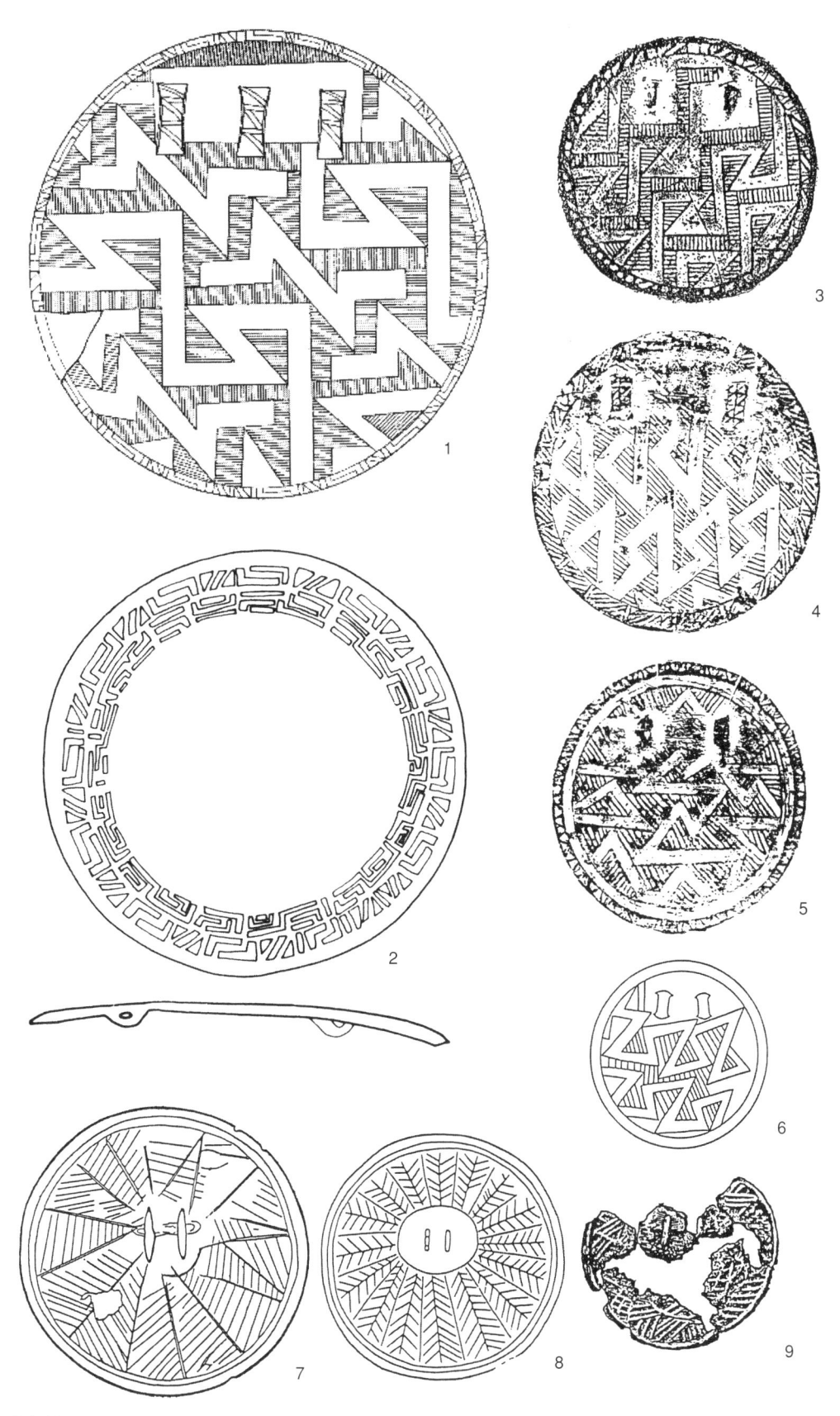

図3　多鈕鏡　（1　十二台営子3号墓，2　十二台営子1号墓，3　梁家村遺跡，4　大垃罕溝M851号墓，5　炮手営子M881号墓，6　鄭家窪子6512墓，7・8　趙家堡遺跡，9　五道嶺溝門遺跡）

伴出物をみると，十二台営子では車馬具と銅斧，刀子に突起部が明確な遼寧式銅剣があり，梁家村では突起が鋭さを欠いた遼寧式銅剣がある。大垃罕溝では単鈕無紋鏡2点と車馬具，銅斧，刀子が伴い，遼寧式銅剣の剣制は梁家村のそれに類似する。炮手営子では刀子，単鈕無紋鏡，銅斧と青銅両翼鏃，骨製三角鏃，車馬具のほかに曲刃矛と突起部が退化した遼寧式銅剣がある。鄭家窪子では円形鏡状飾，三翼鏃と両翼鏃，車馬具，首飾りとともに，突起部が退化した遼寧式銅剣3点が伴っていた。遼寧式銅剣の突起部の変化〔黄基徳・甲元訳1990〕と多鈕鏡の推移は相応している。

5　東北アジアの古代鏡

中国を含め東アジアで出土が認められる鏡は有紋鏡と無紋鏡に分けられ，無紋鏡は小型で鏡面が微かに凸状を呈するものや平直となるものと，大型で凹面をなす鏡形銅器に区別される。また無紋小型鏡は鏡縁が箍状に盛り上がる類と，平直のままの縁となる類に細分できる。

殷墟にみられる有紋鏡は鏡面が凸状になるものが古く，西周前期の小型無紋鏡も微かにではあるが凸面をなし，次第に平直に近くなる。平直な鏡面をもつ小型無紋鏡は鏡の厚さが極めて薄く粗雑な作りの類が多いが，一部に同巧でありながら鏡背の縁を箍状に盛り上げる類（南山根鏡）が認められる。さらにやや大型化した鏡には，鏡面を凹状にする類も東北アジアには少なからず分布が見られる。

南山根遺跡出土鏡のように鏡縁部を箍状に縁取るものは，中国新疆から中央アジアにかけての地域に分布する無紋鏡に類例を求めることができる。しかしそれらの年代が確かなものはすべて紀元前二千年紀の末葉以降に属するのであり，殷墟で出現した鏡の年代が古く，殷墟出土鏡の直接の祖形とは考えがたい。アンドロノヴォ文化に属する有紋円形で鏡面が凸面鏡の存在が確認されない限り，中央アジアからの伝来説は成立しない。

鏡面を凹状にする類は，長安張家坡で西周中期後半（共王～孝王期）を嚆矢とし，北京白浮村出土鏡もほぼ同時期と考定される〔林澐1994〕。この類の鏡は春秋時期に量的に増加する。この鏡形飾りと称される凹面鏡は単独で出土することは少なく，多鈕鏡や鏡面が平直な小型無紋鏡と共伴することから，多鈕鏡や小型無紋鏡とは機能を異にするものと想定される。実際の出土状況からみると，鄭家窪子墓にみられるように，頭部をはじめとする身体に接する場所で検出されるのに対して，大型の多鈕鏡が十二台営子1号墓で頭部と脚部を保護する形で出土した以外は，さほど明確な出土位置はわからない。上村嶺虢国墓で胸に置かれた小型鏡を重視すると，大型鏡とは異なった扱いがなされたとも想定しうる。十二台営子1号墓の場合，鏡は直径が24.9cmと極めて大きく，しかも鏡面が凸面をなし，そのほかの多鈕鏡とは明らかな違いを指摘できる。このことから凹面鏡は多鈕鏡の本来の属性ではなく，小型鏡＋大型凹面鏡の組み合わせがなくなった時期や地域での，両方の属性を兼ねるように特殊な変容を遂げたものであることが想定される。

東北アジアのシャーマンの事例をみると，頭や胸に飾る小型鏡と背中に吊す大型鏡の2種類が見られる。赫哲族の場合には頭部に飾る護頭鏡は直径が4cm，護心鏡は直径が12cmであるのに対して，背中の護身鏡は直径が30cmにも達する大きさである〔凌純声1934〕。また鄂倫春族でも胸に飾るのは10～12cmの小型鏡であり，背中に吊すのは直径が15～18cmの大型鏡である〔呂大吉・何耀華1999〕。同様な鏡のあり方は鄂温克族，達幹爾族，満族などのツングース系シャーマンの間で広く認められ，小型鏡は護心鏡もしくは護頭鏡として機能するのに対して，大型鏡は護背鏡などそのほかの身体の部位に取り付けられているのが通例である〔甲元1987〕。そしてこの小型鏡に最も重要な意味づけがなされ，神の意向を忠実に写すものとされる。これらの事例から小型の鏡は「神」と同列におかれる特別なものであり，大型鏡は辟邪を意味すると考えられていたことを窺わせる〔張錫瑛1985〕。

6　東北アジアの青銅器文化

　東北アジア南部地域の青銅器文化は夏家店下層文化を嚆矢とし，魏営子文化，夏家店上層文化と続き，軍都山墓地群に代表されるオルドス系青銅群を伴う文化に引き継がれる。夏家店下層文化は，河北省北部地域では唖叭荘遺跡などで山東龍山文化の影響を受けて形成されたことが知られ〔河北省文物考古研究所・滄州地区文物管理所　1992〕，また大甸子遺跡出土土器に二里頭類型の土器や銅器を模倣した土器が存在することから〔中国社会科学院考古研究所　1996〕，紀元前二千年紀初頭から中葉にかけての時期と比定できる。このことはアンドロノヴォ文化に特有の先端が喇叭状に膨らむ金製や銅製の耳環によっても裏づけることができる。烏恩岳斯図により「大坨頭文化」と称されるのは，夏家店下層文化の地方類型である〔烏恩岳斯図　2007〕。この時期には銅製の鏃，刀子などが主要な青銅器であり，戈も一部には認められるのみで，青銅製品は多くはない。

　東北アジアが本格的な青銅器文化期に発展するのは次の魏営子文化以降であり，陝西北部や山西地域に展開する李家崖文化と類似した様相を示す。それは殷後期文化，それも後半期の影響を強く受けて形成されたものと思われる。董新林は魏営子文化を新旧2時期に細分して，前期を殷墟2・3期から西周前期に比定し，後期を西周中期と末期にあてた〔董新林　2000〕。その根拠としたのは，前期の開始時期が向陽嶺遺跡での夏家店下層文化層との層位関係であり，高家洞遺跡での殷墟2期に属する銅甗との共存関係などであった。前期の終わりは張家園遺跡との土器の並行関係からもたらされた。一方後期の年代は，平頂山遺跡での土器の編年から導き出されている。これに対し烏恩岳斯図は董新林の言う魏営子文化後期は，魏営子文化の定義から外れるとして，前期のみを魏営子文化の範疇におさめる〔烏恩岳斯図　2007〕。朱永剛も烏恩岳斯図の考えと同一で，魏営子文化を高台山文化と夏家店上層文化の間の期間と規定している〔朱永剛　1998〕。

　魏営子文化に含まれる青銅器には，有柄式銅剣，刀子，匕首，管銎斧，啄戈などの北方系青銅器群を含む。しかしこれらは土器と伴って発見される例はほとんどなく，李家崖文化との関係で殷墟との編年が把握されるに過ぎないので，多くの未解決の問題を含んでいる。魏営子文化の後半段階にはカラスク文化と共通する青銅製武器が登場するが，土器などの基本的な生活用具や生産道具は中国との関連が深い。

　魏営子文化に後続するのが夏家店上層文化である。劉国祥は夏家店上層文化を8期に分け，西周前期から春秋末期にまで及ぶものとしたが〔劉国祥　2000〕，これには反対の意見が多い。烏恩岳斯図はこの文化を3期に分期し，前期は龍頭山遺跡，大泡子墓，大板南山墓，大井銅鉱遺跡などを典型例として，西周前・中期（紀元前11世紀～10世紀），中期は南山根M101号墓，小黒石溝M8501号墓，汐子北山嘴M7501号墓などに代表させて西周中・晩期から春秋前期（紀元前9世紀から8世紀），後期は周家地墓地，大哈巴斉垃墓地に代表され，春秋中期，紀元前7世紀とし，カラスク文化後期からタガール文化前期に並行するとする〔烏恩岳斯図　2007〕。小黒石溝M8501号墓出土の銅器は中原地域からの略奪品であり，西周末期以降にしか遡上しえないことはすでに指摘した〔甲元　2006c〕。すると夏家店上層文化自体の始まりの時期は，西周中期にまで下げる必要があるのかもしれない。

　夏家店上層文化中期には青銅の刀子や斧，ヘルメットなどのいわゆる北方系青銅器も見られるが，特徴的なことは有柄式，銎柄式それに有茎式と多様な銅剣が伴うことであり，中にはタガール期に特有のアキナケスの剣もみられる。また明確に車馬具が伴うことが特徴的で，南山根では2頭の馬に牽かれた車を刻んだ骨板も発見されている〔中国社会科学院考古研究所東北工作隊　1981〕。しかし後期のそれは夏家店上層文化に属すると考えるよりも，内蒙古一帯に展開する毛慶溝文化との親近性が高く，夏家店上層文化とは切り離した方が適切である。

　烏恩岳斯図の編年案はいささか機械的すぎる嫌いがあり，岡内三眞は龍頭山遺跡の炭素年代を前提として，銅剣の型式学的検討から烏恩岳斯図よりも年代が遡上する編年を組み立てている〔岡内

2004〕。ここで注意しなければならないことは，この夏家店上層文化に属するとされる青銅器群には多くの異なった時期の遺物が含まれていることである。林澐は南山根遺跡や白浮村遺跡出土の青銅器を分析して，多様な時期の遺物が認められることを指摘した上で，白浮村の墓の副葬土器を根拠として，それらは西周中・晩期に年代が相当するとみている〔林澐 1994〕。白浮村2・3号墓出土の陶鬲は，琉璃河燕国墓地の編年に照らすと〔北京市文物研究所 1995〕西周中期末葉であり，炭素年代に依拠しての西周前期初頭との年代を否定することとなる。さらに「残陶鼎」とされたものは青銅鼎を模倣した製品であり，模倣対象となった青銅鼎は西周後期の時期とみている。

　このようにみると夏家店上層文化には，中国系文物にも北方系文物にも製作時期の異なった文物が含まれている可能性が高く，具体的な遺構での遺物の組み合わせを考慮しないで遺物の型式学的操作は，十全ではないことを意味している。このことは青銅製品よりも土器による時期区分が適切であることを意味している。

　夏家店上層文化の終焉に関しては，北京周辺では西周末期から春秋後期にかけて，軍都山墓地群に代表されるように，オルドス系青銅器を所有する騎馬民の文化が展開する。このことを念頭におくと，夏家店上層文化は魏営子文化に引き続く，西周中期から末期にかけての時間帯に納まるとする考えに妥当性がある。

　遼寧省における遼寧式銅剣を中核とする青銅器文化については，多くの意見が提出されている。基本的には夏家店上層文化とは区別する視点で共通し，その来歴を魏営子文化に求める点でも一致をみせる。烏恩岳斯図は，夏家店上層文化と並行する遼西地域の青銅器文化として，十二台営子文化を設定している〔烏恩岳斯図 2007〕。

　朱永剛は内蒙古東南部から遼西地域の青銅器文化を土器と戈を指準として，5期に区分する〔朱永剛 1997〕。第1期は喀左県和尚溝，烏金塘を代表として西周後期から春秋前期，第2期は十二台営子M1，M2号墓，朝陽袁台子M1号墓，敖漢旗山湾子を標準遺跡として春秋中期頃とし，第3期は喀左県南洞溝，凌源県河湯溝を規準として春秋後期に，第4期は凌源県三官甸子，喀左県園林処が代表的な遺跡で，春秋と戦国の交もしくは戦国前期，第5期は喀左県老爺廟，黄家店土城子を規準として戦国前期から中期に比定している。しかし指準とした土器が型式学的分析に基づくものではなく，器種の組み合わせに依存しているために，結論は説得的ではない。伴出する戈を規準とすると，第1期と第2期を含めて4期に細分する方が理に適っている。すると烏恩岳斯図の言う十二台営子文化は十二台営子M1，M2号墓が春秋前期から中期に比定され，南洞溝は伴った簋から春秋後期，三官甸子遺跡は鼎から戦国前期とすることができる。

　以上のような変遷過程が妥当なものであるとすると，単鈕無紋凹面鏡の出現は白浮村遺跡の年代から西周後期に位置づけられ，大垃罕溝などの凹面が深くなる無紋鏡は春秋前期に相当すると言えよう。したがって大垃罕溝や梁家村などの多鈕鏡の出現は春秋前期に納まることとなる。このことからすると多鈕鏡は遼東を含めた範囲内で祖形を求めることが必要となろう。

　　おわりに

　新疆地区や中央アジアの鏡は小型無紋であり，有紋鏡は中国中心部でしか出土が確認されない。紋様構成も内区のみに紋様を施すものから，鏡縁をつくりだしたり，鈕座を設けたりするなど，一定の約束に従って変遷過程をたどることが可能である。すると東北アジアに見られる多鈕鏡も，中国中心部との系譜関係をたどることができる。しかし現在のところ多鈕鏡で最も古く位置づけられる十二台営子1号墓出土品と直接に系譜関係を辿りうる類例は，今のところ中国中原地域にはその存在は認められない。現在の時点では，殷・西周時代とは大きな空白期間を置いた後に，東北アジアで特異に出現・展開したものとみなされる。

　西周中期後半から後期にかけての頃，鏡は平直な鏡面をもつ小型鏡と大型の凹面鏡に分離しはじめ，東北アジアでは春秋期になり大型化した凹面鏡と鏡面が平直な小型無紋鏡との組み合わせがみ

られるように展開する。小型鏡と大型鏡の組み合わせは殷墟の婦好墓まで遡ることが可能であるが，殷や西周時代には一般的には直径が7cm以下の小型鏡が基本であり，小型鏡にこそ重要な意義が賦与されていたことを窺わせる。それらの組み合わせから看取されることは，東北アジアのシャーマンでの鏡の扱い方から，神そのものを意味する小型鏡と辟邪を表わす大型鏡に機能分離したことを窺わせるものであろう。

　これまで巷間言われてきたように，多鈕鏡が凹面である〔小林 1965〕のは決して多鈕鏡の出現期からの属性ではない。朝鮮において小型無紋鏡が欠落する過程で，多鈕鏡が神鏡であるとする観念とともに，大型化して凹面鏡に変化したものである。

　南山根遺跡出土鏡にみられる鏡縁を籠状凸起により縁取る型式の鏡は，新疆地区や中央アジアのそれに出自を求めることが可能である。西周末葉から春秋初期〔紀元前9世紀末から8世紀〕になると地球規模の寒冷乾燥化に伴っての大規模な民族移動が出現し，中国北方地域では中央アジアとの共通する文物が検出されるようになるが〔甲元 2008〕，この種の鏡もその1例としうる。ただし東北アジアではこうした鏡は普遍化することはない。

　軍都山墓地でみるように騎馬民には鏡を伴わないことからすると〔北京市文物研究所 2007〕，鏡に一定の意味をもたせていたのは，騎馬民以前の車馬民に属する文化であったとすることができよう。少なくとも鄭家窪子遺跡の立地する遼寧平原までは，車馬民の足跡をたどることができる。

　このことはまた殷的な祭祀行為が，騎馬民による中国中原地域との分断により直接の交流が妨げられた結果として，より古層の文化が東北アジアでは持続し，あるいは再生されたことを物語る。西周後期に位置づけられる白浮村遺跡での殷後期様式の銅戈の存在は，遼寧地方での殷的な要素の残存を強く印象づけるあり方を示すものと言えよう。

（註1）　ディ・コスモは旌介遺跡から鏡が出土していることをその論拠に挙げているが，旌介遺跡からは鏡の出土報告は皆無である。旌介墓の年代は殷墟3期から4期であり，青銅礼器の組み合わせは殷墟での事例そのものであり，羌族のものとは考えられない。銅器に記された銘文にみられる「冎」と関係し，旌介墓の被葬者はその支配下に組み込まれた在地勢力と考えるのが妥当である〔甲元 2006b〕。また陝西省淳化県官荘郷趙家村で鼎と伴出した鏡をもって非中国系民族との交流の証左とするが，鼎は在地のつくりで西周初期に降るものであり，殷墟の鏡の祖形とはなり得ない〔淳化県文化館・姚生民 1986〕。

引用文献

（日本語）

梅原末治 1959a「中国殷周の古鏡」『史林』第41巻第4号

―――　 1959b「周代の鏡」『東方学』第35輯

江上波夫・水野清一 1935『内蒙古長城地帯』東亜考古学会

黄基徳・甲元眞之訳 1990「琵琶型短剣文化の美松里類型」『古文化談叢』22集

大坪志子 1999「西団山文化の墓制について」『先史学・考古学論究』Ⅲ，龍田考古会

岡内三眞 2004「東北式銅剣の成立と朝鮮半島への伝播」『弥生時代の実年代』学生社

甲元眞之 1987「鏡」『弥生文化の研究』第8巻，雄山閣

―――　 2006a「東北アジアの青銅器―単鈕素紋鏡を中心として」国学院大学21世紀COE2005年度考古学調査研究報告『東アジアにおける新石器文化と日本』Ⅲ

―――　 2006b「北部地域における青銅器文化の成立」『東北アジアの青銅器文化と社会』同成社

―――　 2006c「東北南部地域における青銅器文化の展開」『東北アジアの青銅器文化と社会』同成社

―――　 2008「気候変動と考古学」『熊本大学文学部論叢』第97号

小林行雄 1965『古鏡』学生社

林巳奈夫 1995『中国文明の誕生』吉川弘文館
─── 2003『中国古代の神がみ』吉川弘文館

(中国語)
安徽省文物考古研究所 1989「安徽含山凌家灘新石器時代墓地発掘簡報」『文物』 4 期
──────── 2000『凌家灘玉器』文物出版社
安志敏 1981「中国早期青銅器幾個問題」『考古学報』 3 期
烏恩岳斯図 2007『北方草原考古学文化研究』科学出版社
王光永・曹明檀 1979「宝鶏市郊区和鳳翔西周早期銅鏡等文物」『文物』12期
郭大順 1987「試論魏営子類型」『考古学文化論集』1，文物出版社
河北省文物考古研究所・滄州地区文物管理所 1992「河北省任邱市唖叭荘遺址発掘報告」『文物春秋』増刊号
何冨生 2007『百鏡解読』百花文芸出版社出版
魏海波 1987「遼寧本渓発現青銅短剣墓」『考古』 2 期
許玉林・王連春 1984「丹東地区出土的青銅短剣」『考古』 8 期
建平文化館・朝陽地区博物館 1983「遼寧建平県的青銅器時代墓葬及其相関遺物」『考古』 8 期
高阿中 1991「甘粛平凉発現一件商代銅鏡」『文物』 5 期
高西省 1993「扶風出土的幾組商周青銅兵器」『考古与文物』 3 期
朱貴 1960「遼寧朝陽十二台営子青銅短剣墓」『考古学報』 1 期
瀋陽故宮博物館・瀋陽市文物管理弁公室 1975「瀋陽鄭家窪子両座青銅時代墓葬」『考古学報』 1 期
山西省考古研究所 2006『霊石旌介商墓』科学出版社
山西省考古研究所・霊石県文化局 1986「山西霊石旌介商墓」『文物』11期
集安県文物保管所 1981「集安発現青銅短剣墓」『考古』 5 期
朱永剛 1997「大，小凌河流域含曲刃剣遺存的考古学文化及相関問題」『内蒙古文物考古文集』第 2 集，中国大百科全書出版社
── 1998「東北青銅文化的発展段階与文化区系」『考古学報』 2 期
肖琦 1993「陝西隴県出土歴代銅器」『考古与文物』 2 期
邵国田 1993「内蒙古敖漢旗発現的青銅器及関連遺物」『北方文物』 1 期
青海省湟源県博物館・青海省文物考古隊・青海省社会科学院歴史研究室 1985「青海湟源県大華中荘卞約文化墓地発掘簡報」『考古与文物』 5 期
陝西省考古研究所・陝西省文物管理委員会・陝西省博物館 1979『陝西出土商周青銅器』1，文物出版社
曹発展・景凡 1984「陝西旬邑県崔家河遺址調査記」『考古与文物』 4 期
淳化県文化館・姚生民 1986「陝西淳化県出土的商周青銅器」『考古与文物』 5 期
陳俊峰 1994「甘粛漳県発現的蟠蛇紋銅鏡」『文物』11期
田広金・郭素新 1986『鄂爾多斯式青銅器』文物出版社
中国科学院考古研究所 1959『上村嶺虢国墓地』科学出版社
──────── 1962『灃西発掘報告』文物出版社
中国社会科学院考古研究所 1980『殷墟婦好墓』文物出版社
──────── 1996『大甸子』科学出版社
──────── 1999『張家坡西周墓地』中国大百科全書出版社
中国社会科学院考古研究所安陽工作隊 1989「安陽大司空村南地的両座殷墓」『考古』 7 期
中国社会科学院考古研究所東北工作隊 1981「内蒙古寧城県南山根102号榔墓」『考古』 4 期
中国科学院考古研究所内蒙古工作隊 1975「寧城南山根遺址発掘報告」『考古学報』 1 期
張錫瑛 1985「東北地区鏡形器之管見」『博物館研究』 3 期
張英 1990『吉林出土銅鏡』文物出版社

鉄嶺市博物館 1990「法庫県弯柳街遺址試掘報告」『遼海文物学刊』1 期
董新林 2000「魏営子文化初歩研究」『考古学報』1 期
寧城県文化館・中国社会科学院研究生院考古系東北専業 1985「寧城県新発現的夏家店上層文化墓葬」『文物資料集刊』7
北京市文物管理処 1976「北京地区又一重要考古収穫」『考古』4 期
北京市文物研究所 1995『琉璃河西周燕国墓地』文物出版社
────── 2007『軍都山墓地』文物出版社
雍城考古隊 1982「鳳南指揮村西周墓的発掘」『考古与文物』4 期
姚生民 1986「陝西淳化県出土的商周青銅器」『考古与文物』5 期
羅西章 1980「扶風出土的商周青銅器」『考古与文物』4 期
── 1995『北呂周人墓地』西北大学出版社
李海栄 2003『北方地区出土夏商周時期青銅器研究』文物出版社
李漢才 1992「青海湟中県発現古代双馬銅鉞和銅鏡」『文物』2 期
李虎侯 1980「斉家文化銅鏡的非破壊性鑑定」『考古』4 期
李殿福 1991「建平孤山子，楡樹林子青銅時代墓葬」『遼海文物学刊』2 期
劉国祥 2000「夏家店上層文化青銅器研究」『考古学報』4 期
凌純声 1934『松花江下游的赫哲族』国立中央研究院歴史語言研究所
遼寧省昭烏達盟文物工作站・中国科学院考古研究所東北工作隊 1973「寧城県南山根的石槨墓」『考古学報』2期
呂大吉・何耀華 1999『中国各族原始宗教資料集成』中国社会科学出版社
林澐 1994「早期北方系青銅器的幾個年代問題」『内蒙古文物考古論集』中国大百科全書出版社

（英　語）
Anderson, J. G. 1932 Hunting Magic in the Animal Style. *BMFEA* No. 4
Členova, N., L. 1992 On the Degree of Similarity between Material Culture Components within the "Scythian World". Genito, Bruno ed. *The Archaeology of the Steppes, Methods and Strategies*. Institut Universitario Orientale, Dipartimento di Studi Asiatici.
Di Cosmo, Nicola 2002 *Ancient China and Its Enemies*. Cambridge University Press.
Fitzgerald-Huber 1995 Quijia and Erlitou : The Question of Contacts with Distant Cultures. *Early China*.No.2
Gimbutas, M. 1965 *Bronze Age Cultures in Central and Eastern Europe*. Mouton & Co.
O'Donoghue, D. M. 1990 The Origins of the Mirror in Bronze Age China. *BMFEA* 62

挿図の出典
図1−1：安志敏 1981，2：Gimbutas 1965，3・4：安徽省文物考古研究所 1989
図2−1〜4：中国社会科学院考古研究所 1980，5：中国科学院考古研究所 1964，6：中国社会科学院考古研究所安陽工作隊 1986，7：梅原 1959，8：郭大順 1987，9：Anderson 1932，10：高阿中 1991，11：羅西章 1980，12：陳俊峰 1994，13：李海栄 2003，14：姚生民 1986，15：中国科学院考古研究所 1959，16・17：王光永・曹明壇 1979，18・19：青海省湟源県博物館ほか 1985，20：雍城考古隊 1982，21：中国社会科学院考古研究所東北考古専業 1985
図3−1：宇野隆夫 1977，2：朱貴 1960，3：魏海波 1984，4・5：李殿福 1991，6〜8：集安県文物保管所 1981，9：吉林省文物工作隊 1982

双房型壺を副葬した石棺墓の年代

大貫　静夫

1　双房 – 美松里型壺

中国では双房型と呼ばれ，北朝鮮では美松里型と呼ばれる壺がある。美松里型壺という呼び名は1959年に調査された平安北道義州郡美松里洞窟遺跡〔金 1963〕の上層で，人骨に副葬されていた壺に由来する。双房型壺は遼寧省新金県安波公社双房墓地で1980年に調査されたM6大石蓋石棺墓〔許・許 1983a,b〕に副葬されていた壺に由来する。以下では中国を中心に議論するので双房型壺と呼ぶ。

1960年代に実施された遼寧地域での中朝共同調査が進む中で，双房型壺はより古い遼寧式銅剣の段階，紀元前8～7世紀の土器であり，墨房里型壺がより遅れる遼寧式銅剣の段階，紀元前7～5世紀の土器とされた〔金・黄 1967〕。この中朝共同調査の成果がその後なぜわが国の研究者の間では低い評価を受けてきたかは筆者の別文〔大貫 2004, 2005〕に譲る。

その文様に着目した中国の研究者の間では弦紋壺〔李・高 1995 ほか〕とも呼ばれている。ただし，双房型壺という場合には口唇状の貼耳が特に重要な指標となる。大きな貼耳で把手状のものもあるが，貼耳が把手として機能したのか装飾なのか判断しにくいものが多いため把手と一律に呼べないので「耳」と表記する。横位橋状把手が上に向かって付くものは上端が胴部に接着すれば大型の口唇状把手になることから，口唇状貼耳の発達には横位橋状把手の存在が重要であろう。双房型壺に付く横位橋状把手は遼東半島西部で先行する双砣子3期文化にはない。それがどこから出てくるかが双房型壺の出現にとって重要である。さらに，口頸部が内側に碗状に湾曲するという特徴を持つものが多いとは言える。しかし，これらのすべての特徴をそなえず一部欠落するものがあり，それらのどこまでを双房型壺に含めるかで年代や分布に差異を生じさせることになる。この時期の複数副葬される壺の例を見てもすべての特徴的な属性を一つの壺に表現するとは限らず，副葬された個々の土器からの判断では難しいものがある。ただし，西団山文化の壺では弦文，口唇状貼耳というものをまったくもたないので含まない。

遼東では双房型壺の集落遺跡が不明で住居や土器を含めた道具組成が明らかにならないため文化設定に至っていない。ここでは仮にA類と呼び，その土器およびそれを副葬する石棺墓を指すことにする。

2　双房型壺を副葬する石棺墓の分布と編年

双房型壺を副葬する石棺墓とそれ以外の石棺墓に着目して作成した分布図が図1である。白抜きの地点にも一部にあるのだが，A類の記号●は双房型壺を副葬した墓の地点を示す。千山以北のものはすべて石棺墓である。石棺墓のほとんどは破壊された後の調査のため，蓋石については不明の点が多いが1枚から数枚，とくに2，3枚の大石で蓋されていたものが多いらしい。千山山地以南には双房M6大石蓋石棺墓がある。東山，西山の大石蓋墓では墓室の一部の壁を石で囲う墓が多い。大石蓋墓と呼ぶ場合の蓋石はとくに大きく厚いことで区別される。ある意味では大石蓋（石棺）墓と石棺墓との差はそれほど大きくはない。ただし，千山以南の大石蓋墓は双房型壺出現前後のきわめて短期間だけの存在であり，それに後続するA類石棺墓の分布は千山山地以南には知られていな

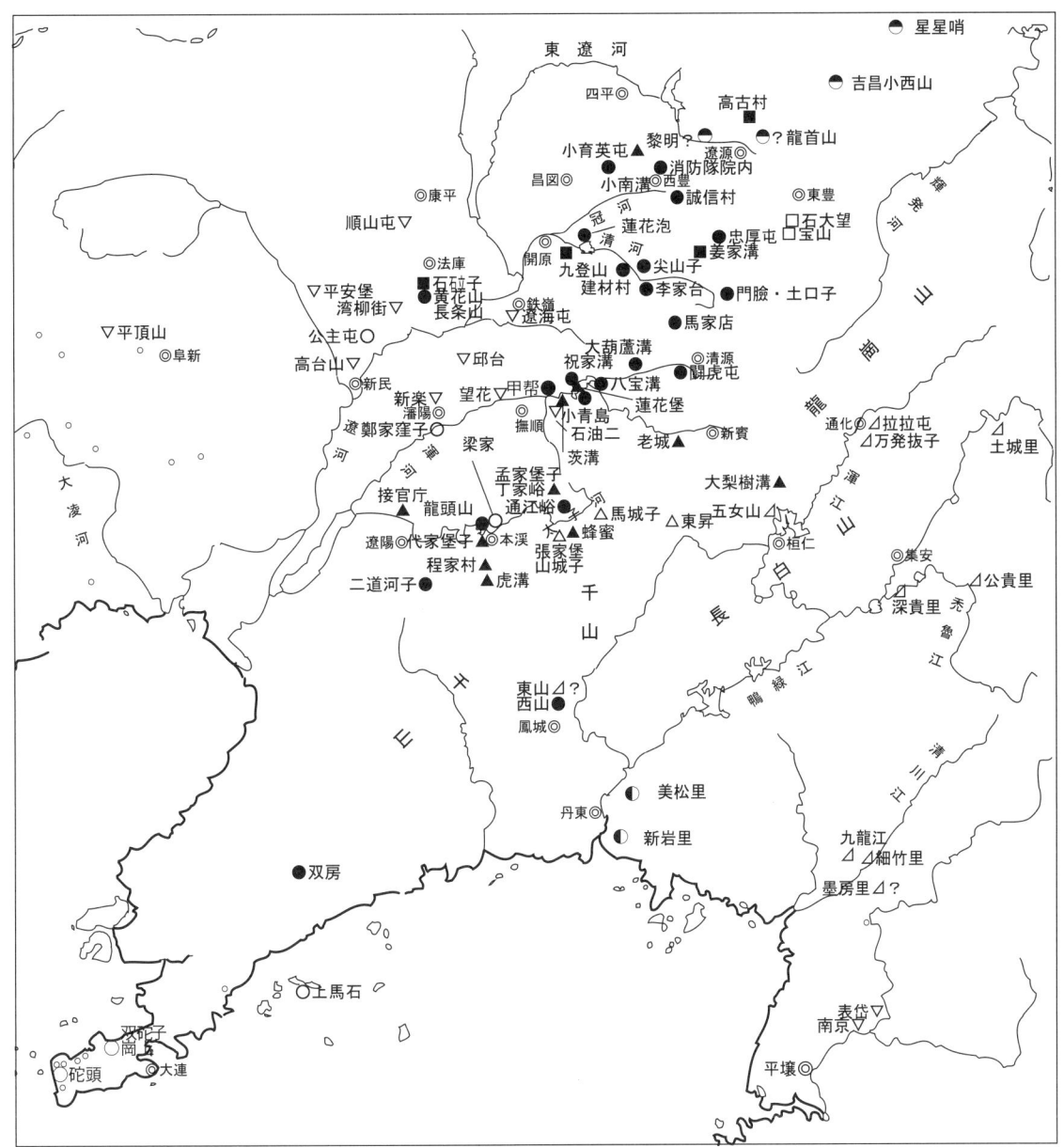

図1　関連する遺跡の分布

い。
　やや煩雑で見にくくなっているが，遼河と千山山地，長白山山地，龍崗山山地に挟まれた地域に主に広がっている。大きく見れば，遼河下流域の水系で遼河に注ぐ各支流の中上流部に位置するものが多いのが見てとれる。それぞれの支流を単位に展開したと想定される地域集団の墓地として認識される。これから外れるものとして，管見するかぎり遼河の西側に位置するのは法庫県の黄花山，長条山の石棺墓がある。冠河や清河の北は吉林省との省境にもなっているように分水嶺がある。分水嶺の東側は同時代の石棺墓文化である西団山文化の領域である。この分水嶺附近の東遼河上流の石棺墓には後述するように西団山文化に属すべきか判断がむずかしいものもある。
　つまり，双房型壺を副葬する石棺墓の分布の中心は遼河流域でも東側の支流域であり，その名を冠する著名な双房大石蓋墓，美松里洞窟墓は分布からも，墓の構造からも周縁に位置するという事実を認識する必要がある。
　さらに朝鮮半島のその南側のコマ形土器文化でも遼寧式銅剣や銅鏃を副葬する墓には（箱式）石棺墓が目立つ〔後藤 1982〕。他方，遼河を挟んだ遼西に展開する，遼寧式銅剣を主たる剣とする凌

河文化（図1では小さな「○」で示す。遼東半島は除く。）や秋山〔1968，69〕が以前から非遼寧式銅剣系の文化とする夏家店上層文化では墓の構造が多様であり，上位階層の墓を代表する木槨，石槨墓から土坑墓まであるが，石棺墓は例外的である。それらは階層分化を反映するものであるが，併行する時代の遼東の双房型壺を副葬する時代の墓は墓室の構造からは石棺墓のみといってよく，また規模，副葬品でも格差は遼西ほど開いていない〔宮本 1998〕。遼寧式銅剣ほかの青銅製品の副葬例が遼西に比べて圧倒的に少ない。

遼河流域でそれ以前の墓葬形態として太子河流域の馬城子文化と呼ばれる洞窟墓（△）〔遼寧省文物考古研究所ほか 1994〕がよく知られている。その洞窟墓の土器に近い壺や罐を副葬する石棺墓をいまだ文化名が確定していないためにA類と区別して仮にB類とし，記号▲で示している。その分布はやはり太子河流域を中心としているが，小育英屯墓もそれに含めれば，大よそA類「●」の分布域と重なり，A類に先行する。

古澤〔2007a，b〕の整理にもあるようにA類石棺墓成立以前は遼河流域以西には高台山文化の仲間が広がり，遼東山地には馬城子文化などB類石棺墓が広がっていた。その周辺では，遼東半島西部には双砣子3期文化が広がっており，長白山・龍崗山以東には公貴里文化の仲間（「△」）が広がっていた。そして移行期の壺は千山山地を挟んだ南北にあり，その交渉の中で双房型壺は生まれたという点ではほとんどの研究者の共通認識となっている。今日の課題はさらにその具体的な様相を追究することにある。

3　双房型壺をめぐる研究史

石棺墓に伴うわけではないが鴨緑江下流域では，西谷〔1978〕，藤口〔1986〕により新岩里3（図2-1，2）→美松里洞窟古（3）→美松里洞窟新（4）という変遷案が考えられている。大きな流れは口頸部が低く胴が膨れたものから，口頸部が長くなり胴部も細長くなる。新段階における清川江流域以南の地域的変容として広義の双房型壺に属する墨房里型壺（5）がある。

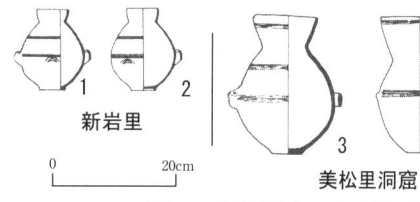

図2　朝鮮半島西北地域の関連する土器

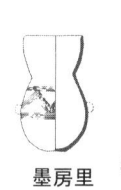

遼東半島から遼東山地にかけて広く分布する双房型壺については，それを副葬する墓の編年を含めると諸氏の編年案〔鄭 1990，王1993，2004，華・陳 1994，李・高 1995，徐 1996，1997，王 1998，呉 2004，金 2006，楊 2007〕がある。この土器編年は遼寧式銅剣の年代と密接な関係にあり，一部を除きわが国では遼東短期編年に従う研究者が多かったので議論がかみ合うことはなかった。

双房型壺の形成過程で意見が分かれるのは，遼東半島西端の砣頭墓地の弦紋壺から生まれたのか，遼東東部の中から生まれたのか，あるいはそれら両者が融合して生まれたかという点にある。

それについて，双房型壺の分布を見ると東部遼東山地の先行する土器とのつながりも重要であるというのが鄭〔1990〕らの考えであり，その後，鄭〔1996〕は1994年に刊行された『馬城子』報告書，あるいは次の李・高論文を引いて，双房型壺は馬城子文化の展開する千山山地を中心に形成されたと限定している。宮本〔1985〕は早くから砣頭例を双房の壺の祖形として理解してきたが，双房の壺は馬城子文化の土器からも追うことができるとの理解〔宮本 1998〕をするようになる。筆者〔大貫 1998〕も双房型壺の分布から考えて遼東の西端部に起源するというのは理解しにくいので，西部と東部の融合の中から生まれたのでないかという考えをもってきた。しかし，筆者はこれまで遼東山地についての分析が十分ではなかった。今回はその反省を踏まえ，遼河流域で遼寧式銅剣や双房型壺を伴う石棺墓について検討する。

また双房型壺の編年も様々であるが，その原因の一つは墓の副葬品としての単独出土が多いにも

関わらず多様性を見せるため，どれが地域差，系統差あるいは同時期の器種分化なのかについて一致を見ないことがあろう。徐〔1996〕は双房型壺をさらに双房型，甲帮型，美松里型と分け，それぞれの最古段階は同時期で，馬城子型もほぼ同時という見方を出している。これらは型式差であると同時に地域差という側面がある。そのため，以下では双房型壺を伴う遼東の石棺墓を流域別に見てゆくことにする。流域毎の分布は当時の社会集団のあり方を反映するものであり，副葬品にもその地域性が反映されている場合があると考えるからである。

副葬品の一部に伝世という特別の扱いをしないかぎり，石棺墓の編年は双房型壺の編年であり，かつ青銅器の編年でもある。そして，編年の材料となるのはおもに土器と青銅器である。それぞれから想定される組列が相互に矛盾をきたさないかを確認する必要がある。

4　双房型壺を副葬する石棺墓

遼東半島の双房M6

遼東半島の双房M6大石蓋墓（図3）からは靳（1982）により遼東でもっとも古いとされた遼寧式銅剣が出ている。ほかに関連して滑石製斧鋳型1点がある。弦文の付く双房型壺は大小2点ある。長胴型で大型の壺（2）は一対の横位橋状把手と一対の口唇状貼耳が付く。口頸部全体は碗状に内湾するが，口唇部はS字状に曲がっている。報文の写真，旅順博物館での展示物の管見では寸胴型で小型の壺の口頸部にも一段弦文がめぐっているので図ではメモ的に補正を加えている。また，胴部の弦文は実測図ほど整然としておらず，波打っている部分がある。ほかに二重口縁筒形罐がある。この二重口縁筒形罐はほかの双房型壺を伴う千山山地以北の石棺墓からはほとんど出ることはない。双房の墓の構造が支石墓を地中に埋めたかのような点で共通性があることとあわせ，遼東半島を中心とする支石墓〔許1994〕の副葬土器に特徴的な二重口縁筒形罐と共通するところがある。また遼東半島西部に広がる上馬石上層文化〔大貫2007b〕にも多く見られる。また，遼西の遼寧式銅剣文化である凌河文化の二重口縁土器との関係も考慮されるべきである。

弦文壺は双砣子3期新段階の砣頭墓地の弦文壺（6・7）との類似が靳を始め以前から指摘され，それゆえ双房の銅剣の古さの傍証ともなっている。とくに7は弦文の上に馬蹄形の貼付装飾があり，さらに双房に近い。この馬蹄形の貼付は双砣子3期文化の羊頭窪類型では壺頸部の装飾として羊頭窪や于家村により古いものがあり，それが砣頭の段階で胴部の装飾となって双房型壺の源流となるものである〔大貫2007a〕。双房の長胴型，寸胴型という器種分化はすでに砣頭の壺に見ることができる。一系列の変化ではないことに注意する必要がある。

双砣子3期の壺は基本的に頸部に施文されるが，新しくなると胴部にも施文されるようになる。しかし，碗状の無文口縁や胴部多段の弦文は双砣子3期羊頭窪類型の中でその由来を求めるのは難しいのである（同上）。そのため，陳（1989）は砣頭の段階で周辺地域にすでに双房型壺が成立していた可能性を考えたのであり，その問題は依然として残っている。

千山山地以南でもう1カ所関連する遺跡として鳳城東山，西山大石蓋墓がある。これらについては馬城子文化の分析のさいに触れる。

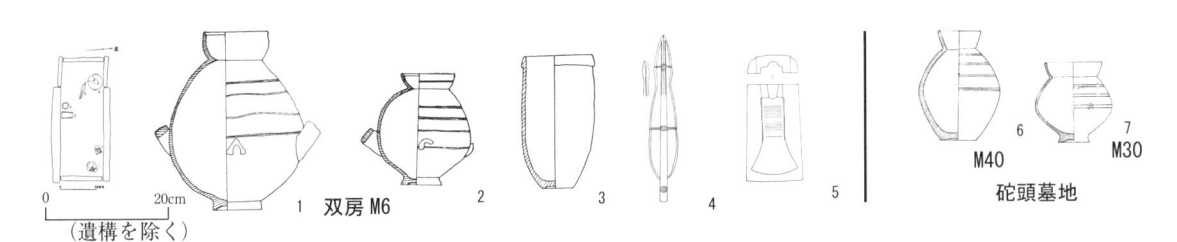

図3　双房M6と砣頭墓地の副葬品

太子河流域の石棺墓（図4）

　遼陽付近で見つかっている二道河子M1の石棺墓から一対の横位橋状把手が付く無文らしき壺（図4-1）が出ている。想定復元であり，口唇状貼耳が付くのかもわからない。横位橋状把手が斜に付いている。碗を逆さまにしたような脚の大小2点の高坏（2・3）が伴う。大きい高坏には三つの「指圧耳」と一つの横位橋状把手が付いている。採集品にはこれも石棺墓の時期のものであろうと考えられている弦文の付く寸胴型の双房型壺（8）が出ている。下記の双房の壺との違いとして圏足がないことがあげられる。3つの「指圧半月状小鈕」と呼ばれる口唇状の耳と一つの楕円状の把手が付く。高坏の「指圧耳」も口唇状の貼耳と関連するものと考えられる。把手が左右対称でないところも共通する特徴である。

　M1からは青銅製の短剣，斧，鑿および滑石製の斧・鏃用の鋳型が出ている。鋳型の斧の形状は実物の斧とは形状が異なることが注意される。

　地理的にはやや離れている双房と副葬品の組合せは一部に違いはあるが類似点が多い。そして，靳〔1982〕が早くから双房M6剣→二道河子M1剣という変遷観を提示している。遼東の青銅短剣の変遷観については傾斜編年に基づく実年代には問題〔大貫2004〕があるが，基本的に靳の相対的序列に従う。

　双房の大小の壺はその上向きの把手および貼耳の組合せから二道河子M1の大型長胴壺と採集の小型寸胴壺にそれぞれ対応関係がありそうだ。大型から小型へという単線的な変化ではないことに注意する必要がある。大小に関わらない形状だけによる区分として，寸胴型はとくに最大幅が下方に位置する特徴がある。長胴型は大型と寸胴型は小型との相関が強いが必ず対応するわけではない。

　いずれも胴部の弦文は4段である点で，2段を基本とする鴨緑江下流域のものとは異なる。口唇部の緩やかなS字状の屈曲など両者が土器から見るかぎりかなり時期的に近い関係にあることは明らかである。その上で，口唇状貼耳の形状は確かに図で見るかぎり双房よりも二道河子のものがより口唇状に近づいているように見え，反対に，双房の貼耳の方がより先行することが明らかな砣頭墓地の壺の胴部の貼付装飾に近い。ただし，両者の相違は実測図で表現された以上に近い。二道河子M1の大型壺は胴部が復元のため，そして唯一圏足の付かない小型の壺は採集品で厳密な意味でM1と同時期とは言えないから，土器の上では双房と二道河子の間に型式上の大きな変化は読み取りにくい。もし両者が時期差ならば双房から二道河子であり，その逆はありそうもない。その点で青銅短剣の変遷観と齟齬はきたさない。

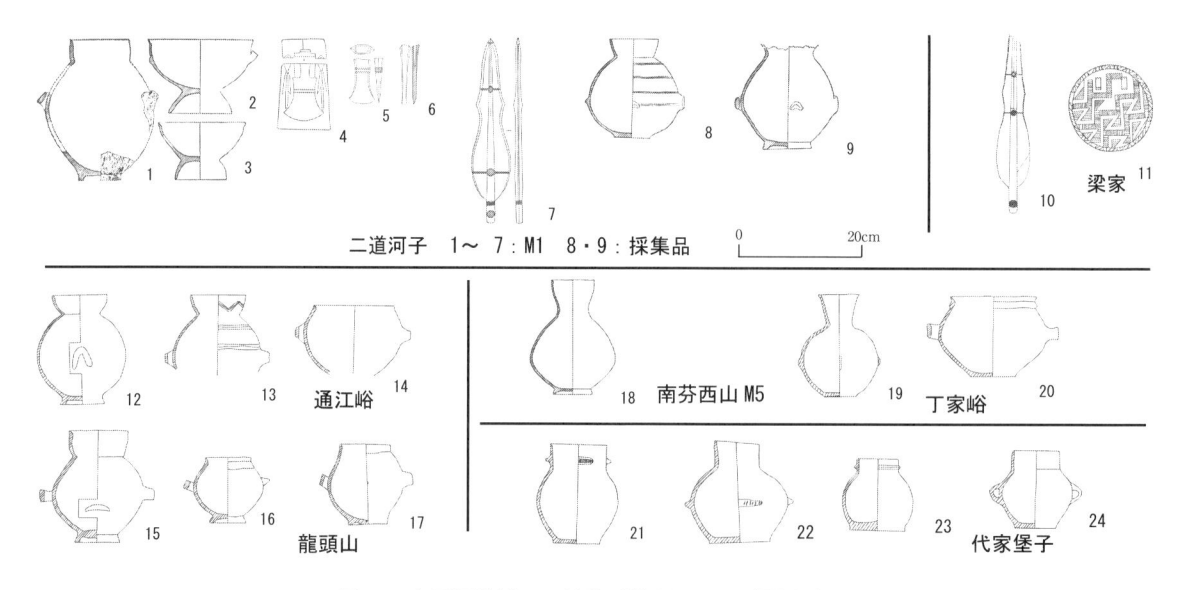

図4　太子河流域の石棺墓副葬土器および関連遺物

以上の対応関係からは，青銅製の斧も全長が長く多条の隆線がめぐる双房から，やや短くなり条数の減る二道河子へ変化する。ただし，二道河子の鋳型と製品の形状の違いに見られるように一系列で時間軸上に並べるのは危険であろう。

　太子河流域の最上流には馬城子文化の洞窟墓がある。B類の▲で示した代家堡子（図4-21～24），南芬西山（18），丁家峪（19・20）石棺墓はA類●の龍頭山（15～17）や通江峪（12～14）石棺墓と分布が重なり，かつ副葬された土器は馬城子文化の洞窟墓（△）の特徴的な土器（図8）と類似するものであることから，B類がA類より相対的に古い。そして報文〔梁 2003〕でも指摘されているように馬城子文化の洞窟墓群（図8）の中でもっとも古いと考えられる前期馬城子B洞の土器（上段）に類似し，隆起文の広口壺が盛行する代家堡子をB1類とする。中期以降に現われる徳利形ないしフラスコ形の壺が発達する南芬西山，丁家峪がB2類でより新しい段階である。これらの石棺墓は土器が洞窟墓に副葬される土器と同じであるから，同一の文化，すなわち馬城子文化に属すると報告されている。すると図1で▲で示したものは馬城子文化の広がりを示すことになるが，他方で馬城子文化とは洞窟墓であることが設定の大きな要点となっており，定義に関わる問題である。つまり，報告書で馬城子文化を設定した際にはまだ▲で示した石棺墓がほとんど見つかっておらず，洞窟墓から石棺墓への移行期の一時的な現象と考え，馬城子文化としては例外的な墓葬形態であると見ていたのである。今となっては洞窟墓が古く石棺墓が新しいとはならない。土器から見るかぎりその多くが石棺墓であったのに対し，遼東の山地の一部だけで同時期に洞窟墓が営まれていたと考えるしかない。本来なら土器組成を主として考古学文化は設定されるから▲で示したB1類，2類のすべてを馬城子文化と呼ぶべきであるが，研究史上の位置づけでは洞窟墓に重点があったから混乱をきたすことになろう。従来の意味での狭義の馬城子文化は「△」で表わし，広義の馬城子文化は「▲」で表わしていると理解されたい。他方で，馬城子文化の定義から洞窟墓を外してしまうと中期・後期と前期では器種組成に大きな変化があるから同一文化として括ってよいのかという問題も浮上することになる。それがB1類とB2類である。

　B1類の隆起文の付いた壺は遼河下流域に広がった高台山文化およびその地方類型である順山屯類型（図10）に連なるものである。

　A類の石棺墓ではほかに龍頭山（15～17）や通江峪（12～14）石棺墓がある。二道河子の採集品にだけ寸胴型があるだけで太子河流域の石棺墓ではA類の壺は長胴型がめだつ。双耳罐を伴い，圏足が発達している。圏足や双耳罐は先行するB2類との連続性がある。双耳罐の口縁部の粘土帯や口縁内側の屈曲からすると，龍頭山がよりB2類に近く，通江峪より古いようにも考えられるが大きな時期差はないだろう。このようなB2類の双耳罐との連続性は双房M6の二重口縁筒形罐との地域差として理解される。B2類以来の壺と罐（ないし鉢）という組合せの内，壺だけが大きく変わったものの罐は在地系のままである。

　龍頭山・通江峪と同じ流域にある二道河子M1との関係が問題となる。高坏は二道河子M1にしか見られず，逆に双耳罐が二道河子にはないので比較ができない。高坏の口縁が内削ぎ状になる点はB2類以来の双耳罐との共通点であり，壺の口唇部が緩やかにS字状に括れる特徴は龍頭山，二道河子，双房に共通する。二道河子M1・龍頭山が古く通江峪が新しいであろう。二道河子採集の寸胴壺の位置づけも定かではないが，二道河子の把手が上向きの点は龍頭山よりも双房に近い。それほど大きな時期差はないだろうということで先に進む。

　梁家村ではかつて遼寧式銅剣（10），枕形加重器，多鈕鏡（11）が出ている〔魏 1984〕。残念ながら土器はわからない。遼西凌河文化で多鈕素文鏡を伴う青銅短剣墓は前8世紀頃の三鈕式の十二台営子M3がもっとも古く，二鈕式の炮手営子M881〔李 1991〕，大拉罕溝M851（同上）が続き，次いで前500年前後の二鈕式を伴う遼西系〔宮本 1998〕鄭家窪子M6512になる。梁家村墓は剣や多鈕鏡から，炮手営子，大拉罕溝や鄭家窪子より古い。梁家村は甲元（1990）の指摘どおり二道河子より新しいのであろう。遼西的要素を持つ梁家村墓の年代は上述の各墓との関係から春秋前期から中

期のどこかであろう。太子河流域で今まで見つかっている双房型壺は変異が少ない。そのことが存続期間の短さを示しているのか，梁家村墓は構造もわからず，太子河流域の双房型壺を伴う石棺墓が梁家段階以前に終わっているのか下限についての確証はない。ただし，遼西の炮手営子M881では銅剣に伴って曲刃式の銅矛が伴っていることから，遼東でより古く始まる曲刃式銅矛は少なくとも梁家村段階以後まで残っていることになる。

渾河流域の石棺墓（図5）

渾河流域では大夥房ダム周辺の祝家溝や小青島，八宝溝でA類の石棺墓〔佟・張 1989〕が見つかっている。遼寧式銅剣が出ている石棺墓は甲帮〔撫順市博物館考古隊 1983〕や大葫蘆溝〔清原県文化局ほか 1982〕にある。甲帮からは2点の双房型壺が出ている。甲帮の壺は器高が低く胴部が丸い点で寸胴型であり，大夥房ダム周辺の双房型壺の長胴型の一群とは異なる。寸胴型と長胴型は双房M6に代表されるようにかならずしもそれだけで時期差となるわけではないが，その場合双房では文様構成は共通する。渾河流域の場合，両者は同一の石棺墓から出ていないし，寸胴型の門臉（14）の弦文は2段でかつ波打っているが，長胴型の胴部の弦文はいずれも三段で波打つことはなく水平である。時期差の可能性があろう。さらに長胴型壺は口頸部が短く橋状把手が上に向いている祝家溝墓地の一群と口頸部がやや長く橋状把手が水平に付く小青島・八宝溝に分かれる。祝家溝墓地には双耳の罐など他の器種が伴う。

A類の石棺墓と分布が重なるように見つかっている別種の土器を出す石棺墓がある。当初の報告でA類より遅れる戦国時代の墓とされた石棺墓の一部，茨溝（25・26），蓮花堡石棺墓はやはり太子河流域B2類の仲間であり，A類より古いとされている〔撫順市博物館ほか 2002〕。双耳の罐はその先行するB群の茨溝墓の双耳罐とつながっている。B類の壺と双耳罐という組合せからの連続性という点で太子河流域と区別はない。

大葫蘆溝からは土器が見つかっていないが，青銅短剣では突起の位置がより前方にあり，幅の狭

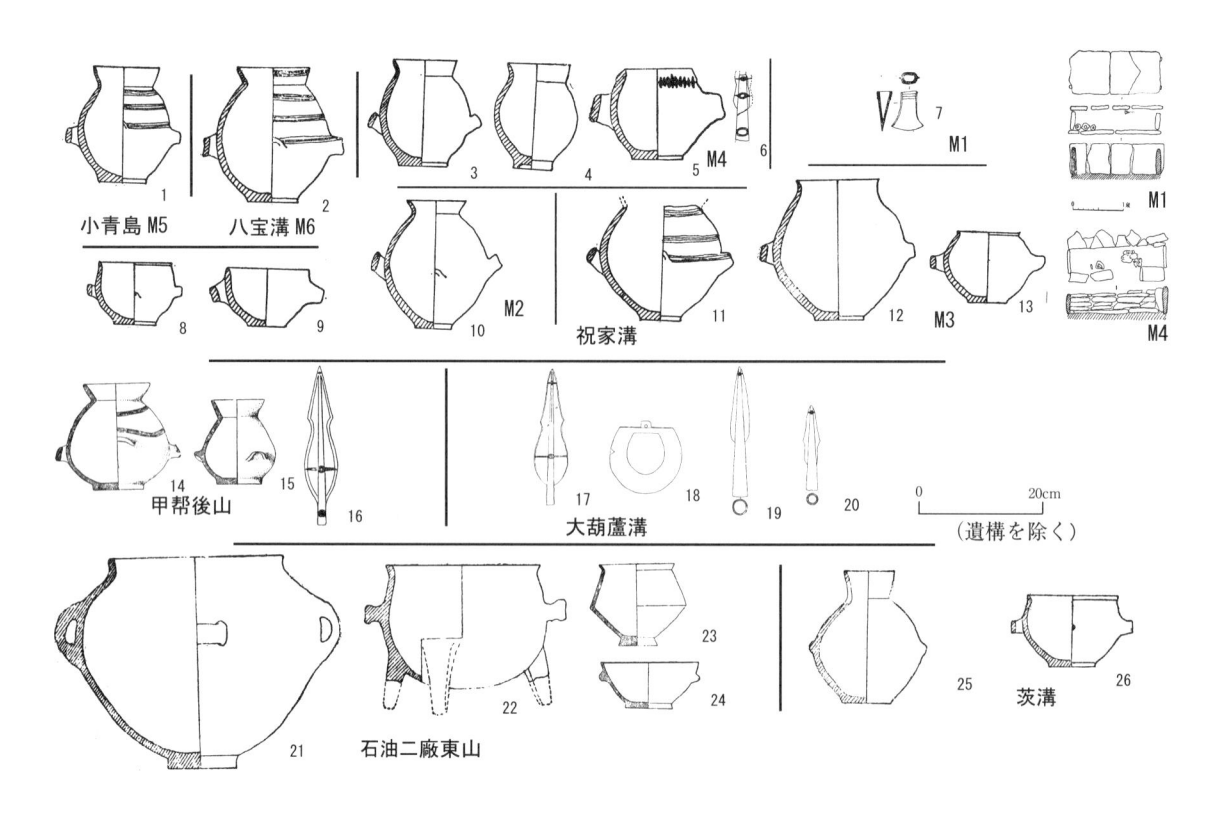

図5 渾河流域の石棺墓および関連する遺物

い甲帮が古く大葫蘆溝が新しい。B類茨溝からA類祝家溝→八宝溝・小青島と見た場合，寸胴型の甲帮壺を単純にA類長胴型の組列の中に組み込むことはできない。ただし，小青島の次ということは考えにくい。下で再び触れる。

　墓ではないが以上になかったC類とする土器を出す遺跡がある〔撫順市博物館考古隊 1983〕。鼎，鬲，甗などの三足器を特徴とする望花類型の仲間である。縦位の橋状把手が多い。瀋陽周辺の新楽上層文化とほぼ同時期で下限は周初とされている。遼西から広がる中原系三足器の東限になる，遼河下流域に広がる高台山文化およびそれに連なる地方類型についてはその括り方が人により異なるため，ここでは仮にC類として括る。石油二廠東山の資料（21〜24）はその中でも特異な資料とされている。これらC類の土器（図10）を出す遺跡の分布を図1では「▽」で示している。撫順周辺では甲帮に見られるようにA類の石棺墓と分布が交錯している。北はどこまで分布するのか確かではなく，まとまった資料としては鉄嶺市の遼海屯遺跡〔裴・潘 2005〕がある。さらに，下で触れる西豊小育英屯石棺墓〔遼寧省西豊県文物管理所 1995〕の土器（図6－23〜29）は基本的にはA類に先行するB2類であるが，一部の壺（23）にC類の影響を見ることができる。また，A類の石棺墓は法庫県周辺まで及んでいるので両者の分布は重なっている。A類土器を副葬する石棺墓時期の集落遺跡が遼河流域では明らかではないのでC類土器を出す集落遺跡との比較は十分にできないが，A類土器がC類土器の時代の副葬用に特化した特殊な土器という証明がないかぎり，C類土器が古くA類土器が新しい。ただし，両者の分布の中心はずれており，A類とC類がたとえ短期間でも一時的に併存した可能性を排除できないことは確かである。望花遺跡や湾柳街遺跡から出ている青銅器〔秋山 1995〕には高度の技術を持った製品がある。遼東山地を中心に展開した人々が残したB2類と遼河下流域の平原地帯に進出してきた人々の残したC類という別種の文化が撫順で接して同時存在していたことになる。石油二廠と茨溝は近接しており，微妙に出入りがあったのであろう。遼西の土器や青銅器とつながりを持つ集団が遼河下流域に登場したことはこの遼東山地のB類社会に大きな影響を与えたに違いない。

冠河・清河流域の石棺墓（図6）

　A類石棺墓では弦文のある壺が副葬される誠信村（12〜22）〔遼寧省西豊県文物管理所 1995〕，消防隊院内石棺墓（10・11）〔同〕の一群と無文の壺だけの土口子中学（1）〔清原県文化局ほか 1982〕，馬家店（2）〔同〕の一群に大きく別れる。尖山子（7〜9）〔許・李 2001〕はその中間的である。誠信村，消防隊の壺は口頸部が内湾して碗状になり，後者は直線的である。前者の壺の底部には刺突列がめぐるという特徴がある。また前者には板状の一対の把手が付く鉢ないし罐がある。誠信村，消防隊，尖山子の胴部文様で弦文に鋸歯文が付加される特徴はこの地域に独特のようである。

　小育英屯石棺墓（23〜29）はB類の系統であり副葬される24，27のような壺や横位橋状把手の付く罐（25）は太子河流域でB2類とした馬城子文化に特徴的な系統の土器である。A類に先行するB類の分布の北限を示すものであろう。26の板状把手は11，14へつながる。二対の縦位の橋状把手が付く大型の壺12は甕棺として再利用されているが，M2と密接な関係にあるとされている。その壺はB2類としては異質である。誠信村の大型の壺（12）は縦と横の把手が付く点で，太子河の石油二廠の大型の壺（図5－21）の把手がそれに近く，C類の大型壺（図10－1）の系譜に連なるものと考えられる。誠信村の壺は高台山文化の壺の影響を受けたB類直後の段階の土器と見るべきであろう。誠信村の銅剣は未発達な突起が上の方にあり刃の幅が狭いことを重視すれば双房M6の剣にもっとも近いことから双房M6とともに遼東では最古の一群となろう。全長が20cmと短く細いのが特徴である。

　誠信村石棺墓は副棺も含めると二道河子や甲帮と並ぶ約230cmの長さがあり，遼東A類で一般的な180cm前後の石棺墓より大きく，青銅製品やその鋳型の副葬からするとこの流域の石棺墓の中で階層的には最上位の被葬者のものとなる。

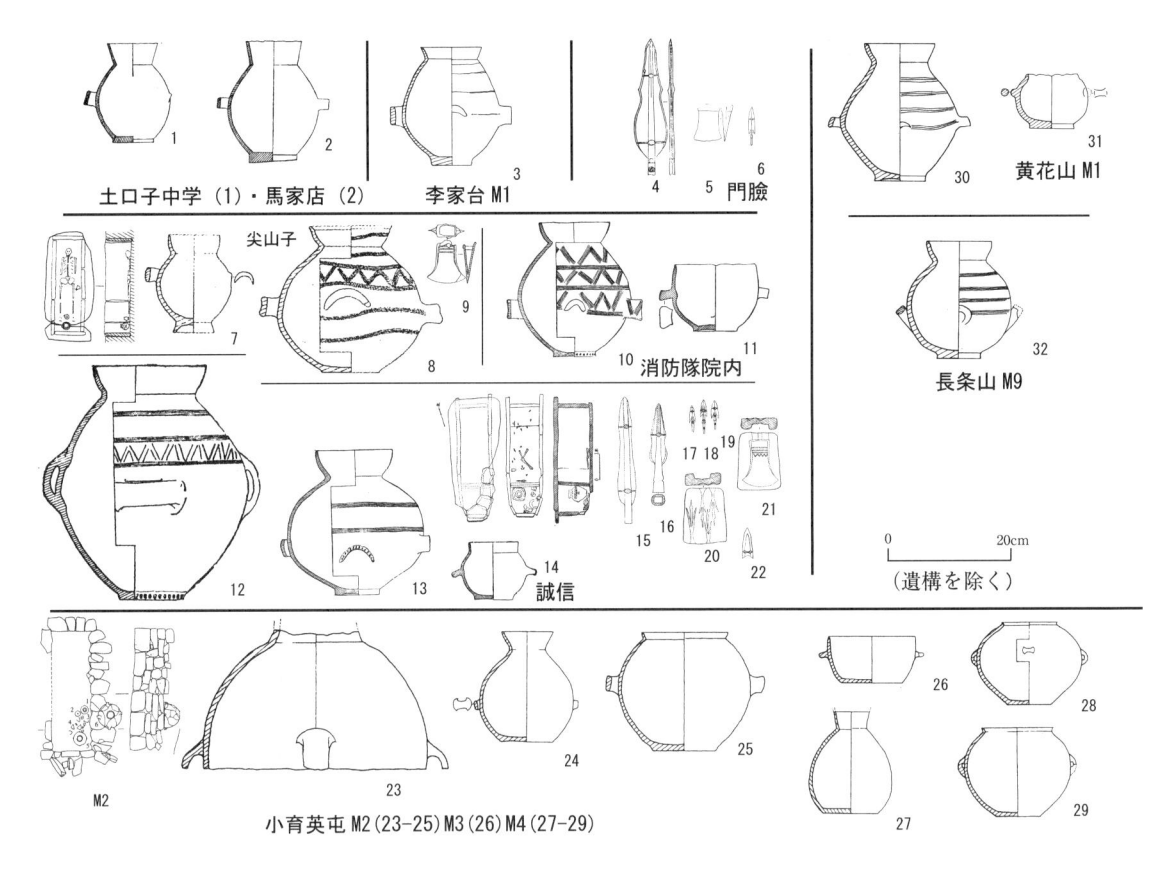

図6　遼北の関連する石棺墓

　誠信村と消防隊院内の壺は鋸歯文で，底部縁に刺突列がめぐるが，尖山子の壺の胴部の弦文が5段になり鋸歯文ではなく連続した波状文になっていて，底部の刺突列はない。誠信→尖山子という流れが見てとれる。その場合，消防隊院内の壺は弦文が平行で底部の列点が共通するので誠信村の仲間であり，それほどの時期差を考えにくいが，あえて言えば鋸歯文の条線の数が増えており誠信村より尖山子に近く中間に位置するように見える。尖山子の無文の壺（7）は左右非対称の耳が付く点で，土口子中学例（1）に近いが，口頸部が碗状である点が異なる。口頸部が直線的になる土口子，馬家店（2）がより新しいのではなかろうか。誠信村では双房M6と同様に双房型壺には長胴型と寸胴型がある。形からは誠信村の12と13は尖山子のそれぞれ7と8に対応していると見れば，大きさと形の関係が誠信村と逆転している。

　李家台の壺（3）は4段の弦文のある長胴型である。すぐ近くの尖山子例とは大きく異なる。渾河流域の八宝溝M6（図5-2）や法庫の黄花山M1（30）に近い。尖山子までの鋸歯文，波状文が無い点が地域差でなければ李家台が新しい。

　門瞼〔撫順市博物館考古隊1983〕でも双房型壺が出ており，渾河流域の甲帮の壺（図5-14）に類似するというが，口頸部を欠いていてかつ不鮮明な写真だけしかなくよくわからない。門瞼の弦文は6段あると記されているし，尖山子の蛇行する弦文を特徴とする寸胴型壺に渾河流域でもっとも近いのが甲帮の壺であるから，これらは時間的に近いのであろう。したがって，誠信村→尖山子・門瞼と見ておく。

　門瞼の銅剣（4）は渾河流域の剣では大きさや形状から大葫蘆溝剣（図5-17）にきわめて近い。靳は門瞼剣を双房と二道河子の間に置いた。すると，双房→甲帮→門瞼・大葫蘆溝→二道河子となりそうだが，二道河子と双房の土器の間がそれほど開くのか疑問が残る。甲帮剣に近いものは遼東半島趙王村剣があるから時期差の可能性が高い。しかし，とくに剣身が短い門瞼・大葫蘆溝剣

は誠信村剣と同じく全長20cm前後の遼東でも特に短い仲間であり地域的な変異と捉えられれば二道河子剣とは同一組列上にはなく別の変化の方向を辿ったものと考えた方が理解しやすい。双房型壺に伴う遼東の古い銅剣には作りがきわめて悪く実用に耐えないものが多いことは秋山〔1995〕の指摘するところであるが、まさにその古さの証明でもあろうし、希少価値があるから「宝器」になるのであろう。

誠信村の斧（21）は鋸歯文が付加されているが数条の突線がめぐり袋口からやや離れている点では双房や二道河子例に連なるものである。門臉の銅斧（5）は欠損しているが、口部が帯状に厚くなる。類例は少ないが美松里洞窟などにあり、誠信村が古く門臉が新しいことと整合的である。尖山子の斧（9）は誠信村と同じ系譜上にあり、単純に時期差とすれば門臉例がより新しいことになるが、すべて単一系列で考えてよいのかはまだ資料が不足している。尖山子の斧（9）は突線が袋口部にあり、祝家溝M1例（図5-7）に近い。

門臉の銅剣（4）は突起が誠信村（15）より下に下りており、刃部下半が大きくなっている。ここで注意すべきことは誠信村の銅矛は刃部の突起の位置が剣とは連動していないことである。曲刃銅矛の組列化の指標として、銅剣と同様に突起の位置がしだいに下に下がるという見方〔宮本2002〕がある。西団山文化やコマ形土器文化の銅矛は銅剣と伴出していないので、この問題は生じないが、曲刃の銅剣と銅矛がともに副葬された遼河流域の例を見ると突起の相対的な位置は連動しない。誠信村の剣は0.28（突起先刃部長対全刃部長）であるが、伴出する銅矛の突起は0.52で中間附近にある点で一致しない。大葫蘆溝の場合も銅剣は0.45であるが、銅矛は0.61で突起の位置がさらに下にあり、一致しない。それでも伴出する銅剣と銅矛の突起の位置による序列は整合的であり、剣と矛のどちらを優先しても、突起の位置を重視するかぎりは誠信村→大葫蘆溝であることは変わらない。したがって、これらの剣と矛の不一致を片方の伝世などという理由で無視することは避けるべきである。そこで祝家溝M4の銅矛と李家堡の銅矛の先後関係が問題となる。先端部を欠損しているため細かいことがわからないが、突起部以下が長い祝家溝の方が突起部が先方に偏っているとすれば祝家溝→李家堡・門臉という関係もありうる。

土口子、馬家店で無文の壺だけが採集されていることに意味があるならば遼北地域での新しい段階での無文化はより北に位置する西団山文化の無文壺との関連を考えさせる。尖山子、李家台を挟んで有文系統の壺から無文系統の壺へ交替するのかは今後の課題である。

冠河・清河流域の土器では誠信村から尖山子までは地域性の強い文様を持つ壺が伴い、渾河流域の祝家溝のような橋状把手が跳ね上がるものは遼北にはないが地域差と解する。李家台はより南の地域の壺との共通性が高い。尖山子の壺も南に広がる寸胴型壺との類似点がある。遼河の西岸法庫付近の石棺墓では長条山（32）がより尖山子に近く、黄花山（30）がより李家台に近いから、長条山→黄花山となろう。太子河流域では龍頭山の壺（図4-15）は尖山子の無文圏足付きの長胴型壺にもっとも近い。太子河流域の長胴型の壺は圏足が付き口頸部が碗状に内湾するが、渾江流域のものは圏足がなく、口頸部が短く直線的である。

誠信村の報文中では誠信村→消防隊院内とし、前者が西周末東周初で、後者を春秋中後期頃としている。誠信村墓の位置づけについて双房型壺の中でもっとも新しい段階に位置づける研究者が多い中で、呉〔2004〕のみは誠信村→消防隊院内→甲帮という土器の変遷を考え、誠信村を双房と近いかやや遅れるとして西周中期から後期に比定している。上に記したように筆者の変遷観もこれに近く、誠信村出土の鋳型からうかがえる銅鏃は管見した中では山東半島の西周後期の銅鏃〔王2002〕にもっとも近く、あえて新しくする必要はない〔大貫2007b〕。

5　東遼河流域およびそれ以北の石棺墓（図7）

A類石棺墓の北側には分水嶺を挟んだ吉林省側に西団山文化の石棺墓（●）が広がる。その南限付近ではA類か西団山文化のいずれに所属させるべきか判断に苦しむ黎明〔于1989〕や龍首山石棺

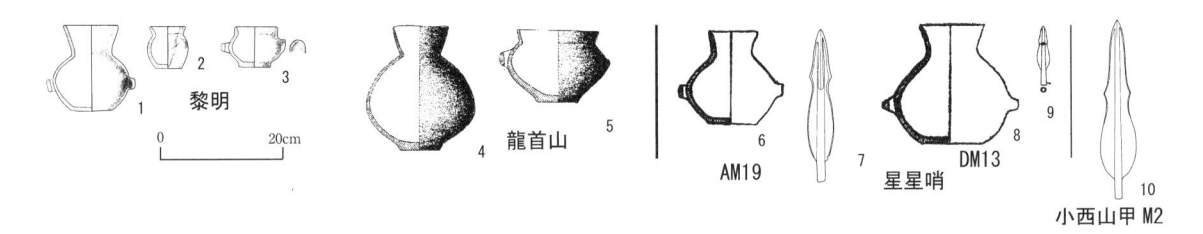

図7　東遼河以北の石棺墓

墓〔唐 2000〕の一群と多人火葬大石蓋石棺墓を含むより新しい涼泉類型や宝山文化と同時期の一群がある。

　黎明の壺（1）は西団山文化の古い段階を代表する星星哨墓地〔吉林市博物館ほか 1983〕の壺（6・8）に近い。しかし伴出する罐は片側に横位橋状把手が付き，反対側に口唇状の貼耳がある。口唇状の貼耳はA類の壺や罐に付くもので，西団山文化には見られないものである。龍首山の罐（5）も図ではよくわからないが，記載から判断すると黎明の罐と同様の貼耳が付くようだ。しかし，伴出する壺はB2類の壺の系統であり，どちらかといえば黎明より古い性格の土器である。

　遼北A類石棺墓との同時交渉関係を示す罐の口唇状貼耳から判断するかぎり，この地域にはA類双房型の壺は広がらず，遼北のB2類小育英屯石棺墓の図6-24・27のような壺系統が残ったと考えられる。尖山子の壺は非対称に橋状把手と口唇状貼耳が付く点で黎明や龍首山の罐と共通する。西団山文化の最古段階である星星哨墓地に見られる壺の系譜も遼北B2類の壺である。星星哨AM31には縦位橋状把手が付く大型の壺と一対の横位橋状把手の付く罐という組合せがある。これも小育英屯の23と25に由来すると考えられよう。小育英屯にはC類の要素があるから鼎などの三足器が伴う可能性があり，西団山文化に三足器が伴うことの説明になるのかも知れないが，何しろ集落遺跡の詳細がわからない以上は議論ができない。

　星星哨AM19銅剣（7）の細身で短い剣身は誠信村剣の流れを引くと考えるが，誠信村よりは新しく門瞼よりは古い時期なのであろう。小西山甲M2の剣（10）〔吉林省文物工作隊 1984〕は全長が約28cmで形態とともに遼東南部と大差が無くなり地域性を失う。太子河流域では二道河子剣より梁家の剣に近いので春秋中期まで下るのかも知れない。地域性を失っていない門瞼，李家堡はそれより古いから春秋前期頃であろうか。小西山甲M2は伴出する土器が不明で西団山文化の中での位置づけができない。

　西団山文化の標式遺跡〔佟柱臣主編 1987〕にはより双房型に近い無文で横位橋状把手の付く壺があるが，双房型に近づいた壺は星星哨墓地の壺より遅れて現われるものであり，遼北A類の中では尖山子より遅れるであろう馬家店の壺により近いことになる。

　従来，遼東の遼寧式銅剣の短期編年と連動して星星哨の銅剣の年代を下げるために，西団山墓地→星星哨墓地という考え方もあった。しかし，両者それぞれに継続期間を考慮する必要があるからすべての墓についての先後関係を論じるのは難しいが，やはり徐〔1997〕の言うように星星哨墓地の方が古いのであろう。

　銅矛だけで突起の位置を見ると，星星哨墓地の例（DM13：矛（図7-9）0.33，AM11：0.37）がもっとも上にある。はたして星星哨の銅矛が曲刃式でもっとも古いのであろうか。別の墓から銅剣が出ているため厳密に言えば同時性の保証はないが，土器（同6・8）からは大きな時期差は読み取れない星星哨AM19剣（同7）の比率は0.33であり，銅矛とほぼ同じ数値を示す。遼西では曲刃式の銅矛は多鈕粗文鏡の出る炮手営子M881にある。ここでは突起の相対的な位置は銅剣0.49と銅矛0.47とほぼ等しい。つまり，吉林の西団山文化，遼西の凌河文化では伴出する銅剣と銅矛の突起部の相対的位置は一致するが，遼東山地は一致しないし絶対値も異なる。銅剣についてはすでに遼西

と遼東では型式変化は一律ではなく，地域差の指標としての側面があることがすでに宮本〔1998〕によって指摘されている。異なる地域の銅矛の場合も単純に突起部の位置から新旧を論じてはいけないことになる。筆者は誠信村の曲刃銅矛が星星哨例より古くなるべきと考える。

6　馬城子文化と東山大石蓋墓の土器をめぐって

馬城子文化の土器

　遼東山地に位置する本渓市太子河上流の洞穴からは多数の墓が調査されている〔遼寧省文物考古研究所ほか 1994〕。基本は穴を掘らず土も盛らずに洞窟の中に葬ったもので，単独葬が多く，女性と子供の合葬もある。火葬されたものとされていないものがある。陳〔1989〕が古くに提示した編年図および分期名がいまだにわが国では利用されることがある。陳の編年では山城子C洞の4，3，2層の墓が一時期に括られている。また，張家堡A洞で4，3，2層に分けられた成果も利用されていない。ここでは報告書の結論でもある編年図（図8）を用いる。前期（中国語では「早期」）は馬城子B洞の墓の資料を用い，中期の古段階は張家堡A洞4層の墓の資料を用い，新段階は同3層の資料，後期（中国語では「晩期」）は同2層の資料を基本的に用いている。張家堡A洞の層位がこの編年の根幹をなしており，それより古い様相の馬城子B洞の資料をそれ以前に置いたものであり，大筋は動かない。ただし，後期で注目される弦文壺（26）だけは山城子C洞2層の資料である。また，9の壺は原図では中期の上段，つまり他の4層の資料と同一段階に置いて中期の全期間継続したかのようになっているが，この図8で修正しているように3層の墓からの出土である。この3層に山城子C4層の壺18が置かれている根拠に9との類似があった。張家堡A洞の2層や4層からは1点もこのような縦位橋状把手付壺は出ていないことが重要である。

　馬城子文化の年代について，報告書は^{14}C樹輪較正年代に従い，前期は今から約4000年前，中期は3800から3200年前，後期は3200から3000年前となっていて，おおよそ紀元前2千年から始まり前1000年までの約1000年間継続したことになっている。しかし，図8の土器組成から見るかぎり画期は前期と中期の間にあるが，同時代の周辺の石棺墓でのB1類の土器（図4-21）と対応する8のような広口壺の口縁に隆起帯をめぐらす壺は前期から中期古段階の張家堡A4層まである。他方，B2類に特徴的な小型の壺（図4-18・19）も張家堡A4層からある。その意味ではB1類とB2類は相対的な新旧関係にとどまる。前期は遼河下流域に広がるC類の土器との類似性が強い時期であり，中期以後しだいに地域性が顕著になる。

　上でも述べたが，洞窟墓から石棺墓に移行したのではなく，洞窟墓と石棺墓は同時に存在していた。そのため，馬城子文化を洞窟墓から定義した場合には石棺墓や集落遺跡の扱いは難しくなる。いずれ統合されるべきであろうが，ここでも洞窟墓資料に限っている。

　これら同一層の墓は順次埋葬されたための時間幅があり，厳密にはさらに細別が可能なはずだ。ただし，同一面の墓の数は最大の馬城子A洞でも29基であり，どれぐらいの数の家族からなる集団墓か明らかではないが，途切れることなく埋葬された場合は男女一対が5組とすれば3世代ぐらいとなり，100年より長くなることはなかろう。

　張家堡洞穴と約100mしか離れておらず，報告書で同じ中期に入れられた山城子B洞とC洞4，3層の墓の副葬土器は細かく見れば同じではないから，同時存在した異なる母集団がそれぞれ営んだ墓とも言えない。山城子B洞の墓の土器はバラツキが大きく長期に営まれた可能性もあるが，少なくともB洞にはC洞4層，3層の墓より古い部分がある。張家堡A洞では3層のみに縦位橋状把手の付く大型壺（図8-9）が副葬されている点に着目すると，山城子ではC洞4層にそれ（18）があることから同時期である。次の段階は，山城子C洞では3層と2層であり，張家堡A洞では2層である。山城子C2層からは弦文壺（26・42）と碗を逆さにしたような圏足（44）が出ており，二道河子の壺（図4-8）や圏足（同2・3）に類似することは以前から注目されている。報告書でもこれら他の洞穴に類例のない器種の存在から，山城子C洞2層を馬城子文化の中でも最末期におい

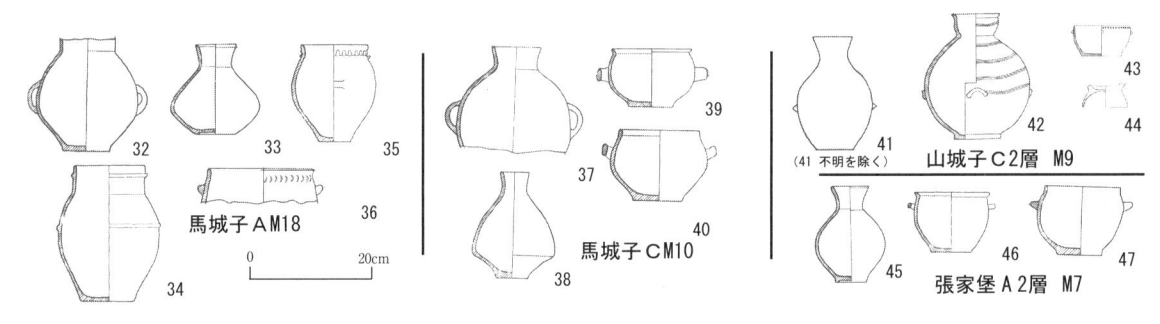

図8　太子河流域の洞窟墓

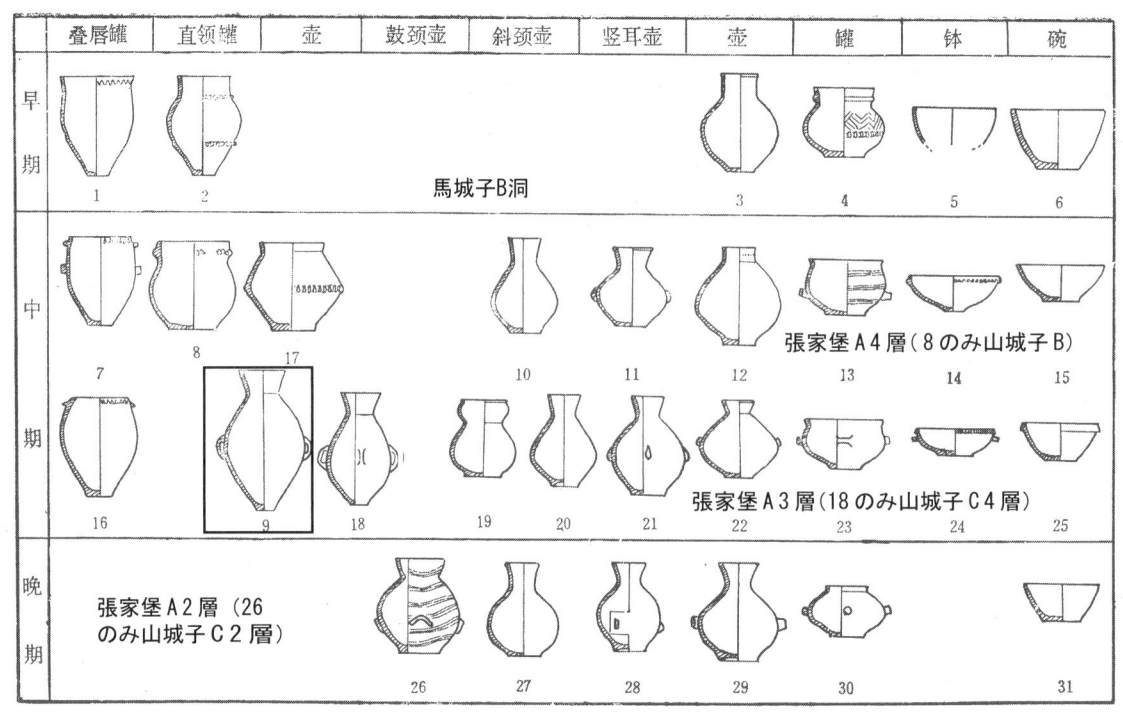

(遼寧省文物考古研究所ほか1994を一部修正，縮尺不同)

て，張家堡A2層よりさらに遅れるものと見ている。筆者も従来は馬城子文化から次の段階への移行期として本来の馬城子文化ではないとしてあまり深く考えてこなかった。

山城子C洞の弦文壺

　この馬城子文化の最末期に位置づけられる山城子C2層から出ているM9の壺は，弦文壺の中でも双砣子3期文化の末期に位置する砣頭墓地の壺（図3-6・7）とともに双房M6以後の双房型壺の祖形という見方が1994年の馬城子報告書出版以来多い〔李・高 1995など〕。山城子の壺の方が2対の弧状の貼耳がある点で，砣頭例より双房に近い。これら両者は双房M6壺より先行するもっとも古い段階の弦文壺であり，これらの壺を先行形態として成立したのが双房の壺であるとの理解である。しかしながら，これで双房の壺の成立過程が明らかになったと言えるのだろうか。

　山城子C洞では弦文壺2点とともに，それ以下の3層，4層の墓に副葬される小型の壺と同様の壺（図8-41）もM9から出ているから報告ではいまだ馬城子文化の範囲とする。それら馬城子文化の中，後期に盛行する小型の壺とは系譜を異にする弦文壺の年代的な位置づけおよび出自が問題となる。その中1点のみが公表されている。編年図で図示された26の図では3条一組の横走する弦文を頸部に1段，胴部に5段施していて，胴部には口唇状貼耳が二対あることになっている。とこ

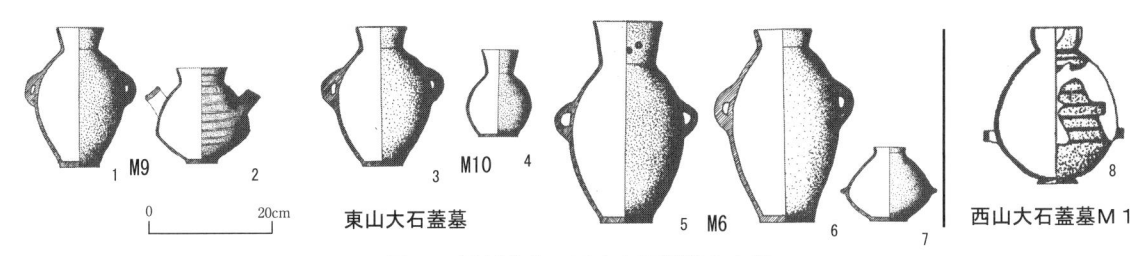

図9　鳳城東山・西山大石蓋墓の土器

ろが，同一報告書中の本文中で編年図の26と同一遺物番号として示されている図（42）はやや異なり，貼耳の下には弦文がなく，4段である。同じ土器の図なのだとすれば普通には本文中の実測図，つまり42を優先すべきであろう。

その図を見るかぎり，同じく寸胴の壺でも双房の壺（図3-2）よりは二道河子の壺（図4-8）に近い。寸胴型で頸部にも弦文があり，かつ蛇行するとなると距離的には遠いが，尖山子の壺（図6-8），あるいは甲帯の壺（図5-14）がある。これらのどれをとっても双房型壺の中では双房M6より古くはならない。山城子C2層の壺（42）を介して明らかに先行する張家堡A3層からは無文ではあるが，器形から見るかぎり双房型の系列の壺（19）がある。口唇がS字状に屈曲する共通性からも19から42という器形の変化は考えられるところであるが，口唇状の貼耳と弦文の由来はそれでは説明できない。

縦位橋状把手付壺

張家堡A洞では下層の4層の墓から13のような弦文の付いた横位橋状把手付罐が2点出ている。この罐は4層の土器の中では異質であり，かつ3層には弦文の付いた土器は1点も出ておらず山城子C2層の弦文壺とつながらない。この弦文罐の把手には布目が付いている。筆者がかつて実見したことがある鳳城県東山大石蓋墓墓地〔許・崔 1990〕では，縦位橋状把手の付く細身の壺と横位の橋状把手の付く弦文壺が同一の墓に副葬されているM9のような例がある（図9-1・2）。その縦耳の壺は器高30cmと20cmぐらいのもので，器高約90cmや60cmの張家堡A（図8-9），器高約60cmの山城子C（18）の壺ほど大きくはなく，大きさや形は馬城子C洞の壺（37）により近い。東山ではこの壺はM9では弦文壺（図9-2）と伴い，M10では馬城子文化中期・後期に盛行する小型の壺（同4）を伴っている。弦文壺と斜頸小型壺に互換性が見てとれ，各大小の壺の組合せになっている。双房M6や誠信村の長胴，寸胴の大小の組合せとの関連を思わせる。

M9では両者の壺の橋状把手には縦位，横位にかかわらずいずれにも製作時に着いた布目圧痕があることに注目した。製作者あるいは集団が共通し，かつ同時性を示すものと考えたのである〔大貫 1995〕。また，東山大石蓋墓の墓室は壁をまったく石で囲わないものが多いが，弦文壺を伴う墓では石で一部の壁を囲っており，後述する西山M1でも石で囲っており，弦文壺と石棺との密接な関係を思わせる。

馬城子文化中期新段階の張家堡A洞3層M35，36からおそらく長胴壺の一部であろう縦位橋状把手の破片が出ており，それに布目痕が付着している。この出土状況からは，筆者の予想に反し，張家堡A洞では4層，3層と層を異にして出ており，この事実を否定しないかぎり布を用いた把手作りは地域的にも時間的にも近い関係を示してはいても同時性の証明にはならないことになった。

ただし，注意すべきは3層から出ている完形の大型縦位橋状把手壺の把手に布目があるとは1点も報告されていないことである。大型の壺のすべてが図示されているわけではないので確かではないが，器高90cm前後と40から60cm前後のものがある。それらの把手の大きさと布目のある把手の大きさが合わないのである。大きさからすると東山大石蓋墓の器高30から20cm前後の縦位橋状把手付き壺の把手とおおよそ一致する。墓の副葬品しかないはずの洞窟墓の中で，なぜ遊離した把手

の破片が出ているのだろうか。この布目把手の付く壺は本来どこにあったのだろうか。張家堡Aの大型縦耳壺は底部がすぼまり，把手はおおよそ最大幅の位置に付くが，東山の縦耳壺の器形は底部が廟後山より相対的に大きく把手の位置が最大幅の位置より上にある。

東山では縦位橋状把手付壺と弦文壺が共伴しているが，山城子C洞では時期を異にして出ている。これをどう解釈すべきかが弦文壺の出現過程を考える際に重要となった。

20km離れた馬城子洞穴群の中では前期のB洞以外にA，C洞の墓がある。馬城子A洞には横位橋状把手付罐や鉢が1点もなく板状の把手（図8－36）が盛行する。他方，C洞では横位橋状把手付罐（同39・40）や鉢が盛行する。その点でC洞の方が後期張家堡A洞2層（46）に近い。馬城子ではB洞M5で縦位橋状把手付罐が1点，A洞M18（32）およびC洞M10（37）で縦位橋状把手付壺が各1点出ている。C洞には胴部を欠き把手の有無は不明だがそれらと器形の類似した無文の壺の口頸部破片が多く出ている。張家堡A，山城子Cの大型長胴壺よりは小さいが，フラスコ状の小型の壺とともに長胴の壺の副葬が盛行する点では馬城子C洞は張家堡A3層，山城子C4層にもっとも近いことになる。古いB1類の代家堡子石棺墓からも縦位橋状把手付壺（図4－24）が出ているが小型で胴が短く異なる。副葬品の場合，大型，小型は明器か実用器かという問題が絡み簡単には言えないが，器形的に同じものが副葬されるか否かは意味があろう。

同じく長胴の縦位橋状把手付壺を持つという点で前後の時期から区別される一群は形態および数量という点で馬城子A・Cと張家堡A3層・山城子C4層に分かれる。しかし，他の器種では馬城子C洞は張家堡A洞では3層より2層に近く，馬城子A洞は4層に近い。中村〔2005〕は石鏃の型式差から馬城子A→張家堡A2層とする。したがって，この2つのグループは単純に前後関係として並べられないのであるが，そのような縦位橋状把手付壺を持たない張家堡A洞2層，山城子C洞2層よりはいずれも古いと考える。その馬城子C洞の壺が東山で弦文壺に伴う長胴の壺に近い。したがって，総合的に見るならば東山M9の弦文壺が古く，山城子C2層の弦文壺が新しいということになろう。その場合，山城子CM2を双房以前とする理解では東山M9の弦文壺はさらにそれより古くなり理解が難しくなる。

管見するかぎり，徐〔1996〕のみが縦位橋状把手付長胴壺という類似性に着目して，鳳城東山M9の壺を山城子C洞M2壺より古いとしている。そして，遼東山地の山城子C洞M2の「馬城子型」壺を遼東半島中部の双房M6の「双房型」壺，鴨緑江下流域の新岩里遺跡2期の「美松里型」壺，下遼河の撫順甲幇石棺墓の「甲幇型」壺と同一段階として，鳳城東山M9をそれらより古い弦紋壺と見ている。つまり，遼寧式銅剣が伴う段階よりさらに古い段階の弦紋壺とする。遼東半島西端の砣頭積石塚出土の弦紋壺もまた双房M6直前と考えられているから，明言はしていないが，砣頭と東山の併行関係も考えているのであろう。

東山大石蓋墓のすぐ近くの西山大石蓋墓M1〔崔 1997〕からも弦紋壺（図9－8）が出ている。胴部には9段の弦文が施され，橋状把手には布目が付くという。東山と西山では口縁の形態がまったく異なるが，弦文の段数がいずれも多く，把手に布目を持つことから両者に大きな時期差を求めるのは難しいだろう。東山の弦文壺は寸胴型で西山は長胴型であるから単純に比較はできないが，それでも西山の弦文壺の方が東山の弦文壺より双房の弦文壺に近いとは言えよう。ただし，壺と罐という副葬の組合せが成立していない。これらに口唇状貼耳が付かないことも偶然ではないのかも知れない。

以上から，西山，東山の弦文壺は同じく布目を持つものもある縦位橋状把手付壺の段階である張家堡A洞3層から馬城子A洞に併行する段階であり，それが西山の壺からは双房M6ときわめて近い段階のようだ。そして，馬城子文化ではそれに後続する山城子C2層M2の弦文壺には口唇状貼耳があり，秋山〔1995〕も重視しているように，報告で指摘している二道河子との類似に意味があろう。

7　D類土器の分布と展開

　胴部に縦位の橋状把手が付く壺を多く出す遺跡や墓（図1の△）は遼東山地から鴨緑江中流域に広がっている。これらを括る枠組みとして仮にD類を設定する。北朝鮮では公貴里型壺として知られているが，これも大きいのが特徴である。それが馬城子文化の土器組成の中に一時的に取り入れられたものと評価する。遼東山地は内陸を通じて公貴里文化群とつながっていたのである。また鴨緑江下流域でもより古く中間に空白の時期がある新岩里2期文化〔金・李1966〕そしてそれに先行する新岩里1期文化にも縦位橋状把手付壺がある。つまり遼東では広い範囲に縦位橋状把手壺が広がっていた中でとくに長胴の壺が発達する時期が一時的にあった。ちょうどその時期が双房型壺の成立前後の段階でもあり，遼東の地域的な枠組みが大きく変わる頃であったということになろう。

　東は龍崗山を越えて渾江流域では，桓仁附近で見つかったB1類に関連する大梨樹溝石棺墓の土器〔梁1991〕がある。無文がほとんどで胴部に縦の橋状把手がつく壺は代家堡子例に近い。罐や罐の口縁に刻み付きの隆起線がめぐるのが特徴的である。龍崗山以東ではこの後，B2類のような段階を経ることなく，縦位の橋状把手の付いた壺と深鉢状の罐の組合せに特徴があるD類の土器群の段階に変化する。渾江流域の最近の資料では通化拉拉屯〔龐1991〕，万発抜子〔吉林省文物考古研究所ほか2003〕）3期M21，桓仁五女山城〔遼寧省文物考古研究所編2004〕2期が代表的である。万発抜子ではこの時期特異な多人合葬を含む土坑墓が知られる。石棺墓はより遅れて戦国時代に現われるらしい。それらD類土器の成立は細竹里〔金1964a,b〕や九龍江〔石・金2002〕での層位関係からA類よりは古い。遼東山地B2類の墓との関係が問題となる。

　深貴里遺跡〔鄭1983〕では層位的に1号住が古く，3号住が新しく，2号住は3号住と同時期とされた。土器の上では1号住の壺の括れ部に隆線をめぐらすのが古く，新しい2号住の壺ではなくなる。中村大介〔2005〕はそれぞれに伴う磨製石鏃は1号が両側が併行する細身凹基の断面偏六角形鏃のみで，2号では断面菱形で返しのある有茎石鏃と凹基三角鏃と大きく異なることに着目した。その結果，現在，北朝鮮では深貴里より公貴里を古いと見ているが，公貴里の上下層の石鏃とも有茎石鏃と凹基三角鏃が伴うことから鴨緑江中流域ではかつて後藤〔1971〕が考えた深貴里1号住→深貴里2号住・公貴里の変遷観が正しいことを確認した。これによって無文時代早期渼沙里類型の住居の系譜を公貴里遺跡の住居に求めることは時間的にありえないことが確定した。

　この石鏃の変化に従うと，渾江流域の石鏃では万発抜子M21が深貴里1号住，五女山城2期・拉拉屯が深貴里2号住に近い。万発抜子の壺でも括れ部に隆起線が発達するので土器変遷とも対応する。古段階深貴里1・万発抜子M21，新段階深貴里2・五女山城2期・拉拉屯となる。古段階の石鏃は中村の指摘するように太子河洞窟群の磨製石鏃が近い。馬城子Aの石鏃は細身の鏃だけという点では古段階に近いが，形状が長三角形で基部の台形の抉りという点が異なる。中村の指摘するように張家堡A2層M42の両側が併行し基部に抉りのある長身石鏃がもっとも近い。ただし，M42には断面菱形有茎石鏃や類三角鏃などより新段階に近づいたものもある。深貴里では新段階1号住の有茎石鏃の関はすべて鋭角であるが，3号住にだけ関が鈍角の有茎石鏃がある。3号の鏃が1号のものよりわずかに古いのかもしれない。張家堡A洞M42は移行期の様相を示し微妙な先後関係を考慮せざるを得ない。

　新段階五女山城2期の土器は鴨緑江下流域における双房型壺の古い段階である新岩里3期の一部の土器との類似，あるいは誠信村墓の土器と類似し，拉拉屯遺跡では碗状口縁部が出ており，中村〔2005〕が指摘したごとく新段階と遼寧式銅剣出現期すなわちA類の古い段階におおよその併行関係が知られる。筆者〔2007b〕は誠信村における銅鏃（図6-17～19）の型式が銅鏃の系譜からは説明できないため在地の断面菱形有茎石鏃を模倣した可能性を考えたことがある。鶏と卵のようでどちらが先かの判断は難しいが連動していることを否定するのも難しい。問題となるのは，細竹里類型で従来深貴里1号住や新岩里2期と同段階と考えられてきた古段階の清川江流域の九龍江遺跡1

期から断面菱形有茎鏃と凹基三角鏃という新段階の組合せがすでに出ていることである。ただし，有茎鏃の関は直角で２期以降の鋭角のものとも鈍角の張家堡Ａ洞とも異なるが，新段階深貴里２号より若干古くなる可能性がある。新岩里２期の長三角形磨製石鏃は馬城子Ａ洞のものに近い〔中村2005〕。古澤〔2007〕の批判を受けて再検討した結果，新岩里２期の土器は双砣子２期との併行関係では古段階に相当する〔大貫2007a〕ので矛盾はない。石鏃に着目した中村の成果を援用したものであるからその結果も大差はない。

8　双房型壺を伴う石棺墓の出現

Ｂ２類石棺墓からＡ類石棺墓へ

またたくまに双房型壺は遼寧式銅剣と一体になって在地の罐との組合せに取り込まれて今までのＢ類壺と置き換わるかのように遼河下流域の山地に広がった。単純な移住というものではない。すでにＣ類土器群に伴って北方系の青銅武器・工具が遼河下流域のおもに西部に広がっていたが，一部の青銅刀子には明らかに土型による高度な製作技術が用いられており，他方で在地で作られたことがわかる稚拙な刀子がある〔秋山1995〕ことから，ここからスムーズに在地銅剣製作に移行したと簡単に言えるわけではない。

石棺墓の四壁は石を横につなげるものと平たい石を積み上げるものに分かれる。かつて西団山文化でもこの両者の関係について時期差と考えられたこともあるが，現在では最初から同時に存在したと考えられている〔徐1997〕。その違いが何に由来するのかわかっていない。遼北でＡ類双房型壺を伴うもっとも古い段階と考えられる誠信村石棺墓は板石石棺だが，それに先行するＢ類小育英屯石棺墓は塊石積みであり，板石がかならずしも在地の古い伝統を引くわけではない。

遼河流域では多くの地域でＢ２類土器副葬石棺墓からＡ類土器副葬石棺墓に交替する。その際に，壺と罐（ないし鉢）という組合せは変わらず，とくに罐（ないし鉢）の連続性は強い。壺のみが双房型壺に大きく変わる。

以上の鳳城東山，西山大石蓋墓あるいは馬城子文化の洞窟墓から出る弦文壺の位置づけに大きな誤りがないとすると，遼河流域のほとんどの地域ではＢ２類からＡ類の石棺墓に移行する際に，遼東山地の洞窟墓ではＢ２類系の壺が引き続き根強く用いる墓が存続し，そこに双房型弦文壺が一時併存したことになる。壺と罐の副葬の組合せで，罐は共通しながら壺だけが異なる時期が一時的にあったと考えればよいのではないか。

Ａ類石棺墓出現以前はおおよそ遼河を挟んで西側に高台山文化系統のＣ類土器群に代表される集団が広がり，東側に馬城子文化系統のＢ類土器群に代表される集団が展開していた。そのちょうど間の遼河の流域に沿って，Ａ類の土器を持つ石棺墓に代表される集団が西南から東北に広がり，大局的にはＢ類，Ｃ類の分立の段階からＡ類の段階へ移行したのである。その際の流域毎の成立過程はかつて徐〔1996〕が土器の地域類型設定でその一端を示していたように，それぞれの地域の先行する段階からの移行という側面があったことを上で見てきた。それと連動して成立したのがそのさらに東北に広がった西団山文化であった。そして，遼東半島の西部に成立したのが上馬石上層文化であった〔大貫2007b〕。遼東の遼寧式銅剣の規格性が整っていない点〔宮本1998〕もこのような地域ごとに分化した土器社会のあり方と連動したものといえよう。

このような大局的な枠組みの新旧関係を見失っては意味がないが，より詳しくその成立過程を見ようとするならば，この地域的な枠組みの移行が一気におこなわれたのかあるいは一時的に併存することがあったのかが問われることになる。その点で，図１に示したＡ類の遺跡とＢ類，Ｃ類の遺跡の分布が完全には重なっていないことが注意されよう。そして，上での吟味はＢ類からＡ類への移行でその可能性に言及したことになる。

ではＣ類からＡ類への移行はどうだったのであろうか。鉄嶺邱台遺跡〔鉄嶺市文物管理弁公室1996〕Ｍ２は側臥屈葬の土坑墓であることや副葬された土器から高台山文化新段階との類似が指摘

図10 C類関連遺跡の土器

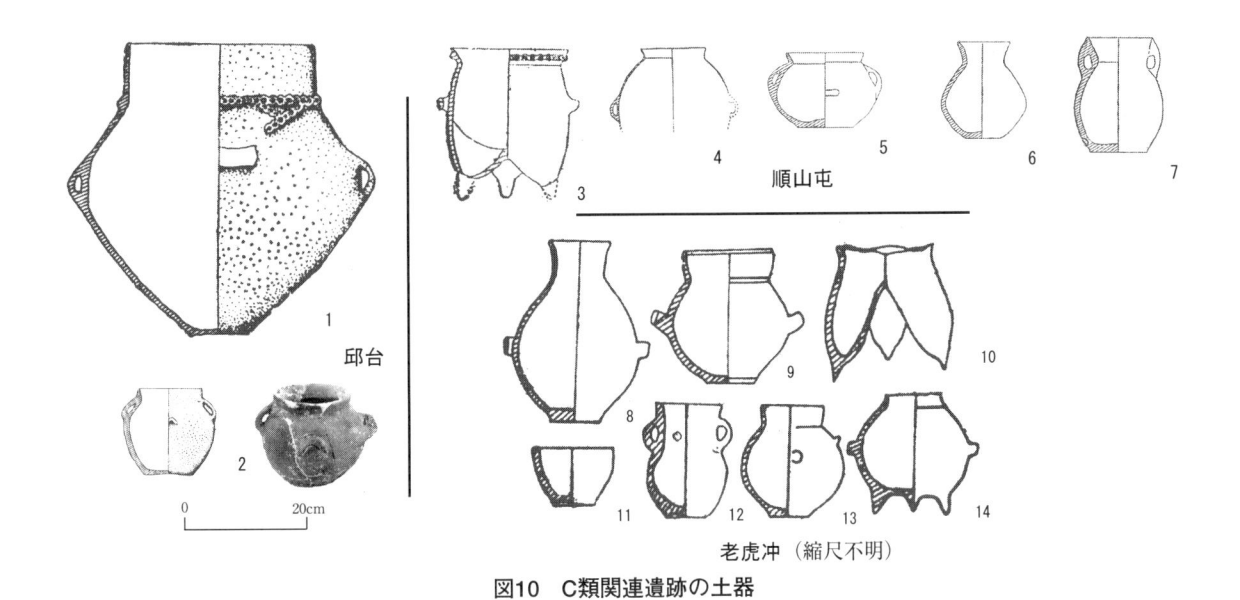

されている。C類に特徴的な土坑屈葬墓であるが，副葬された壺（図10-2）は実測図ではわからないが，写真によれば高台山文化系統に特徴的に見られる口頸部の縦位橋状把手と双房型壺に特徴的な胴部の横位橋状把手と口唇状の貼付のある特異なものである。まさに両系統の特徴を具備するものであり，C類土器の末期がA類土器出現以後である可能性を示すものであろう。その下限年代は法庫県で見つかっているA類石棺墓以前であろうから，双房型壺の後半まで下ることはない。瀋陽の東部地区に分布するという新楽上層文化の仲間である老虎沖類型〔曲 1981〕とされる土器群（図10-8～14）も実態がよくわからないがこの移行期段階の資料のようである。双房系の器形を持つ無文壺（9）には口唇状貼り耳がなく，把手が縦か横あるいは有るか無しかあるいは有文か無文かなど違いはあるが，長胴の壺8と寸胴の壺9の組合せは張家堡A3層の9と19，あるいは東山M9の組合せに近い。邱台の壺よりわずかに古いのかも知れないが，今これらの間に厳密な先後関係を与えることはできない。双砣子3期から上馬石上層文化への移行と双房型壺の出現期が微妙にずれる可能性を示す資料が牧羊城1類土器にあることはすでに指摘している〔大貫 2007a,b，大貫ほか 2007〕ところであるが，依然としてこの問題を考える良好な資料を欠いている。

ただし，B類，C類からA類土器へ移行するといっても，A類の集落遺跡がはっきりしないためにA類土器組成自体知ることがない。西団山文化には鼎や鬲があるのだから，A類の石棺墓を築造した人々の土器にも三足器が含まれていたのかすらわからないのである。

なお，卓子式支石墓が遼河下流域を除く遼東を広く覆い，A類遼寧式銅剣の時代に渾河，太子河流域は遼西の下位階層の墓であった石棺墓を採用してそれに変わるという理解〔宮本 2000〕があるが，それでは渾河，太子河流域に分布するA類に先行するB2類石棺墓の分布を理解することはできない。それに先行するB1類時期の石棺墓・洞窟墓は代家堡子・馬城子・大梨樹溝とほぼ横一線に並んでいる。太子河流域で宮本が唯一の例としたものは根拠の乏しいものなので遼東東部の支石墓の分布は渾河流域以北であり太子河流域のB1類とは重ならないから，B1類と同時期のものがあるのかも知れないが，卓子式支石墓の年代は不明である。双房M2の支石墓に副葬されていた土器〔許・許 1983a,b〕は双砣子3期に比定されることもあるが，筆者の理解では確かに系統的にはそうだがすでに双砣子3期の範囲を超えた移行期の頃の双房型壺とはまったく系統の異なる土器である。一般的に支石墓は年代決定が難しく，支石墓と石棺墓の関係はより慎重であるべきだと考える。遼東A類の石棺墓は遼東B類の石棺墓に由来する。高台山文化およびその地方類型の墓は土坑墓が中心であり，そのB類の石棺墓も遼河以西からの影響とは考えられない。遼東半島西端の小珠山上

層から双砣子3期，上馬石上層文化にかけて積石墓の伝統があり，それとの関係も考えられるが，東に目を転じると，戦前から知られる延吉小営子墓地がその新段階に属する興城文化期の封石石坑墓というものがある〔大貫 1998：139-141，侯 1994〕。黒曜石製植刃の骨製短剣と磨製石矛があり，剣と矛の組合せは遼東東部山地から吉林の石棺墓に伴う青銅製武器の組合せと一致する。興城文化は前2千年紀の文化であり，B類馬城子文化の存続期間と大差ない。多人二次順次火葬埋葬墓が塊石壁を共有しながら連結する点など双砣子3期末期の砣頭墓地とよく類似するが，中間地域を埋める資料がなく両者の関係は不明と書いたことがある〔同上〕がいまだわからない。

年代をめぐって

双房型壺を伴う石棺墓の実年代をいつ頃とするかは土器自体からは決めようがない。靳〔1982〕による遼西の遼寧式銅剣の年代観，徐〔1996〕や王〔1990〕による砣頭墓地，双房M6の年代観をその年代の根拠ともなっている銅鏃について最近の類例を追加してもその年代はそれほど変わることがなく，双房に先行する砣頭墓地の末期が下っても西周前期前1000年前後，双房より遅れる劉家村石墓が春秋前期頃，誠信村石棺墓が西周前期頃であり，双房はその中間のどこか，西周中期前後（約前10世紀）となるが決め手はないとした〔大貫 2007a,b〕。徐や王の年代観を追認したに過ぎない。ただし，遼西の遼寧式銅剣文化である凌河文化の上限は魏営子文化の下限と連動して，西周中期に上がる可能性を持っているということですでに遼東がより古いと決まったわけではなく同時の可能性があるとも指摘した。

馬城子報告書によれば張家堡A3層はM14：3030±60，同M11：3000±55，張家堡A2層はM7（図8－45～47）：BP2900±55，同M4：2980±60という測定値がある〔中国社会科学院考古研究所編 1991，以下同〕。これに関連する測定値として，双砣子3期文化は大嘴子遺跡1層下BP2860±75，2層下2693±92，3080±75，3288±92，双砣子遺跡F4の3030±90，于家村F1の3190±85，崗上墓下層の3190±90，2860±75がある。上馬石上層文化は78年2層でBP3040±100，3080±150という測定値がある。筆者は両地点の違いにどの程度の時間差を見込むべきか判断し得ないが，中村〔2007〕は78年2層が崗上墓併行期B2地点より古いとするC地点に近いとする。確かにその通りだがそれにどれほどの時間差を見込むかが問題であり遼寧式銅剣との対応関係もわからないのでとりあえず筆者は一群の資料として捉えておく。いずれにしろ，双房M6がそれらより新しくなることはないから双房M6は双砣子3期文化から上馬石上層文化への移行期あるいは上馬石上層文化の初頭と考えられるが，双砣子3期文化の測定値はバラツキが大きく両文化の年代測定値は一部重なっている〔大貫 2007a〕。張家堡A洞3層の測定値と上馬石上層の測定値が近く，2層はさらに新しくなっているがこれら三者の誤差の範囲も重なっている。遼東から南端は鴨緑江下流域まで広がる遼寧式銅剣出現以前の青銅刀子・斧などのいわゆる殷代青銅器〔大貫 1997〕を伴うC類の土器の年代に関わってくる。厳密に青銅器との対応はとれないが，C類新段階とされる湾柳街で3060±85，3000±75であり，順山屯上層2880±90，平安堡3層2900±100（人骨），2層2690±100（同）という数値がある。これらの数値は馬城子文化中期新張家堡A3，後期2層，双砣子3期文化の新段階の数値と重なっている。上で見た土器相互の関係も微妙な時期でありそれと対応していると考えればよいのであろうが，その上で双砣子3期やC類土器群の下限は従来殷末周初とされてきている。上馬石上層の数値が正しければ樹輪較正年代では双房M6は上の推定上限年代前10世紀よりやや古くなって前11世紀あるいはさらに殷代に遡ることになり，春成〔2006〕の考える前10～11世紀に近づく。そこまで古くなりうるかは双砣子3期やC類土器の末期と年代が重なる上馬石上層の数値を積極的に評価できるかにかかっているが，双砣子3期文化大嘴子類型の末期と上馬石上層文化上馬石類型の78-2層とは土器型式からは重複することはない。青銅器の年代からはそれほど細かい年代の議論に踏み込むことはできないし，誤差の範囲のようでもある。しかし，歴史的文脈としては前11世紀ならば筆者は遼西における魏営子類型から凌河文化への移行と遼東におけるB類からA類

への移行がほぼ連動していたと考えるのであるがそれが成り立たなくなる。他方で，このような土器編年と年代測定値の相対的な対応関係を無視して極端に新しい年代を出すのは逆の意味で恣意的と言えよう。

　清川江流域の九龍江遺跡では在地系の土器とともに2期に双房型の壺が伴い，3期に清川江以南に限定される地域的な変容である双房系の墨房里型の壺が伴う。より南に広がるコマ形土器文化の表岱遺跡〔金 2002〕の2期で双房型の壺は朝鮮半島南部のものとよく似た有樋二段柄式の磨製石剣と共に出ている。無文時代前期欣岩里類型の中で収まり中期には下らない〔庄田 2004〕。3期では墨房里型壺と宮本〔2003〕によるA2式曲刃銅矛が出ている。朝鮮半島南部では前期後半に双房剣に近い比来洞剣が伴い，中期中葉には崗上墓剣に近い松菊里剣が伴う〔同上〕。したがって表岱2期・九龍江2期の双房型壺は比来洞剣に近い時期となる。2期の双房型壺は頸部が長くなっており，鴨緑江下流域の変遷との対応では新岩里3期よりは遅れるだろう。突起が目立たず前刃部が未発達な仮A群に属す比来洞剣〔庄田 2006〕は遼東との関係を否定できない場合はやはり前刃部未発達でもっとも古い一群である双房，誠信村剣の仲間と接点を持つしかないから2期かそれ以前で1期よりは新しい段階に併行するのであろう。表岱3期・九龍江3期の墨房里型壺と松菊里剣の関係は混乱している。中村は墨房里型壺を伴う九龍江3期を無茎式石鏃の対応関係から欣岩里類型の古段階として，新段階に置く比来洞剣より古くする。朝鮮半島南部と清川江流域での石鏃の変化は同期していたのであろうか。しかし，中村〔2005〕自身その間をつなぐ地域である東海岸では問題の型式の石鏃がより遅くまで残ることを認め，また西海岸ではコマ形土器の石鏃もその変化が連動していないことを認めているから，九龍江2期，3期と南部との併行関係は定まったとはいえない。

9　双房型を伴う石棺墓の終焉

　その後，罐ないし鉢が欠落し双房型壺単独で副葬される傾向が生じ，また連綿と青銅短剣が副葬される上馬石上層文化の社会とは異なり，新しい時期には青銅短剣を始めとする青銅器の副葬が衰退する。そのことが終末の年代決定を困難にしており根拠はほとんどない。

　林〔1997〕は靳〔1982〕のように双房類型から崗上類型に変化するならば，崗上類型の年代は西周後期ないし春秋前期であるから，双房型壺の下限は春秋前期ないし西周後期であるという。筆者は崗上墓を含む上馬石上層文化と双房型壺を伴う石棺墓の分布は重ならないので崗上墓の年代で下限を押さえることはできないと考える。逆に上馬石貝塚の崗上墓対応層であるB2地点では口唇状貼耳が出ていて，続くA地点下層にはないから，春秋前期前8～7世紀頃の崗上墓の段階までは周辺地域に双房型壺があった可能性が高いと考える。逆に千山山地以北では少なくとも春秋後期前500年前後の瀋陽鄭家窪子M6512以前であり，春秋中期ないしそれ以前の梁家村墓段階にはすでに双房型壺が終わっていた可能性もあるが決め手に欠ける。鄭〔1999〕は住居形態から表岱2期，3期は欣岩里類型に併行するとする。この場合，墨房里型壺やA2式曲刃銅矛は松菊里剣よりは古いことになる。コマ形土器文化の住居は一貫して長方形であるが，南部では前期の長方形から中期になるとめまぐるしく変わる。これらが地域差ではなく時期的に連動しているのかは保証がない。表岱4期に西南部の中期末に特徴的〔庄田 2004〕な三角形石包丁がある。この類似に意味があり下限を示すのであればコマ形土器文化の終末は中南部での細形銅剣期の粘土帯土器出現の直前まで下ることになり，北朝鮮の60年代の年代観に近づく。それに従って3期も中期まで下る余地がある。A2式銅矛も4期がすでに春秋後期鄭家窪子以前だとするとさらに古くなる。吉長地区との関係では年代は細かく決まらなくなったことは上で述べたが星星哨よりは下る。

　遼北では，西豊，昌図，開元から康平，法庫にかけて，朴〔2004〕が朝鮮半島との関係で注目する涼泉類型〔辛 1995〕の遺跡（■）が双房型壺を伴う石棺墓（●）と重複して分布する。細長い脚をもつ高坏，粘土帯深鉢，縦位の三角形ないし環状把手が特徴的であり，青銅短剣に伴う石製把頭飾がしばしば伴う。これらの要素は清川江流域の細竹里遺跡で美松里型，墨房里型壺を伴った第2

表1 双房型壺をめぐる暫定編年案

遼東半島西部	遼東半島東部	太子河	渾河	清河冠河	鴨緑江下流	清川江	渾江	鴨緑江中流
上馬石上層 A上 / A下 / B2		(＊梁家)? ↑		↑?	馬家店 ↑美松里新 ↑? ↓美松里古	九龍江3		
双砣子M		通江峪 二道河子 龍頭山	八宝溝 ＊李家堡 甲帮	李家台 ＊門臉 祝家溝 尖山子 誠信村		九龍江2		五女山城2 深貴里2 D類
砣頭 双砣子3	双房 東山	山城子C2? 張家堡A2 張家堡A3 程家村 馬城子A B2 B1 代家堡子 ↓?	望花類型 石油二廠 類C類	茨溝 小育英屯 B2	新岩里3 新岩里2	九龍江1 B1 大梨樹溝 ↓?		万発抜子 深貴里1

（＊を付す墓は土器を伴わない参考資料）

文化層と戦国時代後期以降の縄蓆文土器が特徴的な細竹里－蓮花堡類型の第3文化層の間に位置づけられ，紀元前5世紀から4世紀とされた攪乱層出土の遺物群〔金 1964b〕と類似する。

さらに同時期の資料を周辺に探索するといわゆる宝山文化（図1の「□」）〔同上，唐・周 1994〕がある。合葬火葬である大石蓋石棺墓を伴う。慈江道豊龍里石棺墓出土の頸部の直立する黒色磨研壺が双房型壺と呼ばれることもあるが，後藤〔1982〕の述べるように美松里型ではなく，おそらくその次の壺であり，鴨緑江以北のA類石棺墓以後と連動するのであろう。

ついでに述べると，歴博の測定年代に基づく弥生時代の鉄器の出現年代は小林〔2008〕によれば紀元前4世紀中頃から後半であり，筆者ら〔大貫ほか 2007a〕の想定する遼東地域の燕の進出年代とほぼ一致する。

10　まとめにかえて

多くの問題点が未解決で，とくに地域間の併行関係を押えるのが難しくその位置づけにいまだ迷うものが多いが，今後のたたき台としてあえて以上の各地の変遷をまとめるとおおよそ表1のようになろう。双房型壺を伴う集団の出現終焉過程あるいはその詳細な年代は未だ解決したとは言えない。

その後に双房という段階を継ぎ足すという微調整はあったが60年代の中朝共同調査が書き換えた紀元前1千年期の遼東，朝鮮半島の歴史の枠組みを長らくわが国で正しく評価しえなかったことは残念なことであった。このたびの弥生年代論に連動して若い研究者も参加して遼東地域の考古学的な見直しが急速に進んだことは副産物として喜ぶべきことであろう。今回筆者自身もある程度過去の誤りを修正できたと考えている。

文　献

（日　文）

秋山進午 1968・1969「中国東北地方の初期金属器文化の様相（上）（中）（下）」『考古学雑誌』53－4，54－1，4－234-261，1－24，311-337頁

秋山進午 1995「遼寧省東部地域の青銅器再論」『東北アジアの考古学研究』246-276頁

王巍 1990「美松里型土器の研究」『考古学論攷』14，9-33頁

大貫静夫 1995「遼寧省鳳城県東山大石蓋墓墓地考古測量調査」『東北アジアの考古学研究』81-100頁

大貫静夫 1997「北方系青銅刀子」『考古学による日本歴史』10，137-140頁

大貫静夫 1998『東北アジアの考古学』同成社
大貫静夫 2004「研究史から見た諸問題－遼東の遼寧式銅剣を中心に－」『季刊考古学』88，84-88頁
大貫静夫 2005「最近の弥生時代年代論について」『人類学雑誌』113，95-107頁
大貫静夫 2007a「双砣子3期文化の土器編年」『遼寧を中心とする東北アジア古代史の再編成』59-101頁，東京大学大学院人文社会系研究科
大貫静夫 2007b「上馬石上層文化の土器編年」『遼寧を中心とする東北アジア古代史の再編成』101-135頁，東京大学大学院人文社会系研究科
大貫静夫 鄭仁盛・石川岳彦・古澤義久・中村亜希子 2007「牧羊城をめぐる諸問題」『中国考古学』7，77-96頁
小林青樹 2008「弥生文化と東アジア像の転換」『東アジアの古代文化』134，57-81頁
後藤　直 1971「西朝鮮の「無文」土器」『考古学研究』17－4，36-65頁
後藤　直 1982「朝鮮の青銅器と土器・石器」『森貞次郎先生古希記念古文化論集』243-296頁
甲元眞之 1990「多鈕鏡の再検討」『古文化談叢』22，17-45頁
庄田慎矢 2004「比来洞銅剣の位置と弥生暦年代論（上）」『古代』117，1-29頁
庄田慎矢 2006「比来洞銅剣の位置と弥生暦年代論（下）」『古代』119，123-158頁
徐光輝 1996「遼寧式銅剣の起源について」『史観』135，64-81頁
徐光輝 1997「星星哨石棺墓群再検討－西団山文化編年のために－」『国際文化研究』1，53-68頁
田村晃一 1985「その後の支石墓研究（第1）」『三上次男博士喜寿記念論文集　考古編』151-159頁
鄭漢徳 1990「美松里型土器の生成」『東北アジアの考古学［天地］』87-137頁
鄭漢徳 1996「美松里型土器形成期に於ける若干の問題」『東北アジアの考古学　第二』205-222頁
鄭漢徳 1999「表垈遺跡－韓半島中西部地方の美松里型土器考（3）－」『大塚初重先生頌寿記念考古学論集』1060-1077頁
中村大介 2005「無文土器時代前期における石鏃の変遷」『待兼山考古学論集』51-86頁
中村大介 2007「遼寧式銅剣の系統的展開と起源」『中国考古学』7，1-30頁
西谷　正 1978「美松里洞窟出土の無文土器－西部朝鮮無文土器編年のために（二）－」『史淵』115，165-184頁
春成秀爾 2006「弥生時代の年代問題」『弥生時代の新年代』1，65-89頁
藤口健二 1986「朝鮮無文土器と弥生土器」『弥生文化の研究』3，147-162頁
古澤義久 2007a「遼東地域と韓半島西北部先史土器の編年と地域性」『第19回東アジア古代史・考古学研究交流会予稿集』9-17頁
古澤義久 2007b「遼東地域と韓半島西北部先史土器の編年と地域性」『東京大学考古学研究室研究紀要』83-131頁
朴淳発（山本孝文訳）2004「遼寧粘土帯土器文化の韓半島定着過程」『福岡大学考古学論集』107-127頁
宮本一夫 1985「中国東北地方における先史土器の編年と地域性」『史林』68－2，1-51頁
宮本一夫 1986「朝鮮有文土器の編年と地域性」『朝鮮学報』121，1-48頁
宮本一夫 1998「古式遼寧式銅剣の地域性とその社会」『史淵』135，125-160頁
宮本一夫 2000「支石墓文化圏とその社会」『中国古代北疆史の考古学的研究』149-173頁
宮本一夫 2002「吉長地区における青銅武器の変遷と地域的特徴」『東北アジアにおける先史文化の比較考古学的研究』53-65頁
宮本一夫 2003「東北アジア青銅器文化からみた韓国青銅器文化」『青丘学術論集』22，95-123頁

（中　文）
于海民 1989「東遼黎明石棺墓清理」『博物館研究』1989－2，67-68頁
王巍 1993「夏商周時期遼東半島和朝鮮半島西北部的考古学文化序列及其相互関係」『中国考古学論叢』

196-223頁
王巍 2004「双房遺存研究」『慶祝張忠培先生七十歳論文集』402-411頁
王嗣洲 1998「論中国東北地区大石蓋墓」『考古』53-63頁
王青 2002『海岱地区周代墓葬』山東大学出版社
華玉冰・陳国慶 1994「大連地区晩期青銅器時代考古文化」『遼海文物学刊』1994-1，58-62頁
吉林市博物館・永吉県文化館 1983「吉林永吉星星哨石棺墓第三次発掘」『考古学集刊』6，109-125頁
吉林省文物考古研究所・通化市文物管理委員会弁公室 2003「吉林通化市万発抜子遺址二十一号墓的発掘」『考古』2003-8，32-44頁
吉林省文物工作隊 1984「吉林磐石吉昌小西山石棺墓」『考古』1984-1，51-58頁
許玉林 1994『遼東半島石棚』遼寧科学出版社
許玉林・崔玉寛 1990「鳳城東山大石蓋墓発掘簡報」『遼海文物学刊』1990-2，1-8頁
許玉林・許明綱 1983a「遼寧新金県双房石蓋石棺墓」『考古』1983-4，293-295頁
許玉林・許明綱 1983b「新金双房石棚和石蓋石棺墓」『文物資料叢刊』7，92-97頁
許志国 2000「遼寧開原市建材村石棺墓群」『博物館研究』2000-3，64-70頁
許志国・李忠恕 2001「遼寧開原市発現的幾座石棺墓」『博物館研究』2001-4，40-44頁
許志国・荘艶杰・魏春光 1993「法庫石砬子遺址及石棺墓調査」『遼海文物学刊』1993-1，7頁
曲端琦 1981「瀋陽地区新石器時代的考古学文化」『遼寧省考古，博物館学会成立大会会刊』43-46頁
魏海波 1984「本渓梁家出土青銅短剣和双鈕銅鏡」『遼寧文物』6，25頁
魏海波 1991「本渓連山関和下馬塘発現的両座石棺墓」『遼海文物学刊』1991-2，10-11頁
魏海波・梁志龍 1998「遼寧本渓県上堡青銅短剣墓」『文物』1998-6，18-22，30頁
侯莉閩 1994「吉林延辺新龍青銅墓葬及対該遺存的認識」『北方文物』1994-3，2-14頁
呉世恩 2004「関於双房文化的両箇問題」『北方文物』2004-2，19-28頁
崔玉寛 1997「鳳城東山，西山大石蓋墓1992年発掘簡報」『遼海文物学刊』1997-2，30-35頁
辛岩 1995「遼北地区青銅時代文化初探」『遼海文物学刊』1995-1，49-53頁
瀋陽故宮博物館・瀋陽市文物管理弁公室 1975「瀋陽鄭家窪子的両座青銅時代墓葬」『考古学報』1975-1，141-156頁
徐光輝 1997「旅大地区新石器時代晩期至青銅時代文化遺存分期」『考古学文化論集四』188-210頁
徐家国 1983「遼寧撫順市甲帮発現石棺墓」『文物』1983-5，44頁
靳楓毅 1982「論中国東北地区含曲刃青銅短剣的文化遺存（上）」『考古学報』1982-4，387-426頁
靳楓毅 1983「論中国東北地区含曲刃青銅短剣的文化遺存（下）」『考古学報』1983-1，39-53頁
清原県文化局 1981「遼寧清原県門臉石棺墓」『考古』1981-2，189頁
清原県文化局・撫順市博物館 1982「遼寧清原県近年発現一批石棺墓」『考古』1982-2，164，211-212頁
崔玉寛 1997「鳳城東山，西山大石蓋墓1992年発掘簡報」『遼海文物学刊』1997-2，30-35頁
中国社会科学院考古研究所編 1991『中国考古学中碳十四年代数据集1965-1991』文物出版社
陳光 1989「羊頭窪類型研究」『考古学文化論集二』113-151頁
鉄嶺市文物管理弁公室 1996「遼寧鉄嶺市邱台遺址試掘簡報」『考古』1996-2，36-51頁
鉄嶺市博物館・西豊県文物管理所 2004「西豊釣魚郷小育英屯石棺墓清理簡報」『博物館研究』2004-2，72-77頁
佟達・張正岩 1989「遼寧撫順大夥房水庫石棺墓」『考古』1989-2，144-148頁
唐洪源 2000「遼源龍首山再次考古調査与清理」『博物館研究』2000-2，45-55頁
唐洪源・周傳波 1994「東豊県石大望遺址考古調査」『遼海文物学刊』1994-1，16-22頁
佟柱臣主編 1987『西団山考古報告集』吉林市博物館
裴躍軍 1986「西豊和隆的両座石棺墓」『遼海文物学刊』1986-1，30-31頁
裴耀軍・潘国慶 2005「遼寧鉄嶺市銀州区遼海屯北山遺址」『北方文物』2005-2，4-13頁

龐志国 1991「吉林通化拉拉屯北崗青銅時代遺址」『遼海文物学刊』1991－2，23-31，62頁
撫順市博物館考古隊 1983「撫順地区早晩両類青銅文化遺存」『文物』1983－9，58-65頁
撫順市博物館・新賓満族自治県文物管理所 2002「遼寧新賓満族自治県東昇洞穴古文化遺存発掘整理報告」
　　　　『北方文物』2002－1，1-8頁
万欣・梁志龍・馬毅 2003「本渓南芬西山石棺墓」『遼寧考古文集』44-50頁
蘭新建・李暁鐘 1993「遼寧地区商周時期陶壺研究」『青果集』262-272頁
梁志龍 1991「桓仁大梨樹溝青銅時代墓葬調査」『遼海文物学刊』1991－2，36-39，89頁
梁志龍 2003「遼寧本渓多年発現的石棺墓及其遺物」『北方文物』2003－1，6-14頁
李恭篤・高美璇 1995「遼東地区石築墓与弦紋壺有関問題研究」『遼海文物学刊』1995－1，54-63，85頁
李殿福 1991「建平弧山子，楡林樹子青銅時代墓葬」『遼海文物学刊』1991－2，1-9，77頁
遼寧鉄嶺地区文物組 1981「遼北地区原始文化遺址調査」『考古』1981－2，106-110，127頁
遼寧省文物考古研究所編 2004『五女山城』文物出版社
遼寧省文物考古研究所・本渓市博物館 1994『馬城子－太子河上游洞穴遺存－』文物出版社
遼陽市文物管理所 1977「遼陽二道河子石棺墓」『考古』1977－5，302-305頁
遼陽市文物管理所 1983「遼陽接官庁石棺墓群」『考古』1983－1，72-74頁
遼寧省西豊県文物管理所 1995「遼寧西豊県新発現的幾座石棺墓」『考古』1995－2，118-123頁
林澐 1997「中国東北系銅剣再論」『考古学文化論集四』234-250頁
楊栄昌 2007「遼東地区青銅時代石棺墓墓葬及相関問題研究」『北方文物』2007－1，11-22頁

(朝　文)
金조혁 2002「表岱遺蹟第 1 地点괭이그릇 집자리発掘報告」『馬山里，盤弓里，表岱遺蹟発掘報告』白山
　　　　資料院
金美京 2006「美松里型土器의変遷과性格에対하여」『韓国考古学報』60，38-87頁
金用玕 1963「美松里洞窟遺蹟発掘報告」『各地遺蹟整理報告』1-19頁
金用玕・黄基徳 1967「紀元前千年紀前半期의古朝鮮文化」『考古民俗』1967－2，1-17頁（永島暉臣慎・
　　　　西谷　正訳 1968「紀元前1000年紀前半期の古朝鮮文化」『古代学』14－3/4，245-263頁）
金用玕・李順鎮 1966「1965年度新岩里遺跡発掘報告」『考古民俗』1966－3，20-31頁
金政文 1964a「細竹里発掘中間報告(1)」『考古民俗』1964－2，44-54頁
金政文 1964b「細竹里発掘中間報告(2)」『考古民俗』1964－4，40-50頁
金基雄 1961「平安南道价川郡墨房里고인돌発掘中間報告」『文化遺産』1961－2，45-54頁
石光濬・金재용 2002「九龍江遺蹟発掘報告」『江安里・高淵里・九龍江遺跡発掘報告』160-263頁
鄭燦永 1983『鴨緑江，禿魯江流域高句麗遺跡発掘報告』科学百科事典出版社
李順鎮 1965「新岩里遺跡発掘中間報告」『考古民俗』1965－3，40-49頁

図の出典　本文中に示した各報文による。ただし，図7－7，10のみは〔宮本 2002〕による。

春秋戦国時代の燕国の青銅器
―紀元前5・6世紀を中心に―

石 川 岳 彦

はじめに

　西周時代はじめに召公奭の封建に始まり，後に「戦国の七雄」の一つとして最盛期には河北省から遼寧省にかけて覇を唱えた燕国の春秋時代後半から戦国時代前半の青銅器については，河北省唐山市賈各荘遺跡〔安志敏 1953〕の墓葬の発掘調査によって，はじめてその実態が明らかとなった。この遺跡の墓から出土した青銅器はその後，洛陽中州路〔中国科学院考古研究所 1959〕の墓葬の調査・研究により，そこから出土した青銅器との比較がおこなわれ，中州路遺跡第3期に併行する年代が与えられ，この時期を代表する青銅器として位置づけられてきた。

　その後，最近までに河北省をはじめ，北京市・遼寧省などの広範囲にわたる地域での春秋時代後半から戦国時代にかけての青銅器の出土数は大幅に増加し，それらの青銅器は燕国の地域的な特色を有する青銅器として認識されるようになっている。

1　研　究　史

　燕国の青銅器，ことに青銅容器類に関しては日本では林巳奈夫〔林 1989〕，宮本一夫〔宮本 2000〕，中国では趙化成〔趙化成 1993〕，朱鳳瀚〔朱鳳瀚 1995〕，陳光〔陳光 1997・1998〕などにより研究がなされている（表1）。

　このうち林は中国春秋戦国時代の青銅器を概括したなかで，それぞれ地域ごと，年代ごとの青銅器を器種別に分類・編年する作業をおこない，賈各荘遺跡をはじめとする多数の遺跡から出土した燕国の青銅器の年代を春秋Ⅲ期に属するものとし，さらにそれをA・Bの両段階に細分することができるとする。賈各荘遺跡，特に18号墓出土の青銅器を春秋ⅢA期とする根拠は洛陽中州路第3期の青銅器に器形や紋様の点で類似することだとする。また，林はこの研究において戦国時代の燕国青銅器に実年代を与えることのできる基準資料の一つとして燕国の君主である「郾侯載」銘青銅器群をあげている。この君主銘を有する青銅器は今日までに銅戈や銅矛のほか，青銅豆，青銅簋の存在が知られる。銅戈は著録の拓本のほかにも燕下都などでの出土資料，銅矛は著録の拓本が知られている。一方，青銅容器である豆は銘の拓本と全体の簡単な図，簋は銘文部分の拓本が著録に残るのみである。林はこの「郾侯載」を郭沫若の説〔郭沫若 1952〕をもとに燕の成公と比定し，その在位年代については陳夢家の『六國紀年』〔陳夢家 1955〕による燕国君主の在位年代をもとにして，紀元前358年から紀元前330年の在位期間を考えている。この林による燕国青銅器の年代観は日本において，燕国に関する考古遺物の年代を考察する際の一つの年代的基準となってきた。

　宮本一夫は上記の林の編年を基にしながら，林の研究以後の新出青銅器を含めて，編年をおこなっている〔宮本 2000〕。宮本の編年は，林が春秋ⅢA期（紀元前6世紀後半）に位置づけた青銅器群のいくつかの年代を紀元前5世紀前半にまで下ると考えているのが特徴であるといえよう。

　一方，中国の研究では，趙化成〔趙化成 1993〕が燕国の青銅器を器種分類し，「春秋晩期」の洛陽中州路第3期に併行する一群と「春秋・戦国時代の画期」（洛陽中州路第4期）に併行する一群，そしてそれらより時期が下って「戦国早期後半から戦国中期前半」の一群の計3群に分けている（註1）。そして青銅器の器形の変化として鼎は脚部が長いものから短いものへと変化し，さらに，

表 1　先行研究による燕国青銅器の年代観

B.C.	林 (1989)	宮本 (2000)	(註参照)	趙化成 (1993)	朱鳳瀚 (1995)	陳光 (1997·1998)
B.C.600			春秋中期			燕下都M31
B.C.550	春秋ⅢA　龍濤屯·永楽寺·燕下都M31·賈各荘M18·M28·北牢塞·中趙甫(豆·敦)	龍濤屯·賈各荘M18·M28	春秋晩期	賈各荘M18·M28·M5		双村M1 / 賈各荘M28
B.C.500	春秋ⅢB　中趙甫(鼎·釦·勺)	大黒汀M1·燕下都M31·中趙甫·双村M1·大唐廻M1		中趙甫·龍濤屯·双村M1		賈各荘M18
B.C.450	戰国ⅠA	燕下都西貫城村M14	戰国早期		賈各荘M18·M28·龍濤屯	
B.C.400	戰国ⅠB　北陽村		戰国中期	懷柔城北塞·燕下都M31·大唐廻M1	懷柔城北塞·双村M1·燕下都M31·中趙甫	
B.C.350		北京豊台区				懷柔城北塞
B.C.300	戰国ⅡA　豊台　　邵陵觀·鈴青銅器群				大唐廻M1·北京豊台	北京豊台

趙化成が「A型」とする耳がまっすぐに立つ形態の鼎は胴部が次第に浅くなり，また，「C型」と呼ばれる円形の耳を有する三足器は胴部の側視観が円形から下膨れ気味に変化すると推定している。

朱鳳瀚は中国の青銅器を殷代から戦国時代まで，地域と時期ごとにまとめた著書〔朱鳳瀚 1995〕のなかで，燕国のこの時期の青銅器に関してもふれている。朱鳳瀚は当該青銅器の年代を大きく3期にわけ，それぞれの実年代を考察しているが，他の研究者との大きな違いは，全般に年代を新しく考えていることである。特に龍湾屯〔程長新 1985b〕や賈各荘出土の青銅器の年代を燕国以外の諸国の戦国時代初め頃の青銅器に類似するとして，その年代は「戦国早期」まで下り，春秋時代までは遡らないとしている。また燕下都31号墓や中趙甫の青銅器の年代も「戦国中期初め」と考えている。

さらに，陳光は燕国の春秋戦国時代の遺物の編年をおこない〔陳光 1997・1998〕，そのなかで青銅器の編年もおこなっている。陳光はこのうち，特に豆の形態に注目し，蓋に三本の突起をもつものが新しく，圏足付杯をひっくり返したような形の蓋部を有する豆がより古い形態であると考えている。これを基準にしながら，各遺跡における共伴関係を整理し，鼎においても耳が強く外側へ屈曲する形態のものがより古く，耳が比較的上方へまっすぐに伸びる鼎が新形態であるとした。この研究が他の研究と異なる点は，基本的に燕国の青銅器において異なる形態の青銅器を並行関係としてではなく，前後関係としてとらえようとする見方である。このために陳光が最も古いと考える燕下都31号墓の青銅器は「春秋中期」にまで遡るとの結論が得られている。

以上の日本と中国の各研究者の編年観を表1にまとめた。およそ250年間の時期をあつかっているにもかかわらず，それぞれ研究者によって，非常に大きな年代観の違いが存在している。その最大の理由として考えられるのは，燕国に関する春秋戦国時代，特に紀元前4世紀後半以前についての文献資料における記載が極めて少なく，それに対応させることが可能な金文・銘文などの出土文字資料もまた少ないことである。一方で，考古遺物においては戦国時代の後半を中心に，墓に副葬される礼器の陶器化が他地域に比べても大幅に進み，当時の社会で最高ランクに属すると考えられるような被葬者の大型の墓においてすら，副葬礼器がすべて陶器であり，青銅礼器はこれまでほとんど出土していないことなど，地域的な特殊性が極めて強いこと〔石川 2001〕も燕国の青銅器を研究する際の大きな課題である。以上のような研究史を踏まえ，春秋戦国時代の燕国青銅器について分析を進めていきたい。

2　青銅器の分類と出土状況

本節では燕国の青銅器の分類をおこなう。分類に際してはまず，器種レヴェルでの分類作業をし，さらに器種ごとにその形態をもとにした細別分類をおこなう。分類の対象には青銅容器を扱う。なお器種の名称は林巳奈夫の『春秋戰國時代青銅器の研究』〔林 1989〕の器種名称を参考にした。また，以下の器種分類は図1にまとめている。

①鼎

　鼎は大きく2種類に分類される。

　鼎A類

　鼎A類は胴部の側視観が円形または楕円形で，耳部は比較的まっすぐに上方に伸びる形態をなす。林が一五A型鼎〔林 1989〕，宮本が鼎A1・A2類〔宮本 2000〕，趙化成がA型鼎〔趙化成 1993〕，朱鳳瀚がA型鼎〔朱鳳瀚 1995〕とする鼎がこれにあたる。

　この鼎は三晋地域や洛陽地域においても数多く出土している種類で，他地域との比較に有効な種類である。

　鼎B類

　鼎B類は胴部の側視観がA類に比べて幾分扁平で，耳部が先端にかけてほぼ直角気味に強く外

鼎A類　　　　鼎B類　　　鍾A類　鍾B類

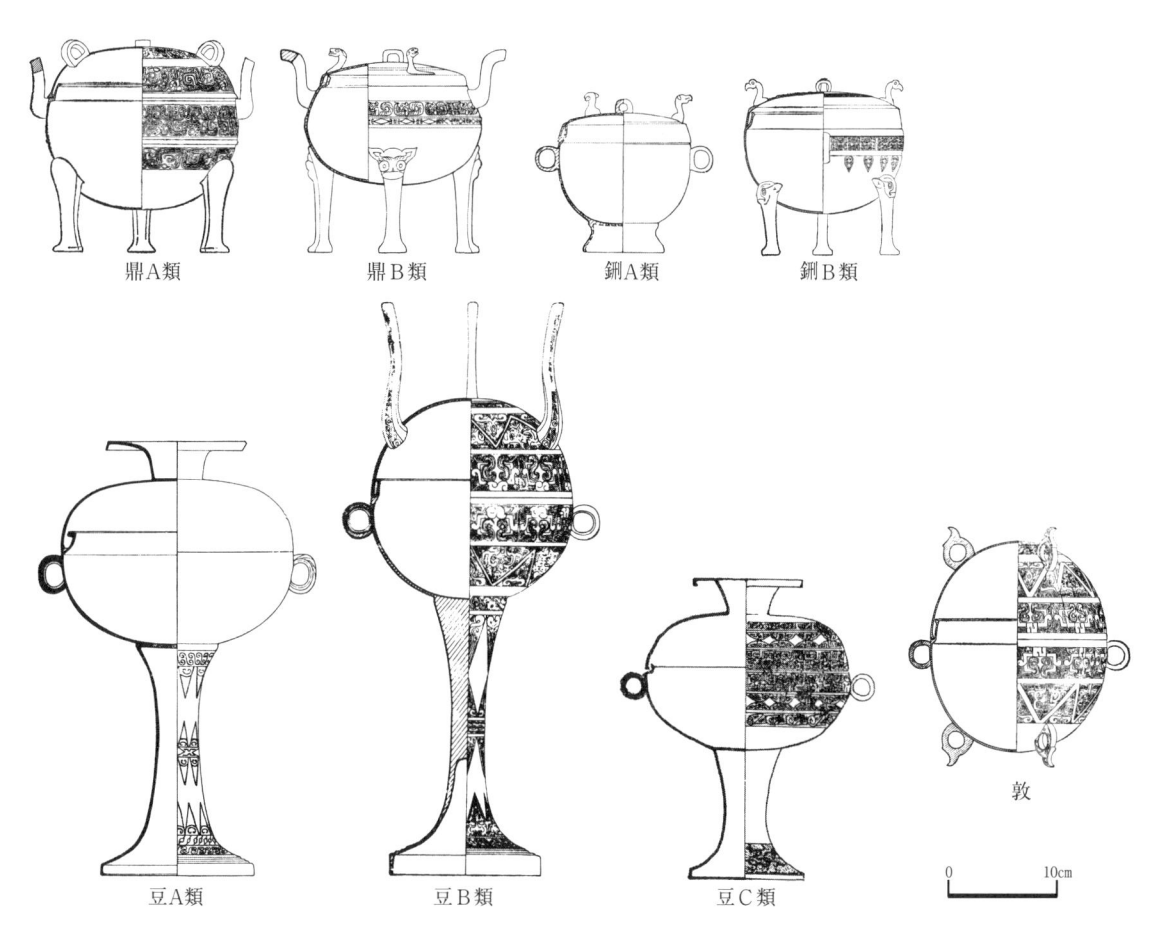

豆A類　　　　豆B類　　　豆C類　　　敦

図1　燕国青銅器の分類

反するところが大きな形態的特徴である。林が一五E型鼎，宮本が鼎B類，趙化成がB型鼎，朱鳳瀚がB型鼎とする鼎がこれにあたる。

②豆

豆は大きく3種類に分類される。

豆A類

豆A類は脚部が長く，杯・蓋部の側視観は楕円形をなす。また蓋部は圏足付杯をひっくり返したような形態である。林が四型豆，宮本が豆Ⅰ類，趙化成がA型豆，朱鳳瀚がA型豆とする豆がこれにあたる。

豆B類

豆B類は脚部が長く，杯・蓋部の側視観は円形から縦長の楕円形に近く，後述する敦の蓋・胴部本体に形状や紋様構成などで極めて類似する。また，蓋部には三本の上方へ伸びる長い突起が付く。宮本が豆Ⅱ類，趙化成がB型豆，朱鳳瀚がB型豆とする豆がこれにあたる。

豆C類

豆C類は杯・蓋部の形状はA類に類似するが，脚部はA類やB類に比べて短い。

③鍾

鍾は大きく2種類に分類される。この器種は燕国を中心とする地域の独特な青銅器で，その名称も研究者や報告者によって，鍾，鼎，三足器，簠などと一定しない。ここでは林による名称に従った。

表2　春秋戦国時代の燕国の青銅器出土状況

	鼎		錪		豆			敦	文献
	A類	B類	A類	B類	A類	B類	C類		
賈各荘M16								1	1
賈各荘M18	1		1		1				1
賈各荘M28		1		1	1				1
龍湾屯		1	1		1				2
大黒汀M1	1					1		1	3
中趙甫	2			1		1		1	4
大唐廻M1		1	1				1		5
双村M1		1	1		1				5
燕下都M31		1	1		1				6

文献	
1	安志敏1953
2	程長新1985b
3	顧鉄山ほか1996
4	程長新1985a
5	廊坊地区文物管理所ほか1987
6	河北省文化局文物工作隊1965

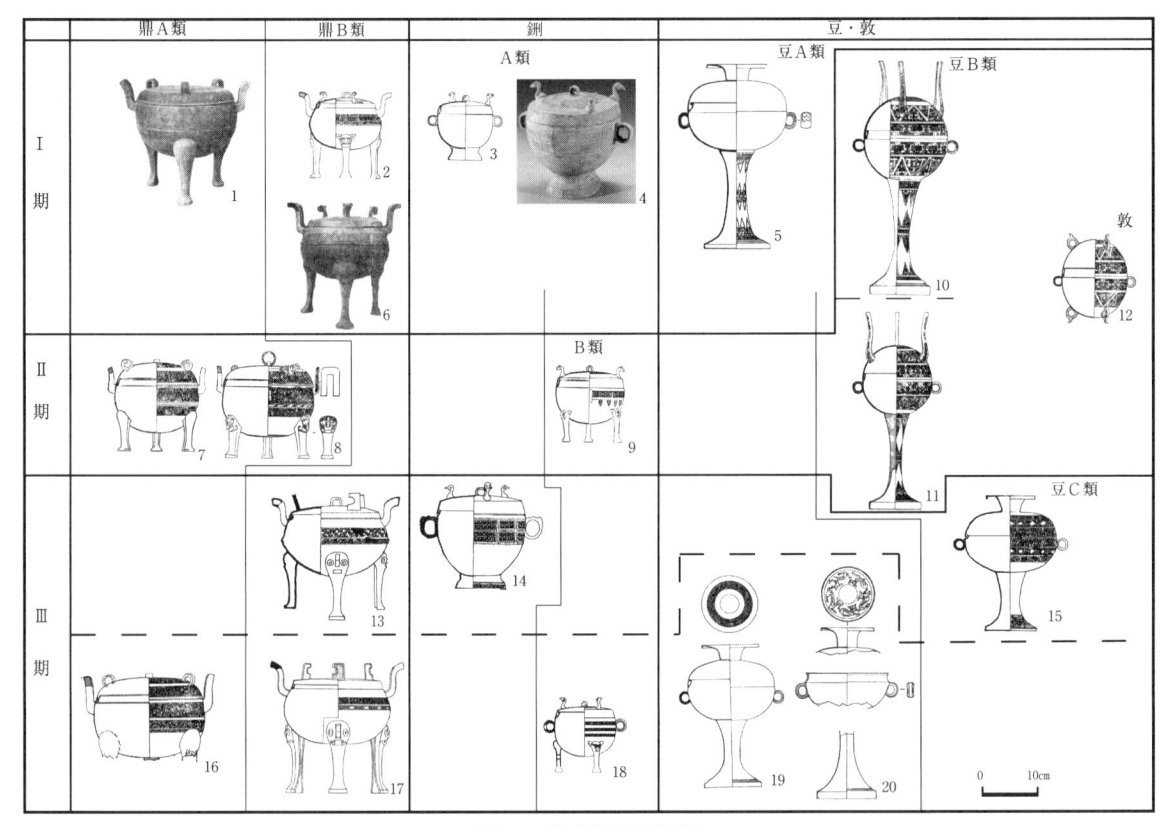

図2　燕青銅器編年図
（1・4 賈各荘M18、2・3・5 龍湾屯、6 賈各荘M28、7・8・9・11・12 中趙甫、10 大黒汀、
13・14・15 大唐廻、16・20 燕下都西貫城村M14、17・18・19 燕下都M31）

錪A類

錪A類はやや深さのある容器で，胴部には縦に円形の把手が，蓋には鳥など動物を形象したつまみが付く。圏足をもつ。林が三A型錪，宮本，趙化成，朱鳳瀚がそれぞれ簋とする器種がこれにあたる。

錪B類

錪B類は錪A類と同様にやや深さのある容器で，胴部には縦に円形の把手が，蓋には鳥など動物を形象したつまみが付く。また，胴部に三足が付く。林が三型錪，宮本が鼎C類，趙化成がC型鼎，朱鳳瀚がC型鼎とする器種がこれにあたる。

このほか，主要な器種としては敦がある。敦は蓋・胴部本体の形態や紋様が上述の豆B類に極めて類似し，胴部と蓋部にそれぞれアラビア数字の「6」に似た形状の突起が3つ付く。

さらに，一部の遺跡からはこれらの器種のほかに，盤や匜といった青銅礼器も出土している。

図3　C字形龍紋（左）と絡み合い相食む龍紋（右）
（左 賈各荘18号墓出土鼎A類胴部，右 中趙甫出土鼎B類胴部）

上で分類をおこなった今日までに知られている春秋戦国時代の燕国の青銅器はそのほとんどが墓から副葬品として出土したものである。このうち，上述の器種がまとまって出土している墓と青銅器の出土内容を表2に整理した。各器種間での共伴関係が比較的弱いことが見出される。このことが，研究史において紹介した先行研究で各研究者間の編年観が大きく異なっている一つの要因ともなっている。

3　青銅器の器形・紋様の分析と相対編年（図2）

時期区分

上述の分類と出土状況をもとに，燕国の青銅器の相対編年の検討をおこなう。まず，青銅鼎を中心に器形と紋様の点から周辺地域から出土している青銅器との比較をおこないたい。

賈各荘18号墓出土の青銅器はかねてから洛陽中州路の第3期とされる2729号墓出土の青銅器との類似が指摘され，ほぼ同じ時期のものであるとの考えが一般的である。このうち，青銅鼎は特に両者の間に共通点が多い。具体的には，賈各荘18号墓の鼎A類（図2-1）は脚が長いという器形の特徴，そして紋様でも賈各荘18号墓の鼎の胴部と蓋部にみられるC字形の龍紋（図3左）が洛陽中州路2729号墓出土の鼎の蓋部にも共通に施されている。一方でこのC字型の龍紋は龍湾屯出土の鼎B類（図2-2）の胴部にも施されている。また，洛陽中州路2729号墓出土の鼎には同時に雷紋も施されており，これと同様の雷紋が賈各荘28号墓出土の車軸頭にもみられる。このように器形や紋様をなかだちにして，洛陽中州路2729号墓，賈各荘18号墓，28号墓，龍湾屯出土の青銅器の関係をたどることができよう。

次に洛陽中州路で第3期に後続する第4期の青銅器を出土した代表的な墓としては2717号墓が挙げられる。この墓から出土した青銅鼎の胴部や蓋部の紋様は上述のC字形の龍紋ではなく，2匹の龍が絡み合って尾を相食む紋様である。燕国における類似の青銅鼎の出土例としては中趙甫〔程長新 1985a〕出土の鼎A類（図2-7・8，図3右）があげられる。この遺跡から出土した鼎A類は2点あり，蓋部と胴部の紋様は上述の洛陽中州路2717号墓出土青銅鼎の龍紋に極めて類似する。また，中趙甫出土の鼎A類は胴部と蓋部の器形変化に着目すると，賈各荘18号墓出土の鼎A類に比べ，脚部は短く，胴部はやや浅く，胴部の側視観は楕円形に近くなっている。また，蓋部が丸みを帯びる。これらの変化は洛陽中州路出土の青銅鼎の器形や紋様の変化過程ともほぼ対応している。

このような鼎A類の時期的な変化を想定したときに，さらに新しい段階に位置づけられる鼎A類が燕下都西貫城村14号墓〔河北省文物研究所 1996〕出土の青銅鼎（図2-16）である。この墓から出土している鼎は報告では詳細な紋様はわからないものの，器形はその側視観が中趙甫出土の青銅鼎に比べ，さらに楕円形になっている。また，この墓からは壺，尊といった副葬土器が出土しており，筆者はこれらを筆者の副葬土器編年第Ⅱ期のものと考えている〔石川 2001〕。そして，燕下都西貫城村14号墓から出土した副葬土器の尊と類似する形態の尊が発見された墓に燕下都31号墓〔河北省文化局文物工作隊 1965〕がある。この墓では鼎B類（図2-17）が出土しており，この鼎B類と

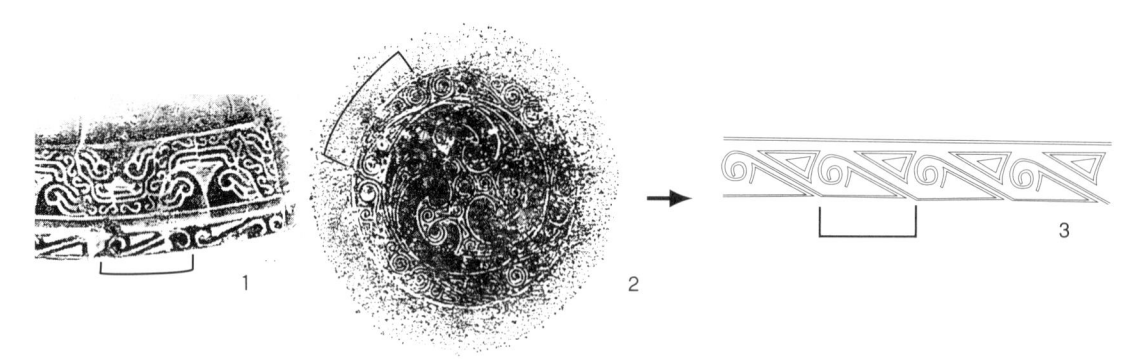

図4　「S字」紋から「9＋三角」紋への変化（[で示したのが紋様の単位）
（1 賈各荘18号墓出土銅盤圏足部，2 中趙甫出土銅鼎A類蓋頂部，3 大唐廻出土銅鼎B類胴部）

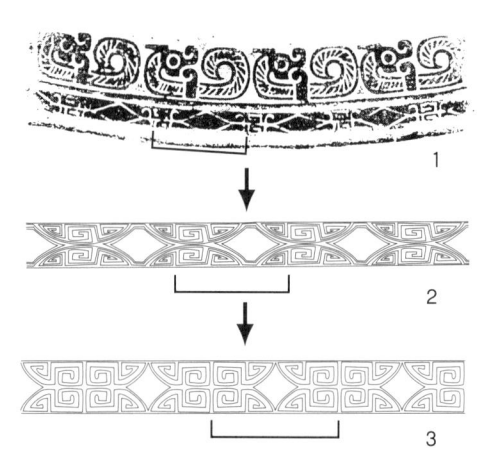

図5　「菱形＋渦」紋の変化
（[で示したのが紋様単位）
（1 龍湾屯出土銅鼎B類胴部，
2 大唐廻銅豆C類蓋部，
3 河北陽原県採集銅錁B類胴部）

燕下都西貫城村14号墓出土の鼎A類などの青銅器は時期的にほぼ同じ段階であると考えられよう。

以上のように鼎A類を主な基準にし，古いほうから賈各荘18号墓段階，中趙甫段階，燕下都西貫城村14号墓段階の3つの段階に年代を分けることが可能であり，それぞれを第Ⅰ～Ⅲ期とする。以下では，さらに他の器種を含めた青銅器の紋様や器形に関して，いくつか補足説明をおこないたい。まず，各器種に共通に施されるいくつかの紋様について考察する。

「S」字渦巻紋から「9」字＋三角紋へ（図4）

第Ⅰ期の賈各荘18号墓出土の盤の圏足下部には横方向に横向きの「S」字渦巻紋が施されている（図4－1）。これは縦方向の象嵌によるものではあるが，賈各荘18号墓や龍湾屯出土の豆A類（図2－5）にも同様にみられる紋様である。この「S」字渦巻紋は第Ⅱ期の中趙甫出土鼎A類の蓋部にも施されている（図2－7，図4－2）。

一方，河北省大唐廻〔廊坊地区文物管理所・三河県文化館 1987〕出土の鼎B類の胴部ではこの「S」字渦巻紋の紋様単位の隣りあう渦同士が合体し「9」字を横にした紋様とそれに対応した三角紋が横方向に連なる紋様へと変化している（図2－13，図4－3）。このことから大唐廻出土の青銅器は第Ⅱ期に遅れる第Ⅲ期に位置づけられよう。

菱形＋渦紋の変化（図5）

第Ⅰ期の龍湾屯出土の鼎B類胴部のC字形龍紋の下には菱形と渦を組み合わせた紋様が横方向に施されている。紋様単位に注目すると，龍湾屯例では紋様単位が一つの菱形と上下で渦の向きが異なる二つの方形の渦紋から成り立っている（図2－2，図5－1）。一方，上で第Ⅲ期とした大唐廻出土の豆C類の杯部と蓋部にも同様の紋様が施されている。しかし，紋様単位の構成要素は同じではあるものの，上下で逆だった渦の向きが同一向きへと変化している（図2－15，図5－2）。さらに河北省陽原県出土の錁B類〔中国青銅器全集編輯委員会編 1997〕や同じく第Ⅲ期の燕下都31号墓出土鼎B類（図2－17）胴部に施されたこの紋様は，大唐廻の豆C類と紋様単位内の基本紋様の形状は同じであるが，単位が「一つの上下渦紋＋菱形紋」から「菱形紋＋その両側に上下渦紋」を配するように，紋様単位の構成に変化が見出される（図5－3）。このことから，大唐廻出土青銅器の年

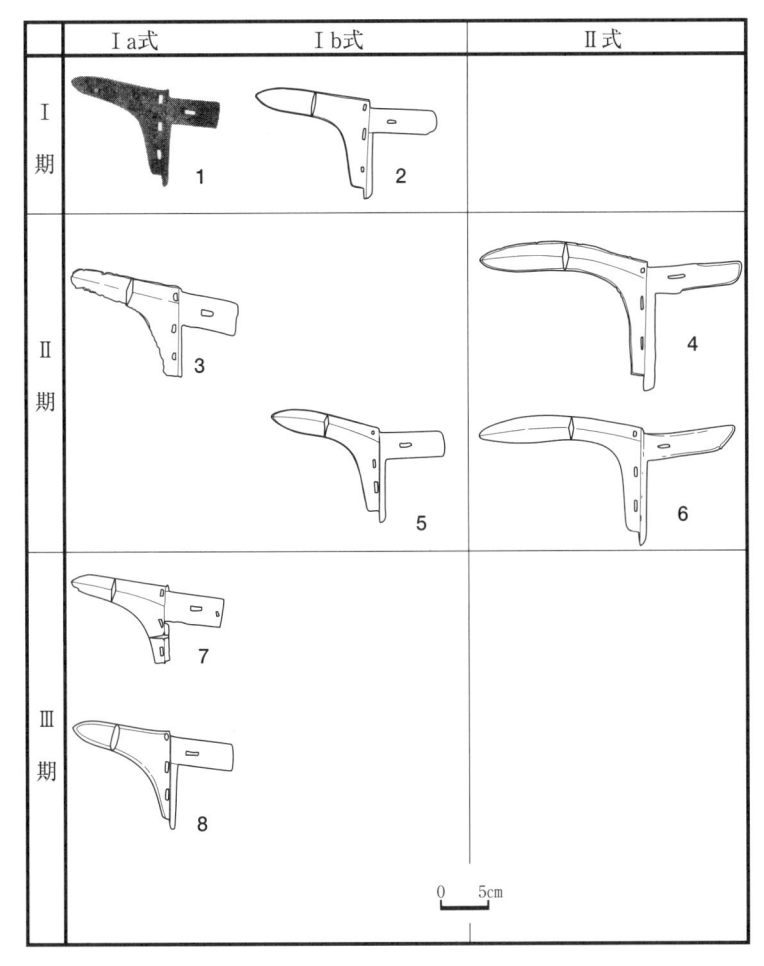

	Ⅰa式	Ⅰb式	Ⅱ式
Ⅰ期	1	2	
Ⅱ期	3	5	4 6
Ⅲ期	7 8		

0　5cm

図6　燕国青銅戈編年図
（1 賈各荘M18，2 龍湾屯，3・4 大黒汀，5・6 中趙甫，7 双村，8 燕下都M31）

代は第Ⅲ期のなかでも燕下都31号墓よりやや古いと考えられよう。

各器種青銅器の器形や紋様に関する補足

　鼎B類は上の分析結果をもとにすると，賈各荘28号墓（図2-6）と龍湾屯出土例を第Ⅰ期に，大唐廻と燕下都31号墓出土例を第Ⅲ期にそれぞれ位置づけることができる。この鼎B類の器形と紋様を型式学的にまとめてみると，脚部付け根の立体獣面紋が具象性を失い，同様に蓋部の鳥形の把手も，「コ」形の把手に変化する。また，胴部中央の紋様帯には龍紋が施されるが，C字形龍紋から複数の龍が絡み合う紋様への変化をたどることができる。これらのことから，後者の紋様の賈各荘28号墓出土例は前者の紋様の賈各荘18号墓，龍湾屯例に比べて第Ⅰ期でもやや時期が下る可能性がある。

　一方，出土した鼎A類が中趙甫出土例に類似することから第Ⅱ期に位置づけられる河北省遷西県大黒汀出土の青銅器〔唐山市文物管理所 1992，顧鉄山・郭景斌 1996〕は，豆B類（図2-10）に関しては，中趙甫出土例が脚部や杯部，蓋部に施される紋様において，大黒汀例に比べ明らかな退化傾向がみられる。このため大黒汀出土の豆B類は中趙甫出土例に比べて時期が遡ると考えられよう。

　以上の検討と各墓における出土青銅器の共伴関係をもとにした青銅器の相対編年が図2である。各器種のそれぞれの時期における紋様や器形の変化については，上ですでに詳細に述べたが，この他にも，豆A類では第Ⅰ期には表面に象嵌による紋様装飾が盛んに施されるが，第Ⅲ期の後半には蓋部のつまみ内側に紋様が施されるのみというように無紋化の傾向がみられる。また，燕下都31号墓出土の豆A類（図2-19）などは第Ⅰ期のものに比べて若干脚部が短い。

4　春秋時代後半から戦国時代前半における燕国青銅戈の分類と編年（図6）

　春秋戦国時代の燕国青銅器を特徴づける青銅器に青銅武器，特に青銅戈がある。銅戈は戦国時代後半に銘が記されるようになり，このような銅戈に関しての研究はこれまでさかんになされている。一方で春秋時代後半から戦国時代前半にかけての燕国の銅戈については，多くの墓から青銅容器などとともに出土しているにもかかわらず，体系的な研究はこれまであまりなされていない。そこで，本節ではこの時期における燕国の銅戈の形態による分類をおこなうとともに，上でまとめた青銅容器との共伴関係をもとにして銅戈の相対編年をおこなう。

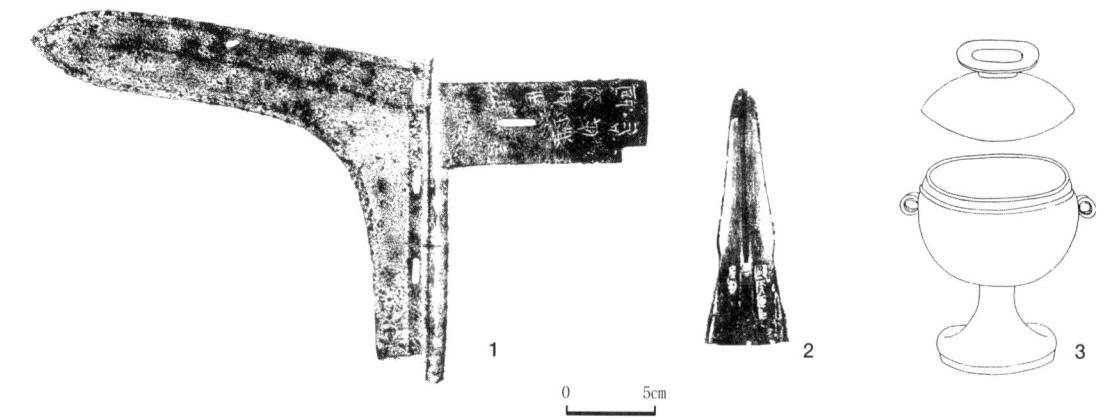

図7　「邸侯載」銘青銅器（1 銅戈，2 銅矛，3 銅豆，3 は縮尺不明）

　春秋時代後半から戦国時代前半にかけての燕国の銅戈は大きさにより二種に大別できる。一種は比較的小さいタイプで全長は20cm前後である。
　そして，もう一種類は前者に比べて大きく，全長が25cmを超えるような一群である。この大型の銅戈は内の周囲に刃部を作り出しており，援も緩やかにやや下向きに湾曲しながら伸びる形状をしている。ここでは前者の小型の銅戈をⅠ式，後者の内に刃を有する大型の銅戈をⅡ式とする。
　Ⅰ式はさらに内と胡がなす角度によって二種に分類することができる。内と胡の角度が鋭角になるものとほぼ直角になるものである。鋭角となるものをⅠa式，ほぼ直角となるものをⅠb式とする。
　図6は上記の銅戈の分類ごとに，上で相対編年をおこなった青銅容器との墓における共伴関係，そしてその他の遺跡から出土した銅戈については型式学的検討をもとにして作成した編年図である。時期区分は青銅容器の時期区分と同一である。
　Ⅰ式はその細分両型式ともに時期が下るほど援の稜線がゆるやかに湾曲するようになる。さらにⅠb式は援の先端付近がやや丸みをもつように変化していくことがわかる。一方，Ⅱ式はこの時期以前にはみられない形態であり，林巳奈夫はこの種の銅戈と戟の関連を指摘している〔林 1972〕が，このような大型で内に刃を有する銅戈は第Ⅱ期を中心とする時期にはすでに出現している。

5　青銅器編年と副葬土器編年の実年代

青銅器編年第Ⅰ期・第Ⅱ期の実年代

　以上，燕国の春秋戦国時代の青銅器，特に春秋時代後半から戦国時代前半にかけての青銅器の分析をおこない，大きく3期に分ける相対編年案を示した。本節ではこれらの実年代を検討したい。まず，第Ⅰ期は賈各荘18号墓や龍湾屯で出土した青銅器に施されたC字形の龍紋により，洛陽中州路第3期に併行する。この紋様はこの時期の青銅器に特徴的にみられる。このような舌を出したコ字あるいはC字形の龍紋は「郕公華鐘」〔韓冰編 1996〕にもみられ，郕公華の在位年代は紀元前555年から紀元前541年である。よって第Ⅰ期の実年代は紀元前6世紀半ばから後半頃と考えることが可能である。
　続く第Ⅱ期の青銅器では中趙甫出土の鼎にみられるような絡み合い相食む龍紋が特徴的な青銅器の紋様である。これは洛陽中州路第4期に併行する。この紋様は地域的に比較的広範囲の青銅器に，しかも多くの器種に施されており，実年代を考える際にも比較可能な資料が多い。この相食む龍紋は三晋諸国の青銅器にも数多くみられ，近年の出土資料では山西省太原市の晋国趙卿墓〔山西省考古研究所・太原市文物管理委員会 1996〕や同じく侯馬市の侯馬鋳銅遺跡〔山西省考古研究所 1993〕でこの紋様を彫りこんだ鋳型や模が多数出土している。晋国趙卿墓は報告によれば紀元前475年に卒した趙簡子，趙鞅の墓であると考えられており，第Ⅱ期の実年代は紀元前5世紀前半頃と考えることができよう。

表3　『六國紀年』（陳夢家）と『史記』六国年表における燕国君主とその在位年の対照

西暦（紀元前）	『六國紀年』（陳夢家）	『史記』六国年表
476	孝公	献公
470	孝公	献公
460	孝公	孝公
450	成公（454～439）	成公（「郾侯載」）（449～434）
440	成公（454～439）	成公（「郾侯載」）（449～434）
430	文公	湣公
420	文公	湣公
410	文公	湣公
400	簡公	釐公
390	簡公	釐公
380	簡公	釐公
370	桓公	桓公
360	成侯（「郾侯載」）（358～330）	文公
350	成侯（「郾侯載」）（358～330）	文公
340	成侯（「郾侯載」）（358～330）	文公
330	易王	易王
320	王噲	王噲
310	昭王	昭王
300	昭王	昭王

「郾侯載」銘青銅器群をめぐる問題と青銅器編年第Ⅲ期の実年代

上述のような第Ⅰ期と第Ⅱ期の実年代比定により，第Ⅲ期は紀元前5世紀後半以後と考えることができるが，第Ⅲ期の実年代のみならず，戦国時代の燕国青銅器の実年代を考える際に重要な位置を占める「郾侯載」銘青銅器に関してここで考察しておきたい。

燕国の戦国時代には銘をもつ青銅器が存在している。ことに銅戈や銅矛といった青銅武器には燕国の君主名とともに職名や武器の器種名などが記され，古くから著録によって多くの有銘武器の存在が知られている。そして銘にある君主名と文献記載の君主名との比定をもとにした青銅器の実年代決定がおこなわれており，燕国の有銘青銅器の多くは紀元前4世紀以降のものであるとされている。

そのような青銅器の中で，比較的に古い時期の実年代があたえられてきた一群の青銅器が「郾侯載」銘を有する青銅器である（図7）。現在まで，この銘をもつ青銅器としては著録に簡単な図があるものも含めれば，銅戈（図7-1），銅矛（図7-2），銅簋，銅豆（図7-3）の存在が知られている。

これらの青銅器に残る君主の名を「郾侯載」と釈し，燕の成公と比定した説は郭沫若の『金文叢考』に始まる〔郭沫若 1952〕。これは『古本竹書紀年』にある燕の成公に関する「成侯名載」という記事に依拠するものである。この銘の釈文に関する「郾侯載」＝「燕成公」説はその後も多くの研究者によって踏襲されている。ちなみに郭沫若は成公の在位年を『史記』六国年表をもとに戦国初年とし，「郾侯載」銘青銅器にも戦国初年の年代観を与えていた。

一方，陳夢家は『古本竹書紀年』などの文献資料や有銘青銅器などの出土資料をもとにして『史

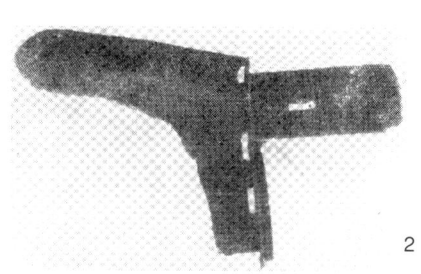

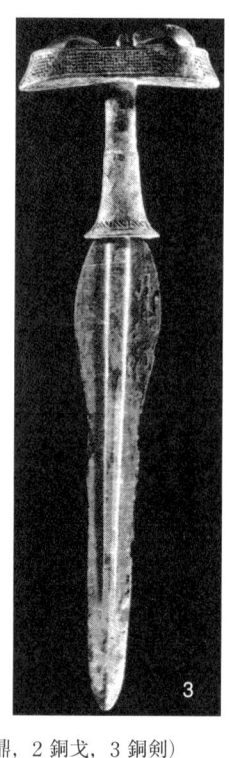

図8　遼寧省三官甸遺跡出土青銅器（1銅鼎，2銅戈，3銅剣）

記』の六国年表の修正をおこなった研究，『六國紀年』の中でこの「郾侯載」について次のように推定した〔陳夢家 1955〕。陳夢家は「郾侯載」に関して，郭沫若の釈文を引用しながらも，『史記』六国年表中の魏恵王十五年の註『集解』に「徐廣曰：紀年一曰『共侯來朝。邯鄲成侯会燕成侯平安邑』」という記事があることに着目し，『史記』燕召公世家などにこの魏恵王十五年当時の燕の君主として記されている「文公」を紀元前5世紀代の君主である「成公」とはまた別人の「燕成侯」であると考えた。そして「燕成侯」（『史記』六国年表などに文公と記されている君主）こそが青銅器に銘を残す「郾侯載」であると比定し，その在位年を紀元前358年から紀元前330年と推定したのである。さらに陳夢家は，「郾侯載」銘を有する戈や矛のように青銅武器に君主の名を施す例が「郾王職」（陳夢家は燕昭王に比定）以後の王の青銅器に多いことを上記の年代決定の根拠の一つとして挙げている（表3参照）。

このように陳夢家は「郾侯載」銘青銅器の年代を郭沫若の説より百年余り新しい紀元前4世紀半ば頃と推定した。

日本ではすでに研究史のなかでも触れたが，林巳奈夫が「郾侯載」銘青銅器を戦国時代において実年代を与えることが可能な青銅器として扱っている〔林 1972，林 1989〕。林はこの「郾侯載」については釈文を郭沫若の「燕成公」説に依拠し，年代は陳夢家の研究の年代を引用しており，これらの青銅器を戦国時代中期の青銅器であると考えている。

では「郾侯載」銘青銅器の年代は考古学的にどう考察されるのかあらためて考えてみたい。まず銅戈（図7－1）について，形態は紀元前4世紀後半以降とされている有銘の銅戈との間には型式学的にヒアタスがあり，紀元前4世紀後半以降とされる有銘銅戈には「郾侯載」戈と同じような形態の戈はこれまで発見されていない。ただし，闌をもっているという特徴では紀元前4世紀以後の銅戈に類似する。しかし全体的な形状でみた場合，上述のⅠｂ式銅戈として捉えることが可能であり，型式学的には第Ⅱ期に後続する第Ⅲ期以降のものと考えられよう。また銅豆（図7－3）については，これまで紀元前4世紀以降の燕国の青銅器自体がほとんど発見されておらず，上述の青銅容器の相対編年のなかで位置づけるならば，簡単な図からの検討のみではあるが，やはり第Ⅲ期の豆A類に形状が近いことを指摘できよう。しかもほとんど紋様がないということは，豆A類の型式学的変化からも第Ⅲ期の年代を与える重要な根拠となる。このように，一群の「郾侯載」銘青銅器は青銅器編年の第Ⅲ期に相当するものであるといえそうである。

このように「郾侯載」銘青銅器に関しては紀元前4世紀後半以後の戦国後半期の青銅器よりもここまで分析してきた紀元前5・6世紀を中心とする時期の燕国の青銅器に多くの共通点がみられる。このことから，これらの青銅器の年代を郭沫若の比定した「燕成公」の在位期間である紀元前5世紀代に考える余地は十分にあるといえる。

第Ⅲ期の実年代は上記の検討を総合すれば，紀元前5世紀後半頃と考えることができる。

青銅器編年による副葬土器編年実年代の再検討

ここで，青銅器編年の実年代の検証と関連させながら，燕国の副葬土器の実年代についてもふれておきたい〔石川 2001参照〕。青銅器編年第Ⅲ期の燕下都西貫城村14号墓や燕下都31号墓から青銅器とともに出土した副葬土器は筆者の副葬土器編年第Ⅱ期のものである。一方，副葬土器編年からみた場合，副葬土器編年第Ⅲ期には青銅器編年第Ⅲ期の青銅器の出土例は今のところない。このことは筆者の副葬土器編年第Ⅱ期がほぼ青銅器編年第Ⅲ期に併行することを示している。

かつて筆者は燕国の副葬土器の実年代を考えた際，遼寧省凌源市三官甸遺跡〔遼寧省博物館 1985〕出土の青銅器に注目した。この遺跡からは遼寧式銅剣をはじめとする在地的な青銅器のほかに，青銅鼎，銅戈などが出土している（図8）。このうち，銅戈（図8-2）は内の下端部が方形に打ち欠いたような形になっており，かねてから上述の「郾侯載」銘の銅戈との共通点が指摘されていた〔林澐 1980・1997，王建新 1999〕。また報告に載る写真からは青銅鼎（図8-1）に円の内部を扇形状に区画し，各区画内を交互に点紋で充填する紋様が確認できる。この紋様は筆者の副葬土器編年第Ⅲ期の鼎にも同様にみられる紋様であり，上述の陳夢家による「郾侯載」の在位年をもとにしながら，筆者はかつて三官甸遺跡出土の青銅器と副葬土器編年第Ⅲ期を紀元前4世紀とした。

しかしその後，三官甸遺跡出土の青銅鼎の詳細な観察をおこなう機会があり，この鼎には上記の紋様のほかに，報告の写真では確認できない青銅器編年第Ⅲ期の鼎B類などにみられる「9」字＋三角紋（図4-3，大唐廻例と同じ紋様）が胴部や蓋部に施されていることがわかった。また，三官甸遺跡出土の青銅鼎は大きさも汎中原的に存在する鼎A類に比べはるかに小型であり，この鼎は鼎B類の青銅器編年第Ⅲ期の紋様に円の内部を扇形で区画するという新出の紋様を加えて燕国内で製作された鼎であることが想定できる。そして，この新たな円紋が副葬土器第Ⅲ期になって副葬土器に施される代表的な紋様として盛行するものと考えられる。三官甸遺跡出土の青銅器は，出土状況に関して厳密な共伴関係を疑問視する議論もあるが，内に打ち欠きを有する銅戈と同様の形態的特徴をもつ「郾侯載」銘銅戈との関連も考慮すれば，紀元前5世紀後半頃を中心に実年代を考えてよいものと思われる（註2）。そして，このことは「郾侯載」銘青銅器の年代がやはり陳夢家説より遡るという問題とも関わってくるであろう。

このような青銅器編年の実年代をもとに副葬土器の実年代を再検討するならば，次のようになるだろう。それぞれ，筆者の副葬土器第Ⅰ期は紀元前6世紀後半頃，副葬土器第Ⅱ期は紀元前5世紀代，副葬土器第Ⅲ期は紀元前4世紀初から紀元前4世紀半ば頃，副葬土器第Ⅳ期は紀元前4世紀後半から紀元前300年頃，副葬土器第Ⅴ期が紀元前3世紀前半以後。以上のような年代観を与えるべきであろう。

6 おわりに

これまで燕国の青銅器に関してその編年の検討を中心に述べてきた。最後にまとめと今後の課題として，2点述べておきたい。

まず，本論でとりあげた燕国の青銅器は春秋時代後半から戦国時代前半のものである。この時期の燕国青銅器は君主名を含む銘文をもつ青銅武器などに代表される戦国時代後半の青銅器とは異なり，君主名を銘文に有する青銅器は極めて少ないことが特徴である。このことが，すでに述べたようにこの時期の燕国の青銅器に対する各研究者の編年に大きな時期差を生む結果となっていた。本論では燕国のこの時期の青銅器を各器種ごとに，器形と紋様を手がかりにしながら相対編年をおこない，さらに周辺諸国の年代の判明する関連資料をもとに実年代を与えた。一方，これまで紀元前4世紀代のものとされていた「郾侯載」銘青銅器の年代の再検討をおこない，この青銅器の年代比定の根拠の問題点を指摘するとともに，銅戈を中心とした青銅器の器形の比較などから，必ずしも「郾侯載」銘青銅器の実年代を紀元前4世紀後半代とする必要はないのではないかという結論

が得られた。このことは，戦国時代における中原諸国の青銅器の実年代について，いまだ再検討の余地を残していることを示す一例といえるだろう。

そして，もう一点は遼寧省西部で発見されるこの時期の青銅器をめぐる問題である。本論で扱った時期の燕国の青銅器は青銅容器と銅戈を中心に，遼寧式銅剣などの在地的な青銅器とともに遼寧省西部でも発見例が増えている。この地域の墓では，これらの燕国青銅器が共伴するようになる時期が在地的な青銅器文化の終末期頃と重なっており，燕国の東方への拡大の問題とも深く関わっている。この地域で最終末期とされる遼寧式銅剣が出土した遼寧省三官甸遺跡から出土している青銅器をめぐっては上述したように出土した銅戈と「郾侯載」銘の銅戈との関わりで，陳夢家の「郾侯載」在位年をもとに，その年代を紀元前4世紀後半と考える研究者も多い〔林澐 1980・1997，王建新 1999〕。しかし，上でも述べたように三官甸遺跡出土の青銅器はその上限年代は紀元前5世紀代に十分遡りうると考えられる。

また近年，この地域では遼寧省建昌県東大杖子遺跡〔中国国家文物局 2000〕や弧山子于道溝遺跡〔遼寧省文物考古研究所・葫蘆島市博物館・建昌県文管所 2006〕のように燕国青銅器と遼寧地域の青銅器をともに副葬するこの時期の墓が多数発掘されており，これらの墓の出土遺物には異形の遼西式銅戈に代表されるような在地的な青銅武器の新出文化要素も認められる〔小林・石川・宮本・春成 2007〕。その一方で，東大杖子遺跡では燕国中心地に勝るとも劣らぬ多様な器種，多くの数量の燕国青銅器が墓から在地の青銅器とともに出土している。そして，この東大杖子遺跡から出土している燕国青銅器の年代は遅くとも本論の編年の第Ⅱ期と考えることができる。このことは，西周時代後半から春秋時代半ば頃までの燕国の「考古学的空白の時代」の後，燕国の動静を出土遺物から認識することができるようになる春秋時代後半の燕国青銅器の出現直後には，すでに大量の燕国青銅器が遼寧省西部に存在していたことを物語っており，春秋戦国時代における燕国の興起と東方への進出〔石川 2008〕の実態に関して再検討を促すものであるといえよう。

謝　辞

2006年から2年にわたって文部科学省・科学研究費補助金 学術創成研究「弥生農耕の起源と東アジア」（研究代表　国立歴史民俗博物館　西本豊弘教授）の中国での調査に参加させていただいたことが，本稿をまとめる大きな原動力となりました。また，その調査で遼寧省文物考古研究所・郭大順名誉所長，内蒙古自治区文物考古研究所・塔拉所長にお世話になりました。その際，同行させていただきました春成秀爾，宮本一夫，小林青樹の各先生に感謝いたします。

またこのテーマに関して，研究会，シンポジウムなどで飯島武次，大貫静夫，岡村秀典，黄川田修の各先生，各氏にご教示，ご意見をいただきました。御礼を申し上げます。

（註1）　春秋時代と戦国時代の時期区分については研究者によって違いがみられる。林巳奈夫は晋国において韓・魏・趙の三氏が知氏を滅ぼした紀元前453年を春秋，戦国時代の画期とみる。そして，基本的に100年ごとに春秋戦国時代をそれぞれ3期ずつに分け，さらに50年間をそれぞれA期とB期に細分する〔林 1972，林 1989〕。一方，中国の研究者が多く採用する春秋，戦国時代の画期は『史記』六国年表が始まる紀元前476年である。また，中国においては報告文や論文には「戦国早期」「戦国中期」「戦国晩期」などと年代を表記し，西暦の実年代で記されるものは非常に少ない（なお，朱鳳瀚は春秋時代については具体的な西暦による時期区分を示している〔朱鳳瀚 1995〕）。このため表1の中国の研究者の編年に関しては，春秋戦国時代における年代区分はそれぞれの時代を3等分し，1期間を春秋時代はおよそ100年，戦国時代は80年余りと単純計算して考え，趙化成の編年の左側に時期区分として示している。

（註2）　三官甸遺跡出土の銅戈は報告に写真が載せられている。写真では筆者の銅戈分類のⅠa式にも見えるが，報告の写真は胡側から斜めに撮影されたものであり，実見の際に胡と内のなす角度

はもっと直角に近くなっていることがわかった。

引用・参考文献

（中国語）

安志敏 1953「河北省唐山市賈各荘発掘報告」『考古学報』第 6 冊，57-116

陳光 1997・1998「東周燕文化分期論」『北京文博』1997－4，5-17，1998－1，18-31，1998－2，19-28

陳夢家 1955『六國紀年』（陳夢家 2005『陳夢家著作集　西周年代考・六國紀年』中華書局所収）

程長新 1985a「北京市通県中趙甫出土一組戦国青銅器」『考古』1985－8，694-700，720

程長新 1985b「北京市順義県龍湾屯出土一組戦国青銅器」『考古』1985－8，701-703

顧鉄山・郭景斌 1996「河北省遷西県大黒汀戦国墓」『文物』1996－3，4-17

郭沫若 1952 「釈舁」『金文叢考』211-212（郭沫若著作編輯出版委員会編 2002『郭沫若全集　考古編　第五巻』科学出版社，447-450所収）

韓冰編 1996『中国音楽文物大系　北京巻』大象出版社

河北省文化局文物工作隊 1965「1964－1965年燕下都墓葬発掘報告」『考古』1965－11，548-561，598

河北省文物研究所 1996『燕下都』文物出版社

廊坊地区文物管理所・三河県文化館 1987「河北三河大唐廻，双村戦国墓」『考古』1987－4，318-322

遼寧省博物館 1985「遼寧凌源県三官甸青銅短剣墓」『考古』1985－2，125-130

遼寧省博物館・遼寧省文物考古研究所 2006『遼河文明展文物集萃』

遼寧省文物考古研究所・葫蘆島市博物館・建昌県文管所 2006「遼寧建昌于道溝戦国墓地調査発掘簡報」『遼寧省博物館館刊』第 1 輯，遼海出版社，27-36

林澐 1980「中国東北系銅剣初論」『考古学報』1980－2，139-161

林澐 1997「中国東北系銅剣再論」『考古学文化論集』四，234-250

山西省考古研究所 1993『侯馬鋳銅遺址』文物出版社

山西省考古研究所・太原市文物管理委員会 1996『太原晋国趙卿墓』文物出版社

唐山市文物管理所 1992「河北遷西県大黒汀戦国墓出土銅器」『文物』1992－5，76-78，87

趙化成 1993「東周燕代青銅容器的初歩分析」『考古与文物』1993－2，60-68

中国国家文物局 2000「遼寧建昌東大杖子戦国墓地的勘探与試掘」『2000 中国重要考古発現』文物出版社，57-61

中国科学院考古研究所 1959『中国田野考古報告集 考古学専刊 丁種第四号 洛陽中州路（西工段）』

中国青銅器全集編輯委員会編 1997『中国青銅器全集 9　東周 3 』文物出版社

朱鳳瀚 1995『古代中国青銅器』南開大学出版社

（日本語）

石川岳彦 2001「戦国期における燕の墓葬について」『東京大学大学院人文社会系研究科・文学部考古学研究室研究紀要』第16号，1-58

石川岳彦 2008「青銅器と鉄器普及の歴史的背景（仮）」設楽博己編『弥生時代の考古学　第 3 巻　多様化する弥生文化』同成社（出版予定）

王建新 1999『東北アジアの青銅器文化』同成社

小林青樹・石川岳彦・宮本一夫・春成秀爾 2007「遼西式銅戈と朝鮮式銅戈の起源」『中国考古学』第 7 号，57-76

林 巳奈夫 1972『中國殷周時代の武器』京都大學人文科學研究所，471-564

林 巳奈夫 1989『春秋戰國時代青銅器の研究』吉川弘文館

宮本 一夫 2000「第 7 章 戦国燕とその拡大」『中国北疆史の考古学的研究』中国書店，205-235

(その他)

梁詩正『西清古鑑』（1991，上海古籍出版社）

羅振玉『三代吉金文存』（1983，中華書局）

鄒安『周金文存』（1978，台聯國風出版社）

図版出典

図1　程長新 1985a，程長新 1985b，廊坊地区文物管理所・三河県文化館 1987より引用

図2－1・6　安志敏 1953，2・3・5　程長新 1985b，4　中国青銅器全集編輯委員会編 1997，7・8・9・11・12　程長新 1985a，10　顧鉄山・郭景斌 1996，13・14・15　廊坊地区文物管理所・三河県文化館 1987，16・20　河北省文物研究所 1996，17・18・19　河北省文化局文物工作隊 1965より引用

図3　安志敏 1953，程長新 1985aより引用

図4－1　安志敏 1953，2　程長新 1985aより引用，3　中国青銅器全集編輯委員会編 1997をもとに作成

図5－1　程長新 1985bより引用，2・3　中国青銅器全集編輯委員会編 1997をもとに作成

図6－1　安志敏 1953より引用，2　程長新 1985b，3・4　顧鉄山・郭景斌 1996，5・6　程長新 1985a，7　廊坊地区文物管理所・三河県文化館 1987，8　河北省文化局文物工作隊 1965をもとに作成

図7－1　『周金文存』巻六，十九，2　『三代吉金文存』巻二十，三十六，3　『西清古鑑』巻二十九，五十四より引用

図8－1・2・3　遼寧省博物館 1985より引用

中国鏡の年代

岡 村 秀 典

　中国における文字使用は，いまから3300年ほど前の甲骨文にさかのぼる。西周時代後期の紀元前841年からは『史記』など古典籍による暦年代の復元も可能である。

　化粧道具として用いられた銅鏡は，前3世紀ごろから大量生産によって民間にも広く普及した。中国以外の地域にも広く流通した。しかも，漢鏡の紋様や銘文は変化が早く，細かい編年が組み立てやすい。とりわけ前漢末期の永始二年（前15）以後は製作年代の特定できる紀年銘鏡があらわれ，銘文考証によって製作年代のしぼりこめる漢鏡も少なくない。また，埋葬年代の明らかな墓から出土した鏡によって製作年代の下限が押えられ，漢墓編年を組み立てた『洛陽焼溝漢墓』などからは鏡の流行年代が明らかになっている。漢鏡はこのように編年が確立し，広く普及していることから，銅銭より確かな年代決定の指標とみなされている。

　漢鏡は前1世紀より後1世紀にかけて日本列島に大量に流入した。それはおよそ『漢書』地理志に「楽浪海中に倭人あり。分かれて百余国となる。歳時をもって来たり献見すと云う」と記されたころから，福岡市志賀島から出土した57年の「漢委奴国王」金印のころをピークとし，「安帝の永初元年（107），倭国王帥升等，生口百六十人を献じて，請見を願う」（『後漢書』東夷伝）ころまでの時期にあたる。ついで邪馬台国の卑弥呼が倭王として君臨した3世紀には，239年に魏帝から「銅鏡百枚」が下賜されたという『魏志』倭人伝の記事があり，そのときに製作された紀年銘鏡も日本の古墳から出土している。

　5世紀までの倭には文字使用の証拠がなく，弥生・古墳時代の倭製文物は実年代の決め手に欠いている。このため日本出土の中国鏡は，共伴関係によって考古資料の実年代を決めるもっとも重要な手がかりとされてきた。なかでも北部九州の甕棺は型式の相対編年が確立し，それにともなう前漢鏡の編年と矛盾なく並行するため，前漢鏡は弥生中期後半から後期はじめの実年代の決定に大きな役割をはたしてきた。それはまた，弥生時代の年代に焦点をあてた本論の中心課題でもある。

　ただし，中国考古学を専攻するわたしがここで議論しようとするのは，北部九州の甕棺墓から出土した前漢鏡の製作年代である。その型式分類は前稿〔岡村1984〕にもとづいている。雲気禽獣紋鏡など一部の鏡式については再検討したものの〔岡村2005〕，20年あまりも前の研究を用いつづけていることに内心忸怩たるものがある。その改訂は喫緊の課題としたい。また，甕棺の型式名については通説にしたがい，研究者によって見解の分かれる型式論には立ちいらない。

1　漢鏡2期（前2世紀後半）の鏡

　福岡県春日市の須玖岡本遺跡では，1899年に家屋建築のために大石を動かしたところ，その下の合わせ口甕棺から大量の遺物が出土した（D地点）。このときの出土品は祟りを恐れた村人によって近くに一括して埋められたが，しばらくしてそれが少しずつ採取されるようになり，多くは破損し散佚してしまった。その後，中山平次郎や京都大学などが実地調査と四散した遺物を追跡調査し，甕棺の破片のほか多数の遺物を収集した〔梅原1930〕。砕片となったD地点出土の銅鏡は，前漢鏡がほとんどであり，中山平次郎は33面もしくは35面以上を推定し，梅原末治は30面をこえない鏡が復元できるとした。大部分は漢鏡3期の鏡であるが，漢鏡2期にさかのぼる草葉紋鏡3面がふくま

れている〔岡村 1999〕。

　ここから出土した草葉紋鏡の3面は，いずれも復元径が23cmあまりで，同時期の漢鏡のなかでは突出した大きさである。中国出土の草葉紋鏡をみると，その面径は平均13.0cm，径10～14cmの間に集中する度数分布を示し，径18cmをこえる鏡はわずかである。ちなみに，須玖岡本D地点から出土したそのほかの鏡式では，星雲紋鏡・重圏銘帯鏡・連弧紋銘帯鏡が径15～17cm，単圏銘帯鏡が径10cm以下である。須玖岡本の草葉紋鏡のうち七面縁の2面は草葉紋鏡Ⅰ式に属し，ほぼ同形同大である。広陵王劉胥またはその夫人を埋葬した江蘇省高郵県神居山1号墓出土鏡（径24cm）と大きさや紋様構成が酷似し，同型でなくとも同一工房の作品とみられる。「清河太后」に関係する山西省太原市東太堡墓出土鏡（径20.5cm）も，乳と鈕座をのぞけば，これと近似した紋様構成となっている。また，須玖岡本から出土した連弧紋縁の鏡は，草葉紋鏡ⅡA式に属している。中山王劉勝を埋葬した河北省満城1号墓出土鏡（径20.7cm）と紋様構成がほぼ同じで，これも同時期に同一工房でつくられたものであろう。

　草葉紋鏡の各型式の年代については，半両銭や前118年に鋳造のはじまる五銖銭との共伴関係によって，およそⅠ式は前150～前130年代，Ⅱ式は前130～前100年代と考えた。須玖岡本の草葉紋鏡に近似する例を副葬した諸侯王墓でみると，広陵王劉胥は武帝の子で，在位は前117～前54年，中山王劉勝は武帝の異母兄弟で，前154～前113年の在位である。草葉紋鏡の型式と墓主の没年とは矛盾しているが，ⅡA式が前113年以前につくられていたことは確かである。

　いっぽう，伊都国の所在した糸島平野の中心に前原市三雲南小路遺跡があり，1822年，農民の土取りによって大量の遺物が出土した。このときの出土品はほとんどが散佚してしまったが，さいわい福岡藩の青柳種信がその直後に調査をおこない，「三雲古器図考」（1822年）と『筑前国怡土郡三雲村古器図説』（1823年）に詳細を記録した。その後，1974・75年に福岡県教育委員会が再調査し，破壊された1号甕棺墓を確認したほか，新たにその北に隣接する2号甕棺墓を発見し，多数の遺物を採集した〔柳田編 1985〕。1号甕棺，2号甕棺ともに弥生中期後半にあたる立岩式に属し，周辺部の調査によって東西32m×南北22mの墓域が推定されている。1号甕棺から漢鏡3期の異体字銘帯鏡を主体とする前漢鏡31面以上が出土したが，そのなかに漢鏡2期の鏡が2面ふくまれている。そのうちの1面は重圏彩画鏡で，同心円状の凹帯で区画した鏡背面に朱・青・白色顔料で絵を描いている。これは青柳種信が径九寸（27.3cm）と記した鏡にあたる。類例に陝西省西安市範南村「陳請士」墓出土鏡（径23cm）があり，七面縁や三弦鈕の特徴からも漢鏡2期に位置づけられる。もう1面は径19.3cmに復元される四乳羽状地紋鏡である。これは戦国時代の羽状地紋鏡を継承した型式で，地紋が同じ雷状紋のくりかえしに形式化している。円座乳と四葉紋鈕座の特徴からみて，漢鏡2期の草葉紋鏡ⅡA式に並行するものと考えられる。これと比較的近いものに，山陽国または昌邑国の王族を埋葬した山東省巨野県紅土山墓出土鏡（径18.7cm）があり，草葉紋鏡Ⅰ式と共伴していることから，漢鏡2期に並行することが裏づけられる。したがって，この2面の大型鏡は，須玖岡本D地点墓の草葉紋鏡と同時期に編年できる。

　以上のように須玖岡本と三雲南小路からは，多数の漢鏡3期の鏡に混じって，漢鏡2期にさかのぼる鏡がそれぞれ2，3面出土している。日本列島からはそれ以外に漢鏡2期の鏡が出土していない。これらの製作年代は，衛氏朝鮮国が滅ぼされて楽浪郡が設置される前108年以前である。その鏡がどのような経緯でもたらされたのかが問題となる。

　ひとつは，鏡が製作されて前2世紀のうちに北部九州にもたらされたと考える説である。須玖岡本D地点では，漢鏡のほかに細形銅矛・中細形銅矛・中細形銅戈・多樋式銅剣・中細形銅剣がともない，三雲南小路1号甕棺墓では，棺外から有柄式中細形銅剣と中細形銅戈，棺内から細形銅矛と中細形銅矛が出土している。両墓とも中細形の銅矛・銅戈に型式の古い細形銅矛がともなっている。墓の年代はもっとも新しい型式で決められ，古い型式のものは何らかの理由で伝世したとしても，漢鏡と青銅武器の両方に伝世品があることから，まず，その伝世地は朝鮮半島と北部九州の2通り

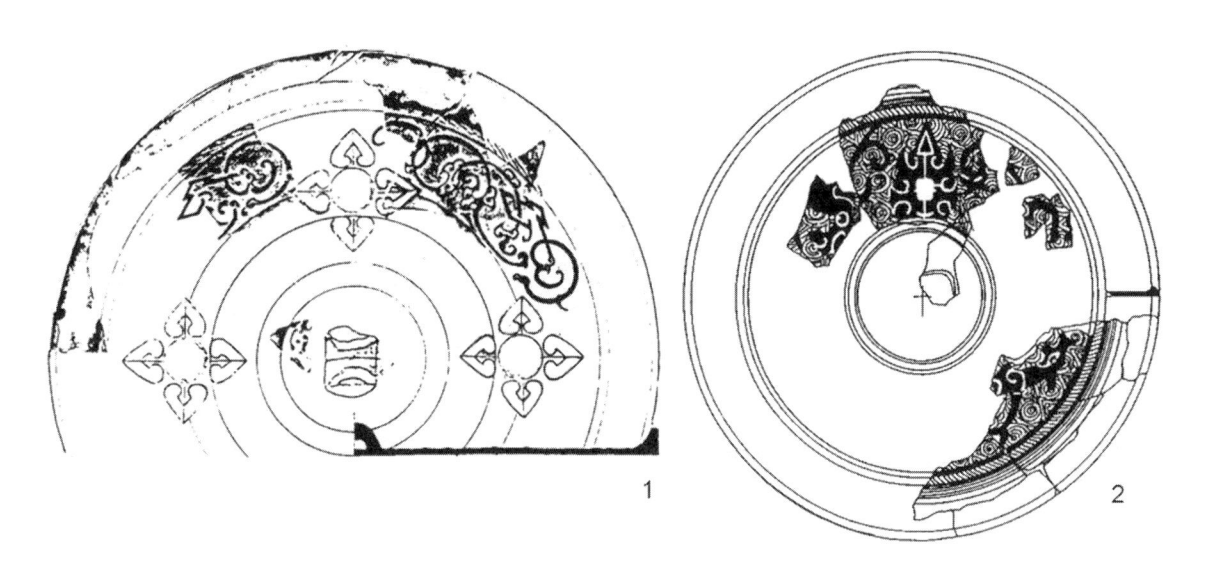

図1　朝鮮半島出土の蟠螭紋鏡（1 ピョンヤン梧野里，2 全羅北道平章里）

が想定できる。後述のように，韓国の全羅北道平章里から漢鏡1期の蟠螭紋鏡にともなって細形銅矛・銅戈・銅剣が出土しているので，細形青銅武器と前2世紀の漢鏡とがセットになって北部九州に伝来し，いっしょに伝世したと考えるのが一案である〔岩永 1994〕。

しかし，漢鏡2期の鏡は，むしろ朝鮮半島で伝世した可能性が高い。なぜなら須玖岡本と三雲南小路から出土した漢鏡2期の鏡はいずれも大型で，中国での出土例はほとんどが王侯クラスの墓から出土しているからである。漢鏡2期は，楽浪郡が設置される前108年以前で，そのときは衛氏朝鮮国がいまのピョンヤンを中心に勢力をもっていた。ピョンヤン梧野里から小銅鐸・笠頭筒形銅製品などの朝鮮式車馬具とともに漢鏡2期の大型蟠螭紋鏡（径22.1cm，図1-1）が採集されている〔朝鮮総督府 1935〕。その四葉座乳は，中山王劉勝の夫人を埋葬した河北省満城2号墓出土の蟠螭紋鏡Ⅲ式（径25.4cm）や須玖岡本D地点の草葉紋鏡Ⅰ式と共通し，前2世紀第3四半期に位置づけられる。『史記』朝鮮伝によると，漢王朝は朝鮮王を外臣に冊封し，武器や財宝を贈ったという。このような大型鏡は，漢王朝が内臣の諸侯王にたいするのと同じような処遇で朝鮮王に賜与したものだろう。韓国の全羅北道平章里から細形銅矛・銅戈・銅剣にともなって出土した漢鏡1期の蟠螭紋鏡（図1-2）は径13.4cmと小さく〔全栄来 1988〕，同じように衛氏朝鮮国の時期に流入したものだが，朝鮮王に賜与された大型鏡より明らかに格落ちしている。すなわち，ピョンヤン梧野里のほか，須玖岡本や三雲南小路から出土した漢鏡2期の大型鏡は，細形銅矛・銅戈・銅剣と同時期のものとはいえ，同格のものではなく，いまのところ大型鏡と青銅武器とがセットをなしていた証拠はみあたらない。そうであるならば，大型鏡が北部九州に伝来したのは，朝鮮王が北部九州の首長に下賜したか，朝鮮国が滅んだのち，なんらかの理由で漢鏡3期の鏡といっしょにもたらされたか，どちらかの可能性が考えられる。朝鮮王が朝鮮半島内にいる平章里の首長よりも僻遠の地にある須玖岡本と三雲南小路の首長に格の高い大型鏡を下賜するような特別な理由がないとすれば，朝鮮王の居城があり，その滅亡後に楽浪郡の設置されたピョンヤンの周辺で伝世され，漢鏡3期の鏡がもたらされた段階に一括で楽浪郡から伝来したとみるのがもっとも蓋然性が高いだろう。

須玖岡本と三雲南小路から出土した漢鏡2期の鏡は，弥生時代の実年代論に直接の役には立たないかもしれない。しかし，それは平章里をはじめとする朝鮮半島の青銅器文化の実年代を決めるのには有効で，細形青銅武器の型式をもとに弥生年代論に連関させることが今後の課題であろう。

2　漢鏡3期（前1世紀前葉～中葉）の鏡

須玖岡本D地点から出土した漢鏡3期の鏡は，星雲紋鏡6面，重圏銘帯鏡6面，連弧紋銘帯鏡6

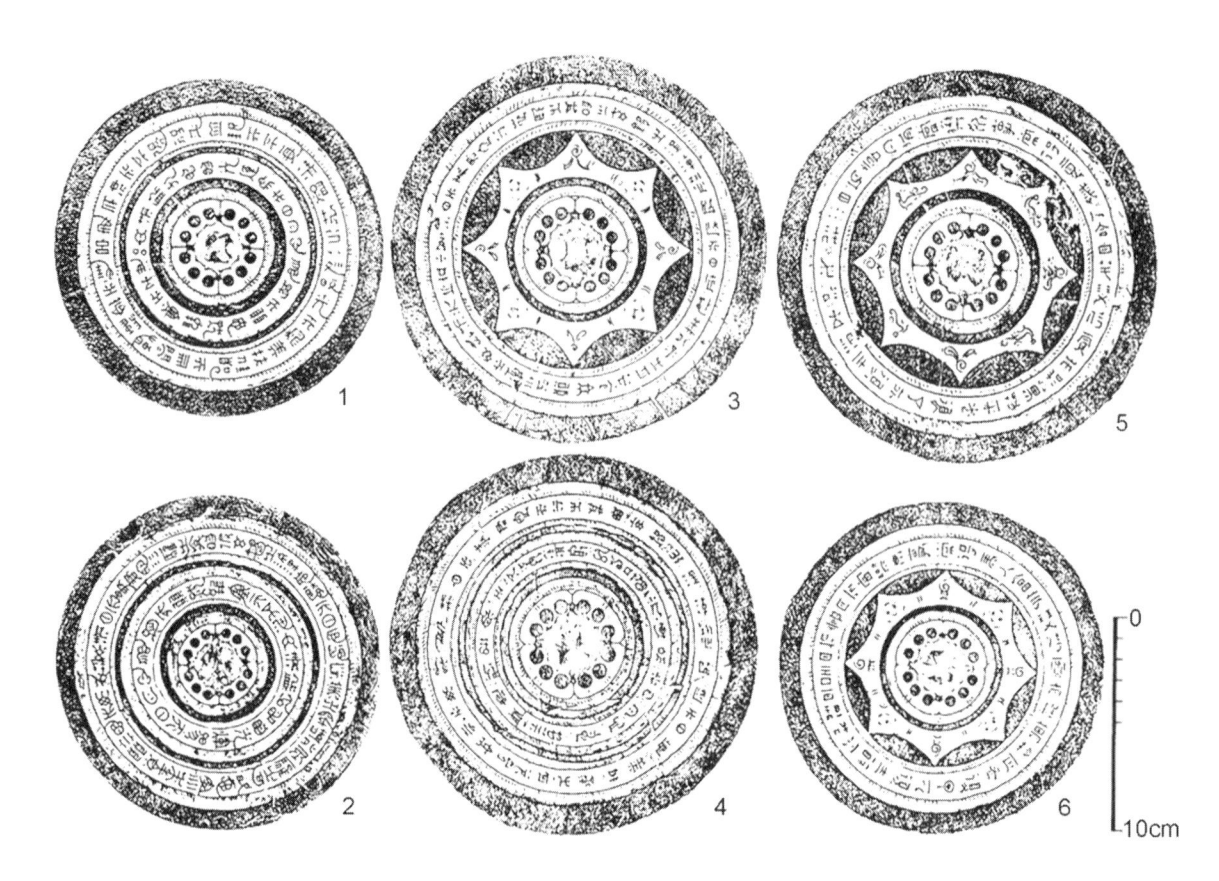

図2　福岡県立岩10号甕棺墓出土の異体字銘帯鏡

面，単圏銘帯鏡（日光鏡）5面の計23面が判明している。いっぽう，三雲南小路から出土したのは，1号甕棺墓から重圏銘帯鏡3面，連弧紋銘帯鏡26面，2号甕棺墓から星雲紋鏡1面，連弧紋銘帯鏡3面，単圏銘帯鏡（日光鏡）18面の総計51面である。とくに，各種の異体字銘帯鏡は，漢鏡3期のそれを4型式に細分したうち，三雲南小路1号甕棺墓の重圏銘帯「精白」鏡の1面だけがⅠ式で，残りすべてがⅢ式に属すという，じつに粒のそろった型式構成になっている。このことは，数面ずつばらばらに流入し，それぞれの首長のもとで集積されたというよりも，数十面がまとまって伝来したことをものがたる。

　漢鏡3期の鏡は北部九州の甕棺地帯に広く分布している。甕棺墓の東限である遠賀川上流の飯塚市立岩遺跡では，1960年代の調査で43基の甕棺墓が発掘され，そのうち5基から漢鏡3期の異体字銘帯鏡が計10面出土した。鏡が出土した甕棺はすべて立岩式に属している〔立岩遺跡調査委員会編 1977〕。中心となる10号甕棺墓からは，漢鏡6面のほか中細銅矛や鉄剣などが出土した。漢鏡の内訳は，漢鏡3期の重圏銘帯鏡3面と連弧紋銘帯鏡3面であり，面径15〜18cmの中型鏡だけで構成される。この6面の種類や大きさは比較的そろっているが，細かい型式でみると，重圏「姚皎」鏡（図2-1）と重圏「清白」鏡（同2）がⅡ式，連弧紋「清白」鏡（同3）と重圏「清白」鏡（同4）がⅢ式，2面の連弧紋「日有喜」鏡（同5・6）がⅣ式に属し，3型式にまたがっている。しかし，そのもっとも新しい型式である銘帯鏡Ⅳ式は，中国でも例が少なく，その製作年代は銘帯鏡Ⅲ式に並行すると考えられるから，この鏡群は須玖岡本や三雲南小路の鏡群と同じ時期に流入したものとみてよいだろう。10号甕棺墓をのぞく4基の甕棺墓からは1面ずつ漢鏡が出土している。35号甕棺墓には中型の連弧紋銘帯鏡（径18.0cm）があり，そのほかの3基はいずれも小型鏡である。いずれも異体字銘帯鏡Ⅲ式に属し，10号墓の鏡群と同時期にもたらされたものであろう。

　異体字銘帯鏡の年代について前稿〔岡村 1984〕では，前71年に没した江蘇省胡場5号墓や前55年に没した中山王修の墓である河北省定州市40号墓からⅢ式を前70〜前50年代に比定し，それに先行

図3　慶尚南道出土の漢鏡3期鏡
（1 茶戸里1号木棺墓，2 密陽校洞3号木棺墓，3 同17号木棺墓）

するⅠ・Ⅱ式を前100〜前70年代に位置づけた。これは鏡の使用年代からみちびいたものであり，今後の発見しだいでは製作年代がもう少し遡上するかもしれない。

　星雲紋鏡の年代については，それを2型式に分け，Ⅰ式が雲南省石寨山1号墓や四川省羊子山30号墓などで草葉紋鏡ⅡA式や螭龍紋鏡Ⅰ式と共伴していることから，草葉紋鏡ⅡB式と並行する前2世紀末には遅くとも出現していたと考えた。それを裏づける新発見は，西安市長安区「張湯」墓である。ここから「張湯」「張君信印」，および「張湯」「臣湯」の印文をもつ2つの双面銅印が出土し，『漢書』張湯伝の地名考証とあわせて，武帝代の御史大夫で前115年に没した張湯の墓と考えられたのである〔西安市文物保護考古所 2004〕。ここから出土した星雲紋鏡（径10.8cm）は雲気の巻きあがる連峰鈕aと円座乳をもつⅠ式で，星雲紋鏡の最初期の型式である。これによって星雲紋鏡が遅くとも前115年には出現し，漢鏡2期に並行することが確実となった。北部九州から出土している星雲紋鏡はいずれもⅡ式であり，その年代は漢鏡3期である。

　北部九州に大量の漢鏡が流入したのは，星雲紋鏡Ⅱ式と異体字銘帯鏡Ⅲ式の時期である。とくに異体字銘帯鏡Ⅲ式が大半を占め，この時期に一括でもたらされたことを推測させる。とりわけ，柳田康雄〔1985〕の指摘するように，立岩10号甕棺墓の連弧紋「清白」鏡が三雲南小路1号墓例と同型（笵）であるなら，同型鏡をふくめた鏡群が製作工房からかなりまとまった状態で北部九州にもたらされたことがうかがえる。それは遅くみても前70〜前50年代である。

　韓国でも漢鏡3期の鏡が相ついで出土している。楽浪郡の支配は朝鮮半島の北部に限られ，半島南部には韓諸族が自立していた。漢鏡1期の蟠螭紋鏡が出土した平章里は半島西南部の馬韓に位置するが，楽浪郡設置後の漢鏡3期になると，半島東南部の辰韓からの出土が顕著になる。

　木棺墓と甕棺墓の共同墓地からなる慶尚南道茶戸里遺跡では，1号木棺墓から漢鏡3期の星雲紋鏡（径12.8cm，図3－1）が五銖銭・鉄書刀などの前漢文物と細形銅剣をはじめとする多数の在地的な遺物にともなって出土した〔李健茂 1992〕。その鏡は連峰鈕bと四葉紋座乳をもつ星雲紋鏡Ⅱ式である。前著〔岡村 1999〕以後の発見では，同じ慶尚南道の密陽校洞3号木棺墓から茶戸里例よりやや小振りだが紋様の類似する星雲紋鏡Ⅱ式（径9.85cm，図3－2）が，多数の鉄器や土器にともなって出土している〔密陽大学校博物館 2004〕。また，同じ共同墓地内の17号木棺墓からは異体字銘帯鏡Ⅲ式（径10.2cm，図3－3）が出土している。

　同じように共同墓地を構成する慶尚北道の朝陽洞遺跡では，38号木棺墓から青銅飾付き鉄剣や土器などにともなって漢鏡3期の銘帯鏡が4面まとまって出土している。この4面はいずれも銘帯鏡Ⅲ式に属し，径も6.4〜8.0cmという粒ぞろいの組合せである。慶尚北道ではまた，漁隠洞遺跡から漢鏡3期の小型銘帯鏡が2面出土しているほか，正式の発掘品ではないが，池山洞出土と伝える漢

鏡3期の小型銘帯鏡が6面知られている。この8面もすべて銘帯鏡Ⅲ式で，径も6.2～8.2cmである。このように慶尚北道の3か所の遺跡から出土した計12面の漢鏡は型式的にまとまっていることから，それらは楽浪郡から一括でもたらされ，それぞれの首長に分配されたものであろう。

以上のように，朝鮮半島と日本列島から出土する漢鏡3期の鏡は，ほとんどが前1世紀第2四半期の銘帯鏡Ⅲ式または星雲紋鏡Ⅱ式である。それは朝鮮半島における郡県の再編成の時期とちょうど一致している。すなわち，前82年に楽浪郡の東南と南に位置した臨屯郡と真番郡が廃止，前75年には楽浪郡の東北に位置した玄菟郡が遼東に移転し，その領域のほとんどは楽浪郡に併合された。いわゆる大楽浪郡の成立である。この再編成によって楽浪郡は漢の東方支配の最前線に位置することになり，朝鮮半島の韓人や日本列島の倭人が中国文明に接するほとんど唯一の窓口となったのである。『漢書』地理志に「楽浪海中に倭人あり」とあるのは，この大楽浪郡の成立後の記事である。漢鏡の型式的なまとまり，郡県の再編成との年代的な一致，漢鏡の急速なひろがりといった現象の背景に，漢王朝の政治的な意図がみえかくれするのである。

いっぽう，アフガニスタンのティリヤ・テペで発見された墓からも，径16.6～17.8cmの連弧紋銘帯鏡Ⅲ式・Ⅳ式が3面出土している〔Sarianidi 1985〕。これを中国文献にみえる大月氏の王墓にあてる意見が有力である。倭に大量の漢鏡が伝来したのと同時期に，シルクロードを通って漢鏡は西のかたバクトリアにまでもたらされたのである。それにはどのような背景があるのだろうか。

武帝による対外積極策は，匈奴に大きな打撃を与えただけでなく，広東に勢力をもった南越国や西南夷の諸族，東の朝鮮国を相ついで滅ぼし，郡県を設置して直接支配にのりだすことになった。その結果，匈奴は前85年ごろから内紛をくりかえし，前60年には匈奴の日逐王が漢に帰順した。前51年には匈奴がついに分裂し，呼韓邪単于みずから臣を称して漢に帰属した。西域における匈奴の影響力が衰えたことにより，前77年に漢は楼蘭王を殺して鄯善と国名を改め，前59年にはクチャの烏塁城に西域都護を設置して，西域の直接経営にのりだした。さきに異体字銘帯鏡Ⅲ式の年代を前70～前50年代としたが，ティリヤ・テペの連弧紋銘帯鏡が漢からもたらされたのは，製作から間もなく，ちょうど漢王朝によって新たなシルクロードが開通したときであったと考えられる。

漢王朝の中枢においては，前87年に武帝が死去し，わずか8歳で昭帝が即位する。その昭帝も前74年に病死し，後嗣をめぐる混乱ののち，民間に成長した武帝の曾孫が迎立される。これが名君のほまれ高い宣帝である。武帝亡き後の政権を維持したのが霍去病の弟の霍光で，内政を重視して人心を掌握する必要にせまられていた。辺境にある郡県を再編成し，前75年に大楽浪郡が成立したのもこれと関連する。この時期，瑞祥がたびたび出現し，大赦や一般庶民への賜爵が頻繁におこなわれる。祥瑞の出現は天が皇帝の治世を賞賛していることのしるしとみなされ，皇帝は大赦や賜爵によって人民に恩徳をほどこしたのである〔西嶋1974〕。周辺民族の来朝は，まさにこの瑞祥の出現と同じ意味をもち，それがよしみを通じた蛮夷への厚遇につながったのであろう。

このように，漢帝国の拡大に力を注いだ武帝の死後，霍光や宣帝が善政をしいた前1世紀第2四半期に漢王朝の内外が安定した。その結果，東方に漢文物がひろがっただけでなく，はるか西方にもひろがりをもつようになったのである。

北部九州における漢鏡は，発見数が異常に多いだけでなく，王侯クラスが保有すべき大型鏡などの特別な文物があり，韓国にくらべて質・量ともにきわだっている。漢王朝が倭を重視したことは周辺異民族であるにもかかわらず倭人を例外的に「人」づけで呼ぶところからもうかがえるが，倭人にかんする『漢書』地理志の文章は，とりわけ示唆的である。「東夷はほかの蛮夷とちがって天性柔順であり，それは孔子が中国に道徳がおこなわれないのを悲しんで東夷に行こうとしたほどである，もっともなことである」という文章につづいて「楽浪海中に倭人あり……歳時をもって来たり献見すと云う」の一文で結ばれている。このいささか唐突な倭人の朝貢記事は，その著者班固による儒教的な潤色を差し引くとしても，文脈から判断するかぎり，東夷の倭人にたいする漢人の高い評価とけっして無関係ではなかったことを示している。楽浪郡への倭人の朝貢は，武帝亡き後の

政情の不安定な漢王朝においてまことに歓迎すべき慶事であった。型式学から前70〜前50年代とした異体字銘帯鏡Ⅲ式の年代は、この歴史情勢からみても、もっとも整合しているのである。

3 漢鏡4期（前1世紀後葉〜後1世紀前葉）の鏡

北部九州では漢鏡3期につづいて漢鏡4期の鏡が大量に流入した。三雲南小路の南150mほどのところに前原市井原鑓溝遺跡があり、18世紀末に21面以上の古鏡が出土した。さいわい青柳種信の記録を手がかりとして、梅原末治〔1931〕により18面の方格規矩四神鏡や倭製の巴形銅器などの副葬品が復元された。前漢代の方格規矩四神鏡を4型式に細分する私案によれば、この18面はⅡ式が1面とⅢ式が17面というまとまった型式構成となっている。主体をしめる方格規矩四神鏡Ⅲ式には、「漢有善銅出丹陽」、「新有善銅出丹陽」、「上大山見神人」、「桼言之紀」ではじまる銘文に復元できるものがある。その「漢」は前漢王朝、「新」は王莽の新王朝を指し、また「亖」と「桼」は王莽代に用いられた「四」と「七」の別表記であることから〔岡村 1991〕、紀元前後から王莽の新代にかけての時期に位置づけられる。この鏡群には後漢代に下るものがふくまれず、型式にまとまりがあるため、王莽の新代に楽浪郡から一括の状態で贈与されたものと考えられる。三雲南小路の鏡群の伝来より50年あまり後れることになる。

いっぽう、玄界灘に面した唐津平野は、『魏志』倭人伝にいう末盧国の所在地である。朝鮮半島から海路で対馬国、一支（壱岐）国と渡り、九州島の最初の到着地が末盧国であった。この唐津平野の西はずれの砂丘に唐津市桜馬場遺跡があり、1944年、防空壕の工事中に発見された合わせ口甕棺から漢鏡4期の方格規矩四神鏡2面や巴形銅器・有鉤銅釧などが出土した〔杉原・原口 1961〕。鏡の1面は径23.2cmの大型鏡で（図4-1）、Ⅳ式に属している。もう1面は径15.4cmの中型鏡で（図4-2）、流麗な篆書体の「上大山見神人」銘、無紋の外区をもち、Ⅲ式に属している。この甕棺は桜馬場式として弥生後期初頭の指標とされるが、見取り図しか現存しないため問題になっていた。しかし、唐津市教育委員会による2007年の再調査で1944年出土の方格規矩四神鏡に接合する破片と1957年出土の内行花紋鏡（径19.2cm）に接合する破片のほか、素環頭鉄刀や硬玉製勾玉などが

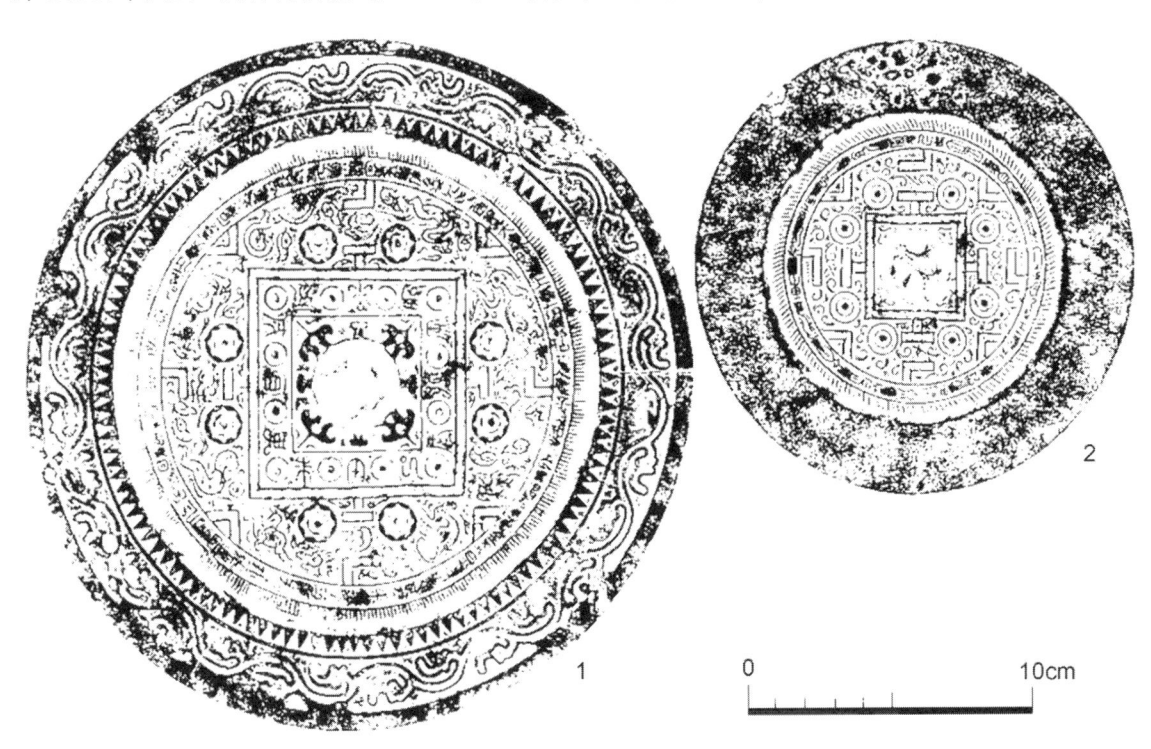

図4 佐賀県桜馬場甕棺墓出土の方格規矩四神鏡

発見された。漢鏡を副葬していた甕棺墓が特定できたほか，周囲には同時期の甕棺墓があったらしく，甕棺型式をふくめた詳細はいま整理中である。漢鏡の年代で問題になるのは内行花紋鏡で，これまで方格規矩四神鏡より年代が下ると考えられてきたが，それは四葉座Ⅰ式に属し，方格規矩四神鏡Ⅳ式と同じ王莽代に位置づけられる〔岡村 1993〕。その製作年代からみて方格規矩四神鏡の出土した甕棺墓にともなうものとみることも可能である。

　佐賀県吉野ヶ里町三津永田104号甕棺出土の獣帯鏡もまた，流麗な篆書体による「夶言之紀」の銘文をもち，王莽代に位置づけられる。この甕棺は弥生後期前半の三津式の指標であり，桜馬場式に後続するものとされている。しかし，漢鏡の製作年代は井原鑓溝や桜馬場と同時期である。

　わたしが漢鏡4期の実年代を論じてからも，こうした方格規矩四神鏡を理由もなく後漢代に下げる意見がいまだに跡を絶たない。同じ説明をくりかえすのは本意ではないが，紋様を基準に前漢代の方格規矩四神鏡をⅠ式からⅣ式までの4型式に分類したうえで，王莽代に比定できる「王氏作鏡亖夷服，多賀新家人民息」という銘文はⅣ式に限られること，「新有善銅」ではじまる銘文はⅢ式とⅣ式にみられること，「漢有善銅」ではじまる銘文はⅢ式に限られることから，Ⅲ式の段階に漢から新へと王朝の交替があったと考え，Ⅰ・Ⅱ式は前漢代にはいるものと推測した。これに「始建国天鳳二年（後15）」銘方格規矩四神鏡がⅢ式に属すこと，「居摂元年（後6）」銘連弧紋銘帯鏡や「始建国二年（後10）」銘規矩獣帯鏡の外区紋様が方格規矩四神鏡Ⅲ式と同じであることから，その編年を確かめた〔岡村 1984〕。この編年は『洛陽焼溝漢墓』をはじめとする漢墓編年とも矛盾しない。また，居延漢簡など辺境から出土する簡牘において平帝期をふくむ王莽代に「四」を「亖」，「七」を「夶」と表記を改めたことを援用し，「夶言之始有紀」や「王氏作鏡亖夷服」の銘文はⅢ・Ⅳ式に限って用いられていることを検証した〔岡村 1990〕。その後，洛陽市五女冢267号墓から外区の凹帯に「永始二年（前15）五月丙午」の銘文をいれた方格規矩四神鏡Ⅱ式（径18.5cm）が出土し〔洛陽市第二文物工作隊 1996〕，Ⅱ式の製作年代にかんする定点がえられた。この墓は単次葬だが，方格規矩四神鏡Ⅰ式（径16.3cm）と共伴し，「大泉五十」銭42枚をともなっていることから，鏡の製作から副葬まで少なくとも20年あまりが経過していることがわかった。このように漢鏡4期の方格規矩四神鏡やそれに紋様の類似する獣帯鏡は，紋様の型式学的分析に加えて，紀年銘鏡や銘文の考証，出土漢墓の編年などに照らしあわせ，かなりの精度で実年代を決めることができるのである。踏み返しか模倣とみなさないかぎり，井原鑓溝・桜馬場・三津永田の鏡が後漢代に下る余地は，まったくないといってよいだろう。

　しかし，同じ漢鏡4期でも雲気禽獣紋鏡（いわゆる虺龍文鏡）は，紋様の細かい型式学的分析は可能だが〔岡村 2005〕，銘文をもたないために，編年の精度は格段に劣っている。このような制約はあるものの，名古屋市高蔵遺跡の土坑34-SK44から出土した雲気禽獣紋鏡の破鏡は，漢鏡の東方流入の実年代を再考する重要な手がかりとなった。これは鈕座の一部が残存し，復元径は10.8cm，ⅡA式に属している。土坑内で共伴した土器は弥生後期前葉とされ〔村木編 2003〕，破鏡のほとんどが弥生末期まで伝世しているのとちがって，製作から流入と廃棄にいたるまでの期間がかなり短かったらしい。これに関連して，近隣の愛知県清須市朝日遺跡02Dd区の弥生後期前葉の層から出土した巴形銅器は，かかる破鏡の流入時期をさらに決定づけることになった。それに近似する巴形銅器は桜馬場甕棺墓から出土しており，東方における弥生後期のはじまりが紀元前後にさかのぼるだけでなく，北部九州と濃尾平野における弥生後期のはじまりに時期差がほとんどないことが判明したのである。漢鏡をはじめとする銅器の東方流入にかんして，距離に比例するような伝播期間を見積る必要はないのである。

参考文献
岩永省三 1994「日本列島産青銅武器類出現の考古学的意義」『古文化談叢』第32集
梅原末治 1930「須玖岡本発見の古鏡に就いて」『筑前須玖史前遺跡の研究』京都帝国大学文学部考古学

　　　　　　　研究報告第11冊
梅原末治 1931「筑前国井原発見鏡片の復原」『史林』第16巻第3号
岡村秀典 1984「前漢鏡の編年と様式」『史林』第67巻第5号
岡村秀典 1990「中国鏡による弥生時代実年代論」『考古学ジャーナル』第325号
岡村秀典 1991「秦漢金文の研究視角」『古代文化』第43巻第9号
岡村秀典 1993「後漢鏡の編年」『国立歴史民俗博物館研究報告』第55集
岡村秀典 1999『三角縁神獣鏡の時代』吉川弘文館
岡村秀典 2005「雲気禽獣紋鏡の研究」『考古論集』川越哲志先生退官記念論文集
杉原荘介・原口正三 1961「佐賀県桜馬場遺跡」『日本農耕文化の生成』
西安市文物保護考古所 2004「西安市長安区西北政法学院西漢張湯墓発掘簡報」『文物』第6期
全栄来（小田富士雄・武末純一訳・解説）1988「韓国・益山・平章里新出の青銅遺物」『古文化談叢』
　　　　　　　第19集
高倉洋彰 1989「韓国原三国時代の銅鏡」『九州歴史資料館研究論集』14
立岩遺跡調査委員会編 1977『立岩遺蹟』平凡社
朝鮮総督府 1935『昭和五年度古蹟調査報告』第1冊
西嶋定生 1974『中国の歴史2　秦漢帝国』講談社
密陽大学校博物館 2004『密陽校洞遺蹟』密陽大学校博物館学術調査報告第7冊
村木　誠編 2003『埋蔵文化財調査報告書46　高蔵遺跡（第34次・第39次）』名古屋市文化財調査報告60
柳田康雄編 1985『三雲遺跡　南小路地区編』福岡県文化財調査報告書第69集
洛陽市第二文物工作隊 1996「洛陽五女冢267号新莽墓発掘簡報」『文物』第7期
李健茂 1992「茶戸里遺跡の筆について」『考古学誌』第四輯
Sarianidi, Victor, 1985 *The Golden Hoard of Bactria*, Vienna

日韓青銅器文化の実年代

藤尾 慎一郎

はじめに

　中原系の青銅器を除くと韓半島や日本列島で製作された青銅器の製作年代を知ることは難しい。韓半島や日本列島から出土する青銅器からわかる年代は，副葬されたり廃棄された年代であるはずにもかかわらず，副葬年代を製作年代と読み替えた議論が盛んに行なわれてきた。それにくわえてこれらの地域における青銅器の年代は，中原系青銅器の製作年代を起点に，中原から離れるにつれて少しずつ新しくしていくという，どうしても新しく考えるという構造的なものが存在したといえよう。いわゆる傾斜編年が伝統的に行なわれてきたこともあって，弥生時代の開始年代にも大きな影響を与えてきたのである。

　ここ10年ほどの炭素14年代測定法のめざましい発達は，土器一型式あたりの存続期間が50年以内という弥生土器を対象とした測定についても十分に適用可能な技術水準をもたらし，弥生土器の編年研究に大きな可能性を広げつつある。本稿ではこの炭素14年代測定法を用いて，日韓青銅器文化の実年代について考えることになるが，そのメリットとして次のような点を上げることができる。

　1つは青銅器の炭素14年代測定を行なうことはできないので，青銅器に伴う土器型式の炭素14年代を測って，青銅器の年代を知ることになるが，そのとき得られる年代は青銅器の製作年代ではなく，冒頭に書いたように副葬年代であり廃棄年代であるから，青銅器の製作年代は副葬年代や廃棄年代よりも古いことになる。炭素14年代によって得られた年代は古すぎるという考古側からの批判があるが，考古学でいえるのはあくまでも副葬年代であって製作年代ではないことをもう一度再確認しておくべきである。炭素14年代によって得られる年代は，まだ見つかってはいないが，将来的に見つかるかもしれない資料が存在する可能性をも含んでいることを認識しておくべきである。

　2つは，炭素14年代値という測定値は地域間の併行関係をみる場合にきわめて有効な点である。2400年問題のような特別な時期を別にすると，離れた地域間で同じ炭素14年代値をもつ資料があれば時間的に併行することを意味する。九州北部と韓国南部の間は，弥生土器，無文土器双方が海を渡って相手の地域から出土するので，それを鍵とした両地域の併行関係が高精度に定められてきた。これに炭素14年代値を加味すれば，高精度の併行関係を知ることができる。

　3つは，年輪年代がわかっている日本産樹木を用いた炭素14年代値の利用によって，実年代を含めた両地域の併行関係を知ることができる。これは2σの確率でしか絞り込むことができない較正年代よりも精度の高い実年代論を展開することができることを意味する。

　以上，三つのメリットをもつ炭素14年代値を使って日韓両地域の青銅器時代の実年代についてみていくが，つぎのような手順で行なう。

　まず炭素14年代をどのように用いて年代を決めていくのか，その方法について述べた後，九州北部における弥生時代の土器型式の実年代を，炭素14年代測定値をもとに確定したうえで，九州北部の弥生土器と韓国南部の無文土器との併行関係を根拠に，韓国無文土器の型式ごとの炭素14年代値を確定する。炭素14年代値が固まったら，日本産樹木をもとに作成した実年代を参考に，型式ごとの実年代を決定し，その上で日韓青銅器文化の実年代について考えることにする。

1　方　法

　韓国無文土器の炭素14年代と実年代を型式ごとにどのようにして求めていくのか，その方法だが，韓国でも大量の炭素14年代測定が行なわれており，土器型式ごとの測定値も多数公表されている。ところが韓国の炭素14年代値は木炭試料が圧倒的に多いので，質のよいデータとはいいがたい特徴が存在する。詳細は3で報告するが，古木効果と土器型式との同時認定に問題があるため，土器型式ごとに確実に伴う測定値を求める必要がある。歴博では土器型式との同時性が確実な付着土器炭化物の測定値を数は少ないもののもっているため，それを参考にするとともに，土器型式ごとの炭素14年代値がかなり決まりつつある九州北部弥生土器との併行関係をもとに，韓国無文土器の型式ごとの炭素14年代値を絞り込んでみたい。その上で，韓国無文土器時代の実年代について考察する。

2　九州北部弥生土器の実年代

　弥生早期から中期末までを対象とする。九州北部の炭素14年代値に基づく実年代は以下の通りである〔藤尾 2007〕。

表1　九州北部における弥生土器型式の炭素14年代と実年代一覧表

相対年代	型式名	炭素14年代（^{14}C BP）	実年代（紀元前：cal BC）
早期前半	山の寺・夜臼Ⅰ式	2700年代	10世紀後半～9世紀中ごろ
早期後半	夜臼Ⅱa式	2600年代	9世紀中ごろ～8世紀初
前期初頭	夜臼Ⅱb・板付Ⅰ式共伴期	2500年代	8世紀初～7世紀初
前期中ごろ	板付Ⅱa式	2400～2300年代	7世紀初～6世紀
前期後半	板付Ⅱb式	2400～2300年代	6世紀～4世紀初
前期末	板付Ⅱc式	2300年代	4世紀前葉～中ごろ
中期初頭	城ノ越式	2300～2200年代	4世紀中ごろ～末
中期前半	須玖Ⅰ式	2300～2200年代	3世紀
中期後半	須玖Ⅱ式	2100～2000年代	2～1世紀末

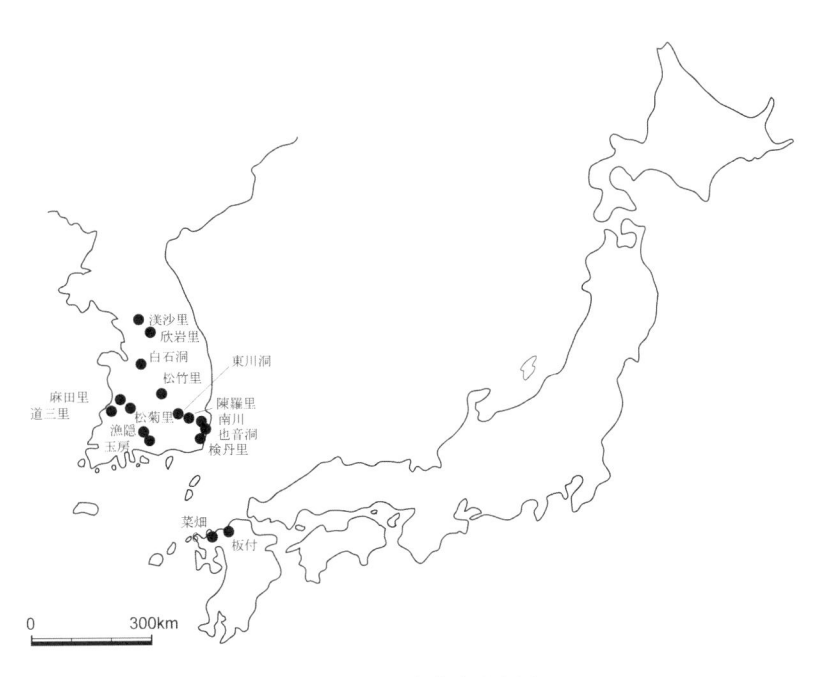

図1　測定遺跡分布図

以上の年代に従うと各型式の存続幅は次のようになる。山の寺・夜臼Ⅰ式＝約100年，夜臼Ⅱa式＝約60年，夜臼Ⅱb・板付Ⅰ式共伴期＝約80年，板付Ⅱa式＝150年あまり，板付Ⅱb式＝150年あまり，板付Ⅱc式＝約30年，城ノ越式＝約70年，須玖Ⅰ式＝約100年，須玖Ⅱ式＝約200年。このうち板付Ⅱa式と板付Ⅱb式の境界だけは，測定数が少ないこともあって暫定的な値となる。あとはほぼ実態を反映していると思われ，土器型式ごとに存続幅が異なり，もっとも短い板付Ⅱc式の約30年から，須玖Ⅱ式の約200年に至るまでその差は2～3倍にも達することがわかる。板付Ⅱa式やⅡb式のように型式細分の可能性を残しているものもあるし，須玖Ⅰ式やⅡ式のように炭素14年代が土器型式の細分に追いついていない型式もあるので，もう少し注意が必要である。

3 韓国南部の無文土器の炭素14年代値

試料

早～後期無文土器の型式別炭素14年代値を確定する作業を行なう。まず，2006年12月現在で知りうる炭素14年代値，約86点のうち，海洋リザーバー効果の影響が疑われる測定値をあらかじめ除いておく。図1は今回使用した試料が出土した遺跡の分布図である。京畿道，忠清南道，慶尚北道，慶尚南道から出土した，突帯文土器から勒島式に伴う試料である。圧倒的に木炭試料が多い。表2は，遺跡ごとに測定した土器型式，測定機関，炭素14年代を表わしたものである。

このうち歴博が測定した試料の種類は土器付着炭化物，土器塗布漆，炭化米，木炭などである。炭素14年代は報告書の記載通り，型式ごとの炭素14年代値の上限値と下限値を載せている。

表2 遺跡別測定値

遺跡名	所在地	型式名	測定機関	炭素14年代
渼沙里	京畿道	突帯文土器	歴博（加速器分析研究所）	3360
		松菊里式		2070
龍亭洞	忠清北道	可楽里式		3030-2490
龍山洞		可楽里式		2860-2820
玉房	慶尚南道	突帯文土器	歴博（ベータ社）	3230-3180
		休岩里式	ソウル大	2850-2370
松竹里	慶尚北道	突帯文土器	歴博（加速器分析研究所）	3000-2910
漁隠	慶尚南道	突帯文土器	歴博（ベータ社・加速器分析研究所），ソウル大，トロント大	2940-2830
欣岩里	京畿道	欣岩里式	日本理化学研究所，韓国原子力研究所	3210-2089
サルレ	慶尚南道	欣岩里式	歴博（ベータ社・加速器分析研究所）	3080-2940
		松菊里式	歴博（加速器分析研究所）	2630-2560
南川	慶尚南道	欣岩里式	歴博（加速器分析研究所）	3060-2900
陳羅里	慶尚北道	欣岩里式	ソウル大	3040-2700
比来洞	忠清南道	欣岩里式		2860-2820
白石洞	忠清南道	欣岩里式		2840-2550
東川洞	慶尚北道	休岩里式	歴博（ベータ社），ソウル大	2920-2570
検丹里	慶尚南道	休岩里式	学習院大学	2880-2650
也音洞	慶尚南道	休岩里式	歴博（ベータ社），ソウル大	2730-2450
松菊里	忠清南道	松菊里式		2665-2565
道三里	忠清南道	松菊里Ⅰ式	歴博（加速器分析研究所）	2460
麻田里	忠清南道	松菊里Ⅰ式	歴博（加速器分析研究所），ソウル大	2540-2480
勒島	慶尚南道	勒島式	歴博（ベータ社）	2190・2150

表3　無文土器の型式別測定試料の数

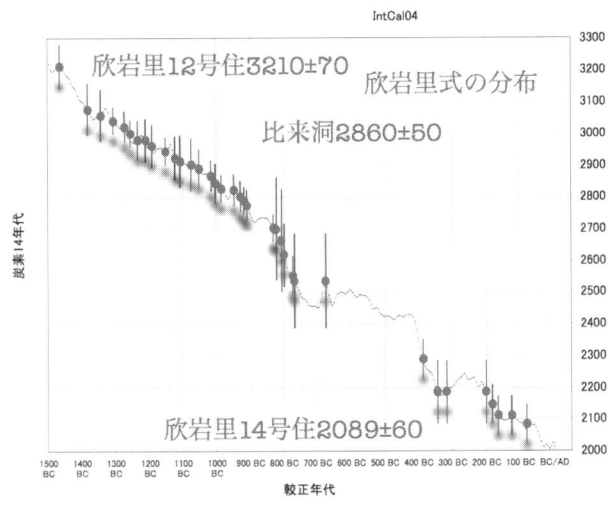

	突帯文土器	可楽里	欣岩里	休岩里	松菊里	松菊里Ⅰ・Ⅱ	勒島
木炭	5	6	31	9	8	5	0
種子	3	0	0	1	0	0	0
付着炭化物	2	0	1	4	1	9	ウルシ2

図2　欣岩里式の炭素14年代値

図3　九州北部と韓国南部の土器の併行関係（武末純一原図）

表3は土器型式別の試料の種類と数を一覧表にしたものである。

勒島式の直前に位置する水石里式は測定値がないため表には入っていない。勒島式は2点しか測定例がないので統計的には不十分だが，漆試料なので精度は高いと考えられる。

測定値が圧倒的に多いのは欣岩里式だが，歴博が測定した土器付着炭化物1点を除いて木炭試料である。測定例こそ多いが，実は非常に多くの問題点を含んでいる。欣岩里式として報告されている欣岩里式（32点）の測定値は，3210±70 ^{14}C BP～2089±60 ^{14}C BPで，炭素年代ベースで実に1200年あまりにも及んでいて，欣岩里式の測定値と真にいえる可能性のあるものはかなり範囲が絞られることがわかる（図2）。九州北部との併行関係では縄文晩期後半黒川式に併行するにもかかわらず，欣岩里式の炭素14年代値の上限は縄文後期，下限は弥生中期末に相当するからである。したがって，欣岩里式として適正な炭素14年代の範囲を求めておく必要がある。

このように炭素14年代に大きなばらつきが出る理由は次のように考えられる。一つ目はAMS以前のβ法で測られている場合には，誤差が±120年もつくものがあるので，これだけ誤差がつくと炭素14年代値の中心値も7～80年動く可能性があるという。二つ目は木炭試料のほとんどが住居の柱材や構造材に起因するため，樹齢の大きな柱材であったり，古い住居の柱を再利用したりした場合は，100年ぐらい古い年代は容易に出る可能性がある。これらを古木効果という。三つ目は真に共伴関係にないものの取り違えである。以上のような理由から，木炭試料の多い韓国の炭素14年代値をそのまま型式ごとの炭素14年代値として使うことはできない。

そこで，九州北部の土器との併行関係を利用して炭素14年代値を絞り込む必要がある。

4　九州北部と韓国南部の土器型式の併行関係

図3は，両地域の併行関係を示したものである（勒島式以前は武末純一の，以後は李昌熙の併行関

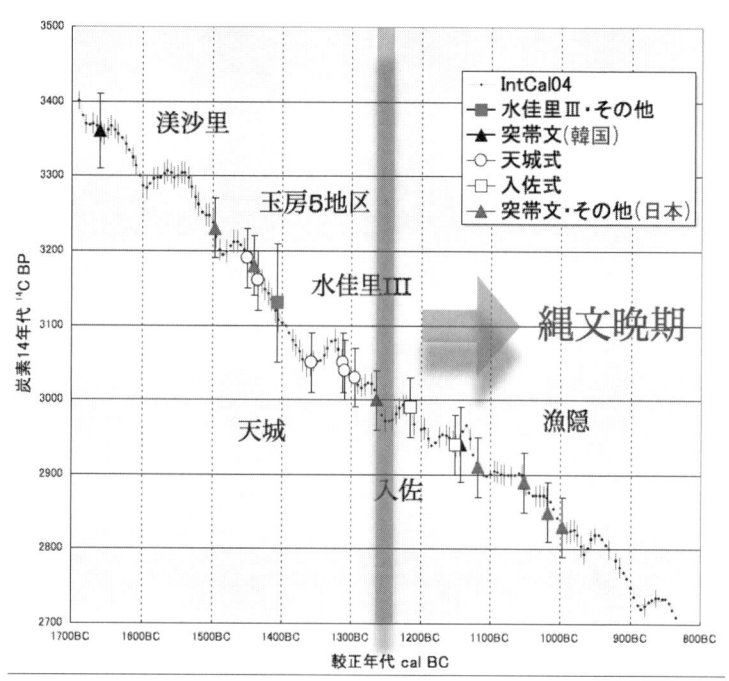

図4　九州北部と韓国南部の較正年代グラフ（突帯文土器以前）

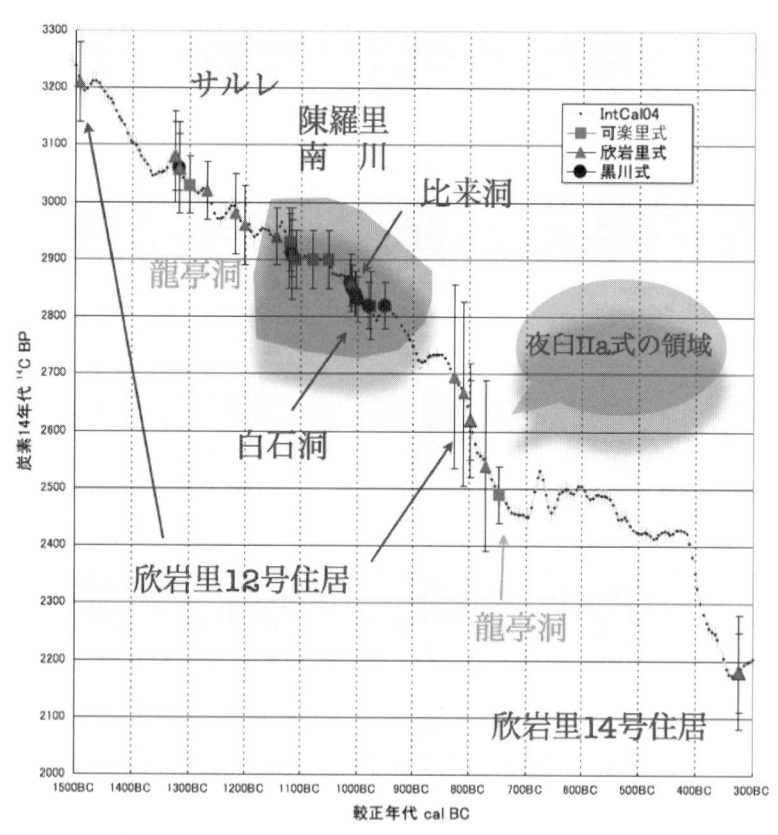

図5　九州北部と韓国南部の較正年代グラフ（欣岩里式）

係を用いた）。両地域の併行関係を規定する根拠を列記してみる。

1．欣岩里式（孔列文土器）
北九州市貫川遺跡5　黒川式の包含層から欣岩里式に伴う舟形石包丁が出土。現状では本例しかない。

2．休岩里式（刻目文土器）
板付祖型甕の存在から上限は山の寺式よりも古く，下限は弥生前期初頭の上限より古いと予想される。

3．松菊里式　九州北部の突帯文土器から板付Ⅱa式の土器に伴って出土する。

4．水石里式（粘土帯土器）
福岡県曲り田遺跡で板付Ⅱ式に伴って出土。ただし包含層から1点出土しただけである。したがって上限を板付Ⅰ式～板付Ⅱa式とするが暫定的な扱いとする。下限を城ノ越式とする。

5．勒島式（粘土紐土器）
原の辻遺跡B区6号土坑内から，須玖Ⅰ式中～新段階の土器と共伴。また勒島遺跡で粘土帯土器と粘土紐土器が城ノ越式～高三潴式と共伴。これが唯一の交差年代法となる。ただし，粘土帯土器の下限と粘土紐土器の上限がよくわからない。

6．原の辻遺跡で須玖Ⅱ式と勒島式の折衷土器が出土し，付着炭化物による炭素14年代値（2060 ± 40 ^{14}C BP）を測定ずみ。勒島式の下限の上限は，折衷土器よりも新しい。

以上の共伴関係をもとに，韓国の土器型式の炭素14年代値を絞り込んでいく。

5　韓国無文土器の炭素14年代値

黒は無文土器の付着炭化物，グレーは無文土器の木炭と種子類，白は縄文土器の付着炭化物の測

定値である（図4）。早期無文土器である突帯文土器の炭素14年代値は，京畿道の渼沙里遺跡出土突帯文土器を除くと慶南・玉房5地区の3200年台を上限に，漁隠の2800年台を下限とする範囲に分布する。突帯文土器の炭素14年代値は歴博が行なった付着炭化物の測定値や韓国南部地域の早期はじめの土器であることを重視すれば，3000～2800年代の範囲に収まると考えるのがもっとも妥当だが，現在，晋州市平居洞遺跡出土の突帯文土器を測定中なので，それをふまえて最終的な判断を下したい。一方渼沙里遺跡の所在する韓国中部地域では突帯文土器の上限が南部よりあがる可能性

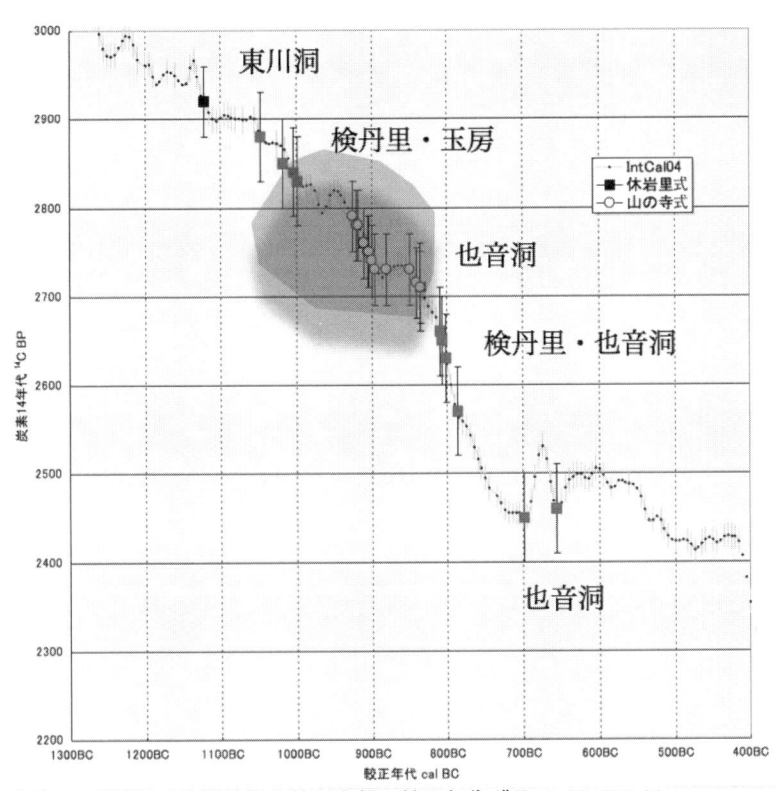

図6　九州北部と韓国南部の較正年代グラフ（休岩里式）

があるので，今しばらく測定値の増加を待ちたい。

　可楽里式の炭素14年代値は2900～3000年台だが，縄文晩期土器との併行関係がわからないので，突帯文土器と欣岩里式に挟まれた年代を仮定しておくしかない（図5）。

　欣岩里式はもっともバラツキが大きな土器型式だが，黒川式と併行する点を重視すると，2800年台を中心とする炭素14年代値をもつ型式として把握しておく（図5）。韓国最古の遼寧式銅剣を副葬した忠清南道比来洞遺跡1号支石墓から見つかった木炭の炭素14年代値が2800年台であることからも妥当な年代と考える。

　図6は休岩里段階の木炭と佐賀県菜畑9～12層出土の付着炭化物，福岡市橋本一丁田遺跡出土の方形浅鉢の付着炭化物の測定値を落としたものである。休岩里の方が山の寺・夜臼Ⅰ式よりも古い方に偏っているので，休岩里式は2800～2700年台の測定値をもつと考えておく。

　中期無文土器の松菊里式になると，2600年台の夜臼Ⅱa式や夜臼Ⅱb・板付Ⅰ式併行期に併行する

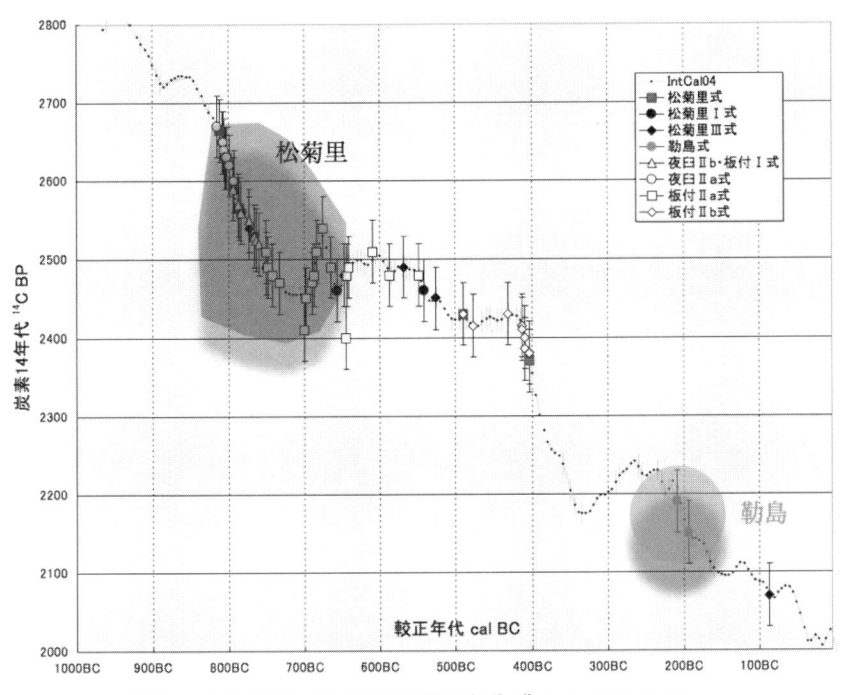

図7　九州北部と韓国南部の較正年代グラフ（松菊里式）

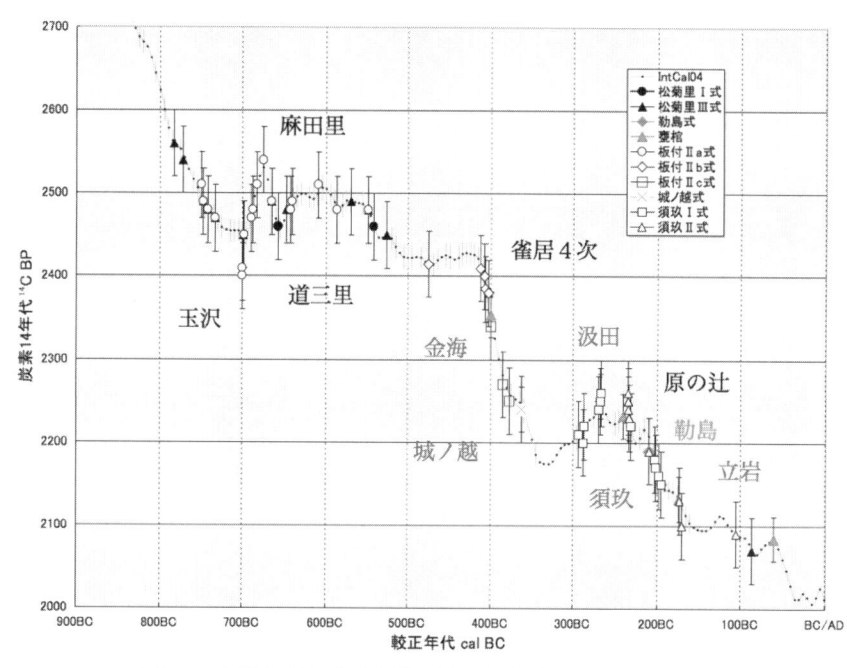

図8　九州北部と韓国南部の較正年代グラフ（水石里式）

2500年台の部分ならよいが、2400年台を示す値は、炭素14年代の2400年問題の領域に入ってしまうので、後続する後期無文土器である粘土帯土器との併行関係、もしくは系譜関係の問題が出てくるため簡単に松菊里式の炭素14年代値とみなすわけにはいかない。弥生土器との併行関係でいうと、2600年～2400年台でよいのだが、松菊里式の下限は板付Ⅰ式と板付Ⅱa式のどこかにくると考えられているため、前7世紀以前の2400年台ということになる（図7のグレーで囲んだ部分）。

後期無文土器になると、水石里式の測定値がない以上、上限を松菊里式の下限から押さえておくしかない（図8）。下限は弥生土器との併行関係から中期初頭＝城ノ越式とすれば、2200年台（一部2100年台前半）ということになる。

2200年台から粘土紐土器の時期となる。下限は後期高三潴式と併行するので、1900年台ということになる。原の辻遺跡の折衷土器や勒島式の漆の年代は、2200年ごろなので、妥当な年代である。

以上、無文土器の型式ごとの炭素14年代値は次のようになる（図9）。突帯文土器は2900年以前、

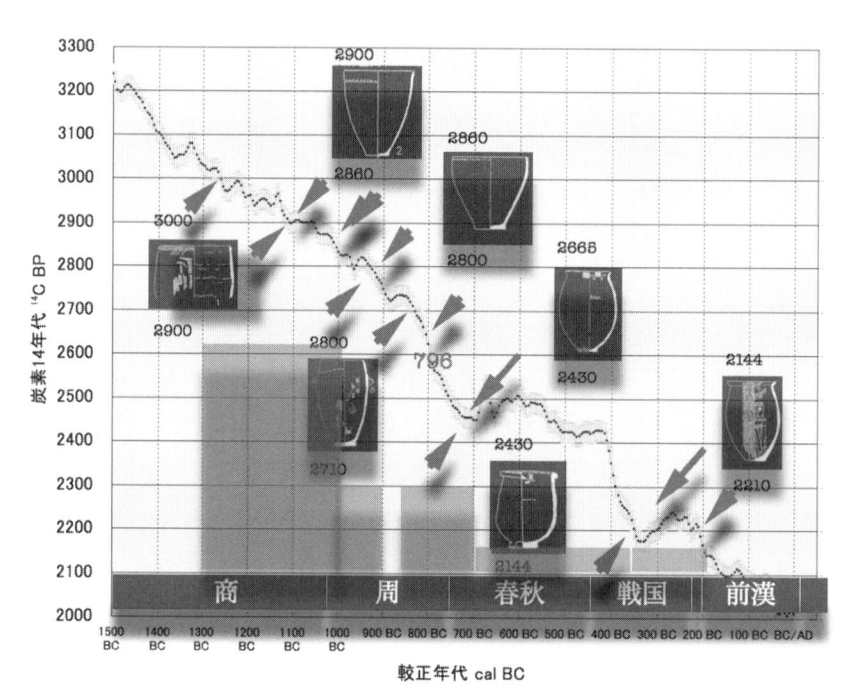

図9　韓国無文土器の型式別炭素14年代値

各図面の上の数字は炭素14年代値の上限、下の数字は下限を表わす。たとえば突帯文土器なら3000～2900 ¹⁴C BP であることを示す。一方、瀬戸内や近畿の突帯文土器の炭素14年代値との差は100年以内なので、時間的には後続するといっても過言ではない。

- 144 -

可楽里式は黒川式古の上限の炭素14年代値である2860年以前，欣岩里式は黒川式に併行することを重視して2800年以前，休岩里式は山の寺式の下限である2710年以前，松菊里式は板付Ⅱa式のどこかで水石里式との境界をもつので，玉房1地区の木炭の測定値である2430年を下限と考える。水石里式と勒島式の境界は，城ノ越式のどこかであるから，仮にV字の底である2144年としておく。なお勒島式の下限は高三潴式との共伴例を参考に1900年以前ということになる。

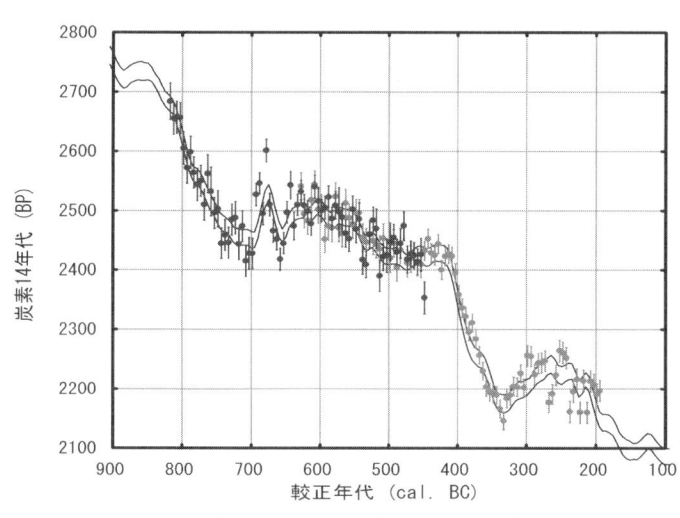

図10　日本産樹木を元にした炭素14年代値とIntCal04

6　較正年代

広島県黄幡1号遺跡出土のヒノキ材と，長野県飯田市の埋没樹幹の杉を年輪年代測定し，5年輪ごとにAMS-炭素14年代測定を行なって構築したものが図10である〔今村編 2007〕。

これを使って無文土器の実年代を推定してみる。前796年以前の年輪の炭素14年代値は2600炭素年代より若くはならないことが知られている。2600年台といえば夜臼Ⅱa式であるし，併行関係からすれば松菊里式以前ということになる。少なくとも松菊里式の上限が前796年以前であることがいえる。ここを起点に無文土器の実年代を推定すると，松菊里式の上限は前9世紀以前，欣岩里式の下限も前9世紀以前となる。欣岩里式の上限は不明だが，黒川式新と山の寺・夜臼Ⅰ式の境界がベイズ統計の結果，前10世紀後半とされているので〔藤尾 2007〕，黒川式に併行する欣岩里式は前10世紀後半以前となることは確実で，存続幅をある程度見積ると上限は前11世紀まであがると考えている。可楽里式以前については推定の域を出ない。また縄文晩期初頭併行期まで韓国南部における突帯文土器の上限はあがると考えている。

新しいところでは，板付Ⅱa式の途中から後期無文土器が始まるという併行関係を利用すれば，後期無文土器の上限は前7世紀前半ということになる。勒島式の上限は城ノ越式の途中と考えて，前4世紀後半のどこかということになる。下限は後1世紀のどこかとなる。以上の併行関係をもとにした実年代を年表にすると図11のようになる。

7　青銅器文化の実年代

武末純一の韓国青銅器編年図に，較正年代（左列）と従来の考古年代（右列）を示したものである（図12）。

武末は，1～3期に分けている。1期は遼寧式銅剣の段階で，欣岩里式～松菊里式に相当，日本の黒川式～板付Ⅱa式に併行する。較正年代では，前11～前7世紀に比定される。2期は古式細形銅剣の段階，水石里式に相当，日本の板付Ⅱa式に併行する。較正年代では，前7～前6世紀に比定される。3期は水石里式～勒島式に相当，日本の板付Ⅱb式～須玖Ⅰ式に併行する。較正年代では前5世紀～前3世紀に比定される。

6でみたように年輪年代がわかっている日本産樹木の炭素14年代から夜臼Ⅱa式が前9世紀以前にあがることが間違いなくなったことからもみても，黒川式が前9世紀になることはなくなったので，韓国南部の青銅器時代が前11～10世紀には始まっていたことが明らかになったといえよう。松菊里1号石棺出土の遼寧式銅剣の年代も，夜臼Ⅱa式の年代から前9世紀後半～前7世紀前半と考えられる。そして朝鮮式青銅器の出現年代は，忠清南道・大田槐亭洞遺跡出土の青銅器に伴う水石

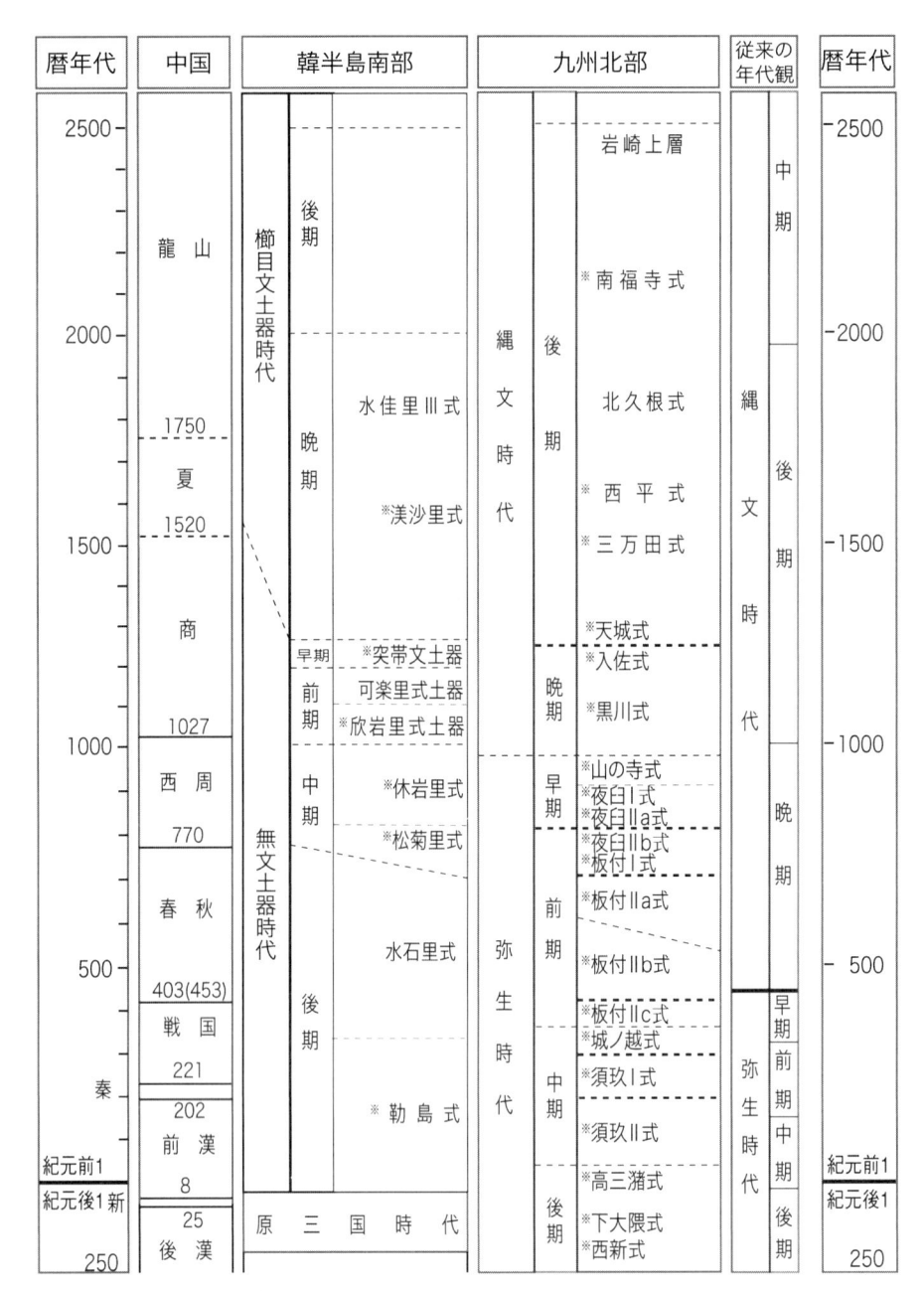

※は年代を計測した土器型式

図11　炭素14年代の較正年代にもとづく無文土器・弥生時代の実年代
（武末純一・李昌熙の併行関係と炭素14年代をもとに作成，2008.2.5）

前回の図に比べると勒島式の下限を高三潴式の途中までと併行させている。破線は
AMSの結果をもとに推定。破線が太ければ試料数も多く、精度が高いことを示す。

里式の年代から推定することになる。歴博側でも水石里式の炭素14年代値を持っていないので，九州北部の弥生土器との併行関係しか手がかりがない。板付Ⅱa式のどこかを上限とする水石里式の年代は，前7世紀以前に遡ることはありえないが，どの水石里式と大田槐亭洞の青銅器が伴うのかがよくわからないため，朝鮮式青銅器の出現年代をしぼり込むことはできない。したがって現状では，板付Ⅱa式の年代である前7～6世紀のどこかにくる，に留めておきたい。なお九州北部でこれらの青銅器が甕棺に副葬される城ノ越式は前4世紀中ごろ～末である。

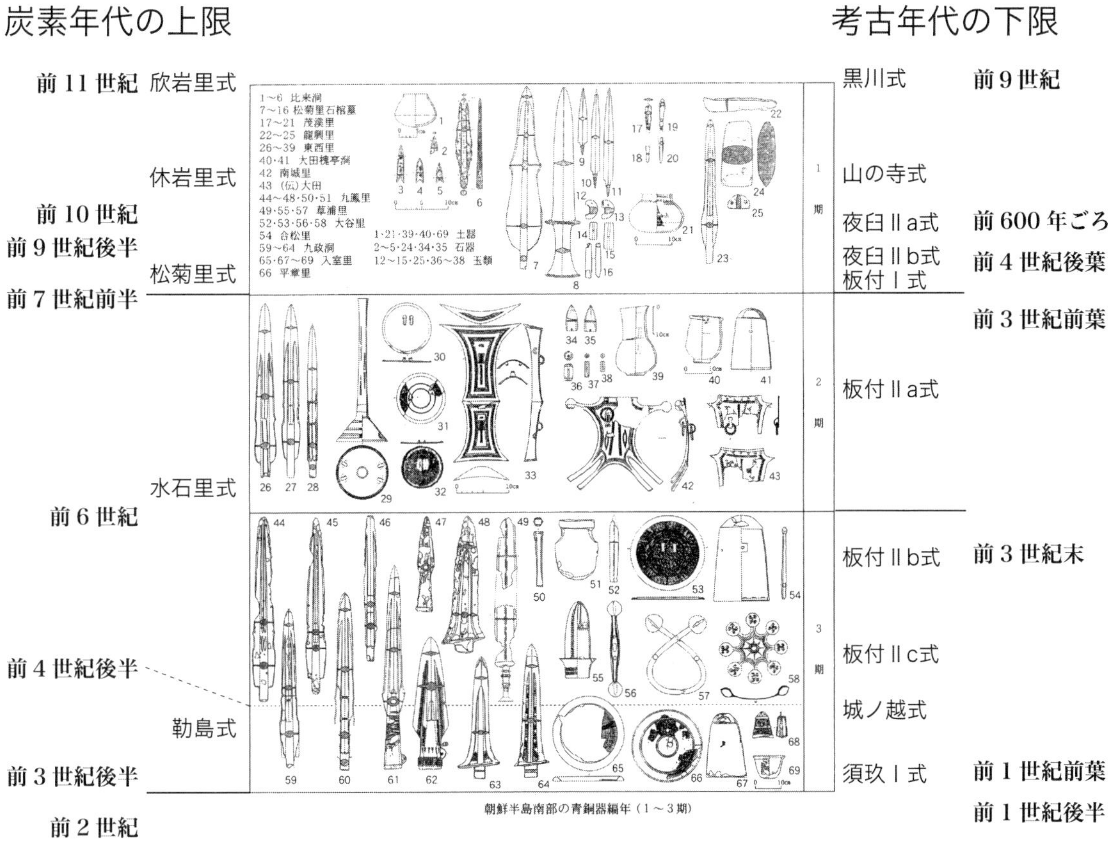

炭素年代の上限　　　　　　　　　　　　　　　　　考古年代の下限

前11世紀　欣岩里式　　　　　　　　　　　　　　黒川式　　　前9世紀

　　　　　休岩里式　　　　　　　　　　　　　　山の寺式
前10世紀　　　　　　　　　　　　　　　　　　　夜臼Ⅱa式　　前600年ごろ
前9世紀後半　　　　　　　　　　　　　　　　　　夜臼Ⅱb式　　前4世紀後葉
　　　　　松菊里式　　　　　　　　　　　　　　板付Ⅰ式
前7世紀前半
　　　　　　　　　　　　　　　　　　　　　　　　　　　　　前3世紀前葉

　　　　　　　　　　　　　　　　　　　　　　　板付Ⅱa式

　　　　　水石里式
前6世紀

　　　　　　　　　　　　　　　　　　　　　　　板付Ⅱb式　　前3世紀末

前4世紀後半
　　　　　　　　　　　　　　　　　　　　　　　板付Ⅱc式
　　　　　勒島式
　　　　　　　　　　　　　　　　　　　　　　　城ノ越式
前3世紀後半
　　　　　　　　　　　　　　　　　　　　　　　須玖Ⅰ式　　　前1世紀前葉
前2世紀　　　　　　　　　　　　　　　　　　　　　　　　　　前1世紀後半

図12　韓国青銅器の実年代

おわりに

　韓国の青銅器文化の年代は，考古学的に製作年代のわかる遼西における中原系青銅器を起点に，遼東における遼寧式銅剣の副葬年代を傾斜編年によってもともと新しく位置づけ，かつ副葬年代と製作年代とを明確に峻別しないまま，九州北部の弥生土器の併行関係をもとに考えてきたという歴史がある。それが今回は韓国出土の無文土器に付着する炭化物を直接炭素14年代測定することによって，年代を推定することができた。その結果，韓国南部の青銅器は，前11世紀には出現し，前7～前6世紀には朝鮮式青銅器という韓国南部独自の青銅器文化を生み出す可能性を示した。そしてこの文化が前4世紀には九州北部地方に拡散する。従来の年代観である遼寧式銅剣の出現年代である前5～4世紀，朝鮮式青銅器の成立が前3世紀という年代に比べると，600年～200年さかのぼったことになる。

参考文献

今村峯雄編 2007『弥生はいつから!?』国立歴史民俗博物館展示図録
藤尾慎一郎 2007「土器型式を用いたウイグルマッチ法の試み」『国立歴史民俗博物館研究報告』137，
　　157-184

東アジアにおける鉄器の起源

村上恭通

1 東アジアにおける鉄の起源について

　東アジアにおける鉄器文化の中心地，中国において最初に出現する鉄は隕鉄である。青銅武器の刃部にのみ採用され，青銅器とは比較にならないほど稀少価値であった隕鉄は，西周代のなかでその姿を潜める。そして，鉄器の動態が判然としない春秋時代を経て，次に鉄が活況を呈するのは戦国時代である。この時代に生産された主要な鉄は銑鉄（鋳鉄）であり，鋳型を用いて鋳造鉄器として造形された。この銑鉄生産はヨーロッパ世界では中世を迎えてはじめて可能となる技術であり，当時，世界のいかなる地域にも追随を許さない特異な技術であった。

　この技術は，おそらく春秋時代のある時点で発生したものと推測されるが，発生地も含めてまだ詳細な議論はできない。近年，長江三峡地区では春秋時代のものとされる大量の鋳造農具が出土しており〔楊 2006，雛 2007〕，黄河流域とは異なる様相を呈している。同形態の青銅製・鋳鉄製農具が共存する春秋時代の呉越地域に起源の候補を求める佐々木正治氏の説もある〔佐々木 2001〕。合金比率のことなる素材の組み立て，化学変化を熟知した表面処理など，春秋時代の呉越地域では青銅器の技術開発を卓越して推進する地域であるため，佐々木氏の説は鉄技術の開発という点に関しても熟考に値する。銑鉄生産の起源についての議論も今後深めなければならない。

　ところが，隕鉄加工に続いて，突如銑鉄生産が現われたのではない。錬鉄生産，もっと詳しくいえば錬鉄に滲炭して鋼にする生産方法が西周末期にはじまっていたことが河南省上村嶺虢国墓地出土品により判明した。2001号墓（虢季墓）出土の鉄剣は身の中軸に脊をたたき出している点で注目され，さらに顕著な特徴は青銅のジョイントを介して玉製の柄に連結されている点である。いわゆる玉柄鉄剣とよばれるこの剣は構造的に脆弱であり，実用武器とは考えがたい。中国西北地域で出土する春秋時代の金柄鉄剣，銅柄鉄剣も同様である。大量の青銅器，玉器のなかで唯一の鉄器であることからも，前代の隕鉄と同様，稀少価値であったとみられる。

　以上をまとめると，銑鉄段階以前において隕鉄製複合鉄器段階から錬鉄（錬鉄滲炭鋼）製複合鉄器の段階に移行していると評価でき，いずれも鉄は鍛えて造形されたとみなければならない〔陳 2000〕。そしてこの移行形態は鉄の起源地と目されるトルコ・アナトリア高原地域を含む黒海沿岸地域へという西方への視点を喚起する〔Koryakova・Epimakhov 2006〕。単純な伝播論は不毛であり，また鉄のみならず，青銅も含めて金属器の使用がはるかに古いため，これらの地域と中国との容易な対照は避けなければならない。また，彼我の間に横たわるカザフスタンなどの中央アジアやアフガニスタンなどの西アジアの様相が不明な点もあり，そのつながりに対する理解も低い。しかしながら，青銅器文化や馬事文化については積極的かつ説得力のある議論が展開され〔梅・高浜 2003，Linduff 2003・2004〕，西方から東アジアへのインパクトが如実に語りはじめられた現状においては，鉄についても同様のルートを検討する余地がますます広がったといえよう。そうすると青銅に代替する利器とその生産が時間を費やして，長駆伝播したととらえるにはあまりにも単純すぎる。おそらくそこには秘技としての鉄技術，鉄器の宝器的価値といった認識があって，このような伝播形態を促進したのであろう。

2 中国内での鉄技術・文化の拡散―西北地域と西南地域―

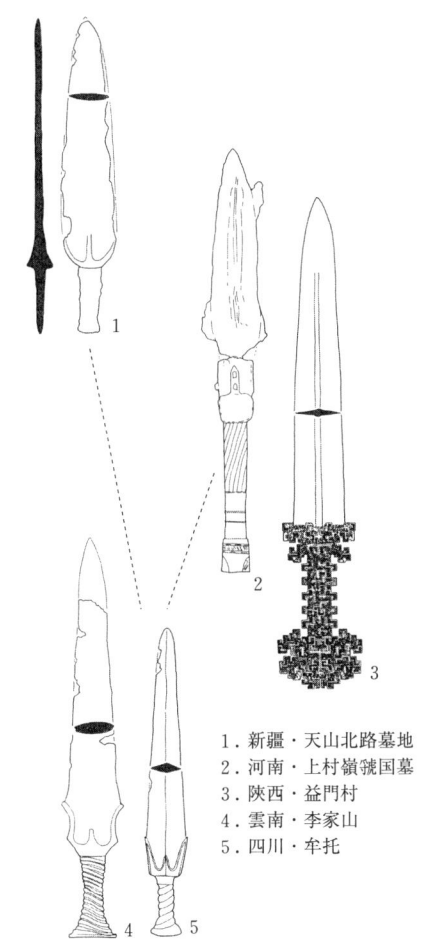

図1 三叉格青銅短剣（1）・複合鉄剣（2・3）と三叉格銅柄鉄剣（4・5）

1. 新疆・天山北路墓地
2. 河南・上村嶺虢国墓
3. 陝西・益門村
4. 雲南・李家山
5. 四川・牟托

図2 巴蜀銅矛（成都市文物考古研究所所蔵）

　白雲翔氏の研究によると紀元前5世紀中葉以前の初期鉄器は黄河中流域，長江中流域そして新疆地区に集中域を形成している〔白 2005〕。製銑の開発は前二者における青銅生産技術が大きく関わっており，新疆地区は鉄そのものの導入の窓口として注目される。新疆地区の場合，時代や年代について疑義がもたれる資料もあるが，小型刀子，指輪，釧など小型鉄器や装身具が多い点は南シベリアや中央アジアに共通している。したがって，鋳造鉄器とその技術の拡散に関しては黄河中流域あるいは長江中流域がセンター的な役割を担っているものの，その前段階にも新疆地区をセンターとした鉄器やその生産の拡散があったと推測される。

　その一つが中国西北地域から西南地域へのルートであり，具体的には新疆，甘粛，寧夏回族自治区，四川，貴州，雲南を結ぶルートである（註1）。甘粛，寧夏，四川，貴州，雲南いずれの地域においても鉄器普及の初期段階に銅柄鉄剣が存在する。とくに寧夏，四川，貴州，雲南では「三叉格」を有する銅柄鉄剣が出土しており，これは新疆天山北路墓地の青銅短剣に起源をもつものであろう（図1）。「三叉格」というデザインと銅柄鉄剣（複合鉄器）というアイディアはいずれも中国西北地域に通ずるものである。現在のところ，その最古型式は戦国時代の範疇で捉えられているが，編年に対する検討の余地もあり，春秋時代に遡るプロトタイプの存在も想定しておくべきであろう。

　三叉格をもつ青銅短剣，銅柄鉄剣に限らず，西南地域の青銅器が北方地域のそれと関連することについてはかねてより議論されており，近年も霍巍氏や蘇奎氏により武器類を対象として具体的に検討されている〔霍 2004，蘇 2005〕。相対的には雲南出土資料が比較の対象となる場合が多い。しかし，四川西部（川西地区）出土の青銅器やいわゆる巴蜀青銅器のなかにも北方的な青銅器の片鱗を見いだすことが多い。例えば袋部に鉤を備えた四川出土双耳式の巴蜀青銅矛（図2）は，セイマ－トルビノ文化に属する有鉤青銅矛の遺制をのこしたものとみることもできる〔高浜 2000〕。このように青銅器伝播の際に切り開かれたルートが前提となって，鉄の技術と文化も南方へ伝えられたのである。

　ただし，銅柄鉄剣に代表される鉄製品導入以降の

鉄器文化の展開は，西南地域のなかで多様となる。戦国時代以降，秦の侵攻をたびたび受ける蜀は独自性をわずかに残しつつ，秦式の鍛造鉄器文化を拠点的に広げていく。一方，雲南では前漢代まで銅柄鉄器，銅鋬鉄器という複合鉄器の文化が色濃くのこっている。石寨山遺跡や李家山遺跡に代表される金属器文化は利器の主体が青銅器である。武器類や農工具類は青銅製品が量・種類ともに豊富であり，青銅器が実用利器として極度に普及した様相を看取することができる。そのようななかで鉄は袋状斧，鑿の刃部，剣，矛，戈の身や鋒というように部分的に採用され，全体が鉄製の利器は漢式系鉄器を除くときわめて少ない。昆明市羊甫頭墓地の113号墓（M113：前漢代）では44点の銅戈が出土しているが，そのうちの1点のみ身が鉄製であった（鉄援銅戈）。このような限定された鉄の使用法は西北地域に源を有する伝統を継承したものとみることができる。鉄の稀少性のみならず，鉄の宝器的価値に対する認識の根強さと青銅器の十分な普及とが相まって鉄器の浸透が抑制されたのであろう。

3　中国華北・東北地域の鉄

西北や西南地域と対極にある華北や東北地域は，商代の隕鉄製刃部をもつ複合鉄器が数例知られているものの，西周，春秋時代の鉄製品は現状ではなく，当然のことながら鋼製の鍛造鉄器の段階も認められない。鉄技術および鉄文化という点では中国でも後進的な地域である。

鉄器使用の痕跡が次に現われるのは戦国時代前期である。河北省易県に所在する燕下都出土の鉄器は鋳鉄製，鋼製，錬鉄製の三種類があるが，前期は鋳鉄製のみ，中期に三種類が揃い，後期になって三種の鉄それぞれが多様化する〔李仲達ほか 1996〕。鋳鉄に限ると，前期は白鋳鉄のみで，後期になってねずみ鋳鉄，可鍛鋳鉄など利器に適した鋳鉄が増加する。もろくて，機能性の低い鋳鉄が質を高め，用途に応じて多様化する過程が理解できる。しかも後期には鋳鉄を脱炭して鍛造素材にする技術も確立されており，強靭な刃物の鍛造が可能となった。燕国には戦国時代前期から鋳造鉄器が存在した。しかし，鉄が機能性を高め，メジャー・メタルとなったのは後期であった（註2）。

戦国時代後期，燕国における鉄器生産は下都内でも行なわれていたが，平原に位置するために，原料，燃料調達に難があり，生産規模には限界があったと考えられる。そのような燕国において鉄・鉄器生産の基地的役割を果たしたのは，鉱物資源に恵まれた燕山山脈に近くに位置した河北省興隆県副将溝遺跡であった。ここでは鋳鉄製鋳型を用いた銘文入り鋳造鉄器の生産が行なわれていたことが判明している。加えて遺跡で表採される鋳造鉄器のなかには角の稜線が甘く，鋳型のずれが認められる例もあり，土製鋳型を用いた生産もあったと判断される。また表面観察で経脱炭を認めうる鋳造鉄斧もあり，鋳鉄用脱炭炉も存在していたことが十分に推測される（註3）。

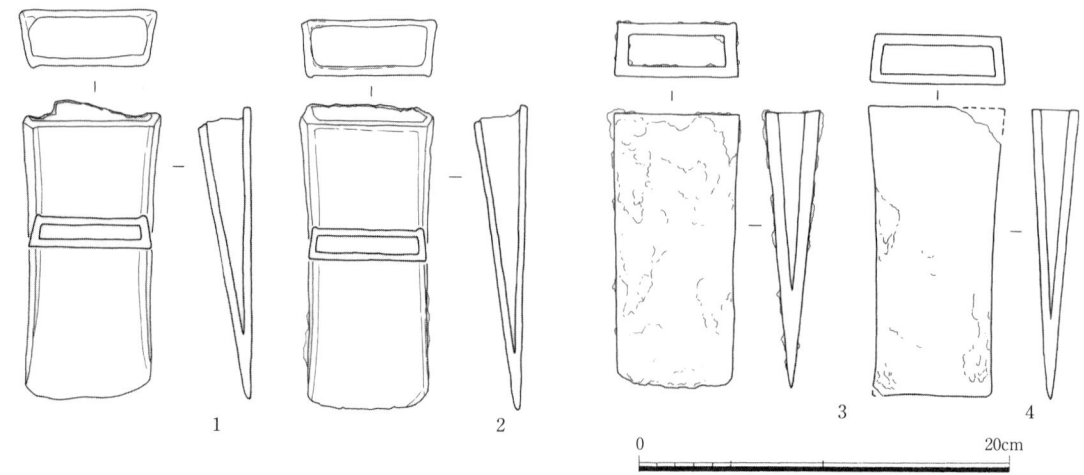

図3　2点一組で副葬される鋳造梯形斧（鑺）
1・2 慈江道・龍淵洞，3・4 河北・燕下都虚粮塚墓区8号墓

二龍湖城のような吉林省内の戦国時代城址では銘文入りの鋳造鉄器が出土しており，副将溝のような拠点で生産された鉄製品がもたらされたのであろう。同時に朝鮮半島への鋳造鉄器の流入や技術の伝播についてもこの遺跡が重要な役割を担っていたと考えられる。

4　朝鮮半島の鉄器の起源

朝鮮半島で最古の鉄器は平安北道龍淵洞積石塚出土品であり，戦国時代後期の燕国産鉄器そのものである（図3）。長大で，横断面が梯形を呈する片刃の斧形鉄器は中国では钁と呼ばれ，耕具の刃先とされる。龍淵洞出土例は表面の特徴から脱炭を経ていることがわかり，このことも起源地や時代性を反映している。朝鮮半島において，この種の鉄器が2点一組で副葬されることが多いという点についてはすでに指摘されているが〔村上 1988〕，燕下都虚粮塚墓区8号墓でも同じ様相がみられ，燕と朝鮮半島との関係の深さを再確認させる。この風習は三国時代まで継承されるため，戦国時代後期に受けたインパクトも大きかったのであろう。

朝鮮半島西海岸を中心に，細形銅剣，多鈕細文鏡などの朝鮮青銅器群にともなって先述の長大な斧形の鋳造鉄器が副葬品として出土している〔村上 1994a〕。1点で出土する場合があるものの，忠清南道合松里，全羅北道南陽里，全羅南道葛洞遺跡出土例のようにやはり2点一組の例がある。使用法あるいは副葬習慣上，燕と朝鮮半島との関係を認め得ることができても，これらの生産地，すなわち燕国産か朝鮮半島産かといった問題はほとんど議論されていない。

龍淵洞遺跡出土例や燕国領内の同種の鉄製品の特徴を今一度確認すると，長大であることに加えて，横断面形が梯形で，片刃である点が挙げられる。合わせ型で鋳造されるが，その鋳型は一方のみに陰刻があり，一方は陰刻のない板状である。このような鋳型を単合范と呼ぶ（図4）〔李文信 1954〕。片刃で断面梯形の斧形品を鋳造するためには合理的な鋳型である。ところが朝鮮青銅器群にともなう斧形鉄器は片刃という原則を共有しつつ，断面形は梯形あるいは長方形で，なかには袋端部に段をもつ例（合松里・南陽里）があるなど，龍淵洞例をはじめとする燕国産などとは少し異なっている。そしてその差異が最も顕著に表われているのが，製品から想定される鋳型の形態である。先に説明した単合范とは異なり，双方に陰刻を備えた双合范である可能性が高い。やや強調的に表現するならば図4-2のような組み合わせ方の鋳型となろう。合松里出土例は側面の中軸上に稜線が走り，鋳張りを落としたものと解釈され，素素里出土品は側面の中軸上に亀裂を有し，鋳型の合わせ目における湯回りの悪さを示している。また時期が少々異なるが，京畿道大成里遺跡（B地区）出土品は側面の中軸上に鋳型の合わせ目が明瞭にのこっている（図5）（註4）〔金 2007〕。このほか北朝鮮出土資料を含めて，全長に対する袋部の深さが半分程度しかない例（黄海道・松山里，石山里，忠清南道・合松里，素素里，全羅南道・葛洞例）や刃先の刃角が小さく薄い例（大成里，葛洞例）も燕国系の钁とは異なった特徴を呈している。長大かつ薄形で，しばしば横断面が梯形

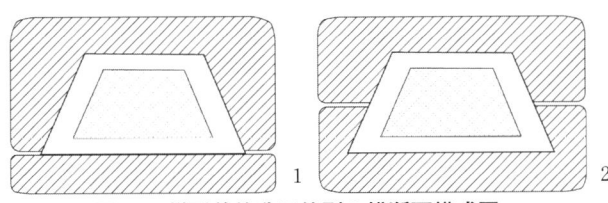

図4　梯形斧鋳造用鋳型の横断面模式図
1　単合范，2　双合范

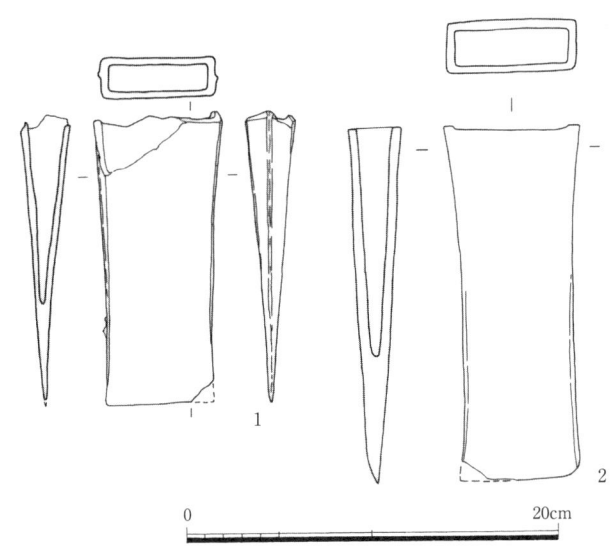

図5　双合范製と考えられる大型片刃鋳造梯形斧
1　京畿道・大成里B区，2　全羅北道・葛洞4号墓

を呈する鉄製品の鋳造に双合笵を使用するという，一見不合理な方法は，燕国に起源をもちながらもそのものではないということを物語っている。燕国系の鑁がイメージされつつ，生産技術は変容していたのである。そもそも朝鮮半島には青銅斧を鋳造するという金属器生産の前史がある。その青銅斧は刃角の浅い両刃が多く，双合笵製である。こういった点から，朝鮮半島における双合笵製の鑁は青銅斧生産の技術伝統を反映しているとみられ，西北朝鮮のいずこかでの生産が推測される。

三韓・三国時代に2点一組で副葬される鑁は横断面形が完全な梯形で，単合笵製である。そのプロトタイプの候補として，長大さという特徴をのこした楽浪土城址出土品が挙げられる（図6）〔鄭2007，村上2007a〕。ただし，本資料は脱炭を経ていない〔大澤2007〕。大澤正己氏によれば三韓，三国時代の鋳造梯形斧は冶金分析の成果に基づくと脱炭を経ていない例が多い（註5）。また増加しつつある鉄・鉄器生産遺跡において，耐火煉瓦などの高度な構造材を用いた脱炭施設の存在は現状では考えがたい。つまり朝鮮半島は鋳造鉄器を使用する文化と生産技術を受容しながらも，鋳造後に機能を高めるための脱炭技術は当初受け入れなかった可能性が高い。そう考えるとき，弥生時代における最初期の鉄器である鋳造鉄器の再加工品は経脱炭を前提としていることから，今後，朝鮮半島産，燕国産といった産地の問題についても目的を絞った議論をする必要が生じてくるであろう。

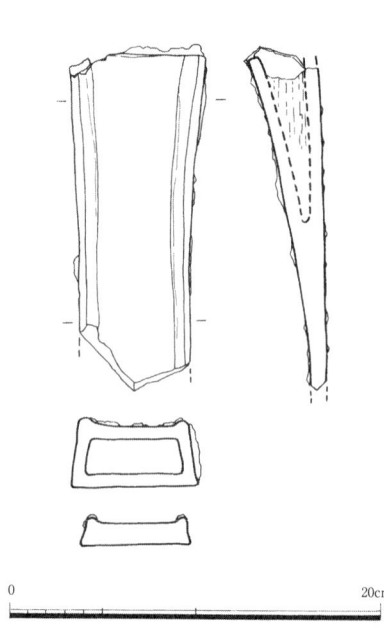

図6　楽浪土城址出土梯形斧

5　弥生時代における鉄器の出現

弥生時代における最初期の鉄器は鋳造品がほとんどで，破片の状態で出土するものが多い。それらのなかには研磨を主体とした再加工を受けて，他の機能を有する鉄器に再生されていたものも含まれている〔野島1992，村上1992・1994b〕。鋳放しの鋳造鉄器は研磨しても変形しない。したがって，その再加工は鋳造鉄器が中国においてすでに脱炭されていたために可能となったのである。

そのリサイクル鉄器は前期に属するものも含まれていたが，AMS法の導入による考古資料の年代検証がはじまり，鉄製品も出土状況・共伴遺物など，詳細な再検討が行なわれ，前期の資料的価値に疑義が呈された。弥生時代開始期（前期初頭）の遺物と考えられてきた福岡県曲り田遺跡出土品や熊本県斎藤山貝塚出土の資料のみならず，前期末葉～中期初頭の資料までもがほとんど抹消されてしまった。そして最古の鉄器は中期初頭に位置づけられている〔春成2006〕。

しかし，出土状況が厳密に検討された愛媛県大久保遺跡の鋳造鉄器片のなかには，当該地域で前期末～中期初頭に属するとされる土器と確実に共伴するものがある。また当遺跡出土の磨製石器群のなかには北部九州的要素をもつものが含まれている（註6）。大久保遺跡出土の鋳造鉄器片も北部九州地域を経由したものであろう。その北部九州においても当然前期末にさかのぼる鋳造鉄器が存在することは想定しておかなければならない。

弥生時代はその前期から鉄器時代として認める立場もあった。しかし，実際に鉄器を対象とした研究者は当該期における鉄器の歴史的意義を高くは評価していなかった。川越哲志氏はこれらを原始的な鉄器としたうえで，「生産現場に与えた影響はあまり大きなものではなかった」と評価した〔川越1993〕。資料に則したうえで，弥生時代後期ですら完全なる鉄器時代と評価しない川越氏にとって，前期の鉄器は石器を超えるものでは全くなかった。潮見浩氏も中心的存在の石器群の余地をわずかに補足するものと考えており〔潮見1982〕，当該期の資料が時代の概念規定に及ぼすような資料とは考えていない。

中期以降に鋳造鉄器の再加工品がはじまり，抹消された資料群もそれ以降の鉄器と評価されるよ

うになれば，原始的鉄器の使用段階をより永く存続したものとして再評価する必要が生じてくる。今後は舶載鉄器の伝世といった，新たな問題意識が要求されるのかもしれない。また鋳造鉄器再加工鉄器の位置づけと整合的にとらえられてきた大陸系磨製石器群の消長関係〔下條 1998〕についても再考を要し，大陸系磨製石器群自体の編年にもその再検討がおよぶのであろう。

(註1)　この地域には青海省も含まれるが，現在のところ対象となるような鉄製品は出土していない。

(註2)　戦国時代前期の燕下都出土鋳鉄製品は出土後の経時的変化が著しい。後期の鋳鉄製品より細片化している。鋳鉄の種類に相違するものと予察される。なお，中国と朝鮮半島とで，鋳造鉄器の崩壊のあり方の違いがあり，それは脱炭の有無も関連している可能性がある。

(註3)　興隆県副将溝には現在でも鋳造鉄製品や鉄滓・炉壁などの生産関連資料が地表に散布している。それらに基づいた所見である。

(註4)　調査担当者の金一圭氏に遺物をみながら懇切丁寧に説明いただいた。

(註5)　大澤正己氏より直接ご教示いただいた。ただし，遺存状況の良好な鉄製品のなかに表面観察によって経脱炭とみられる資料も散見されるため，脱炭技術の存否および導入時期の問題はこれから議論する余地が大きい。

(註6)　調査担当者の柴田昌児氏のご配慮により，実見させていただいた。

参考文献

大澤正己 2007「楽浪土城出土椀形滓・鉄器の金属学的調査」『東アジアにおける楽浪土城　出土品の位置づけ』平成17年度〜平成18年度科学研究費補助金（基盤研究（C））研究成果報告書（研究代表者：早乙女雅博）

川越哲志 1993『弥生時代の鉄器文化』雄山閣

佐々木正治 2000「殷周鉄刃利器の再検討」『製鉄史論文集』たたら研究会

――― 2001「中国青銅製農具の再評価」『Old Problems and New Perspectives in the Asian Early Rice Cultivation News』No.6

潮見　浩 1982『東アジアの初期鉄器文化』吉川弘文館

下條信行 1998「結言」『日本における石器から鉄器への転換形態の研究』平成7年度〜平成9年度科学研究費補助金（基盤研究B）研究成果報告書

高浜　秀 2000「前2千年期前半の中央ユーラシアの銅器若干について」『シルクロード学術研究叢書3－金属と文明－』シルクロード学研究センター

野島　永 1992「破砕した鋳造鉄斧」『たたら研究』32・33，たたら研究会

春成秀爾 2006「弥生時代の年代問題」『新弥生時代のはじまり　第1巻　弥生時代の新年代』雄山閣

村上恭通 1988「東アジアの二種の鋳造鉄斧をめぐって」『たたら研究』29，たたら研究会

――― 1992「吉野ヶ里遺跡における弥生時代の鉄製品」『吉野ヶ里（佐賀県文化財調査報告書113）』佐賀県教育委員会

――― 1993「古墳時代の鉄器生産」『考古学ジャーナル』366，ニュー・サイエンス社

――― 1994a「弥生時代における鉄器文化の特質－東アジア諸地域との比較を通じて－」『九州考古学会・嶺南考古学会第1回合同考古学会－資料編－』同実行委員会

――― 1994b「弥生時代中期以前の鋳造鉄斧」『先史学・考古学論究』龍田考古会

――― 2007a「楽浪土城の鉄製品」『東アジアにおける楽浪土城出土品の位置づけ』平成17年度〜平成18年度科学研究費補助金（基盤研究（C））研究成果報告書（研究代表者：早乙女雅博）

――― 2007b「中国における鉄の起源と波及」『愛媛大学東アジア古代鉄文化研究センター設立記念国際シンポジウム　中国西南地域の鉄から古代東アジアの歴史を探る』愛媛大学東アジ

ア古代鉄文化研究センター
霍巍 2004「試論西蔵及西南地区出土的双円餅形剣首青銅短剣」『慶祝張忠培先生七十歳論文集』科学出版社
河南省文物考古研究所・三門峡市文物工作隊 1999『三門峡虢国墓』文物出版社
金一圭 2007「最近の調査成果から見た韓国鉄文化の展開」『第1回　東アジア鉄文化研究会　東アジアにおける鉄文化の起源と伝播に関する国際シンポジウム（資料集）』東アジアにおける鉄文化の起源と伝播に関する国際シンポジウム実行委員会
雛后曦 2007「長江三峡地区出土の初期鉄器と研究成果」『愛媛大学東アジア古代鉄文化研究センター設立記念国際シンポジウム　中国西南地域の鉄から古代東アジアの歴史を探る』愛媛大学東アジア古代鉄文化研究センター
蘇奎 2005『西南夷地区三種含北方系青銅文化因素短剣的研究』四川大学
宋治民 1997「三叉格銅柄鉄剣及相関問題探討」『考古』1997−12
陳佩芬 2000「中国初期銅器・鉄器の考古学的発見」『シルクロード学術研究叢書3−金属と文明−』シルクロード学研究センター
鄭仁盛 2007「楽浪土城の鉄器」『東アジアにおける楽浪土城出土品の位置づけ』平成17年度〜平成18年度科学研究費補助金（基盤研究（C））研究成果報告書（研究代表者：早乙女雅博）
童恩正 1977「我国西南地区青銅剣的研究」『考古学報』1977−2
―― 1987「試論我国従東北至西南的辺地半月形伝播帯」『文物与考古論集』文物出版社
梅建軍・高浜　秀 2003「塞伊瑪−図比諾現象和中国西北地区早期青銅文化」『新疆文物』2003−1
白雲翔 2005『先秦両漢鉄器的考古学研究』科学出版社
楊華 2006『巴蜀文化曁三峡考古学術研討会文集』西南師範大学出版社
李仲達・王素英・蘇栄誉・石永士 1996「燕下都鉄器金相考察初歩報告」『燕下都』文物出版社
李文信 1954「古代的農具」『文物参考資料』1954−9
Koryakova,L., Epimakhov,A.V.,2006.The Transition to Iron Age and New Tendencies in Economic Development. The Urals and Western Siberia in the Bronze and Iron Ages, Cambridge University Press
Linduff,K.M., 2003. A Walk on the Wild Side: Late Shang Appropriation of Horse in China. *Prehistoric Steppe Adaptation and the Horse*. Mcdonald Institute for Archaeological Research.
―――― 2004. How Far does the Eurasian Metallurgical Tradition Extend ?. *Metallurgy in Ancient Eastern Eurasia from the Urals to the Yellow River*. The Edwin Mellen Press

解　題

春 成 秀 爾

　本書は，2003年以来の弥生時代の実年代論争で問題になってきた青銅器・鉄器・土器のうちから，銅剣・銅矛（宮本一夫），銅戈（小林青樹），日本の青銅器（吉田広），銅鈴・銅鐸（春成秀爾），多鈕鏡（甲元眞之），双房型壺（大貫静夫），燕国の青銅器（石川岳彦），中国鏡（岡村秀典），日韓の炭素年代（藤尾慎一郎），鉄器（村上恭通）の系譜と実年代を中心にして，諸氏が最新の見解を提示したものである。ここでは，諸氏の論文から，弥生時代の実年代との関係が深い問題についていくつか論点を取りあげ，それについての私の感想を添えて解題にあてることにしたい。

　宮本一夫「細形銅剣と細形銅矛の成立年代」は，朝鮮青銅器文化を年代的にみていくさいに物差の役割をはたす細形銅剣と，近年，議論がさかんになってきた細形銅矛の成立過程とその年代について追究する。

　まず，議論が絶えない遼寧式銅剣が成立した地域について，遼西起源説を修正し，遼西，遼東とも前8世紀にほぼ同時に遼寧式銅剣は成立したと考える。そして，遼西の十二台営子，遼東の趙王村，朝鮮北部の金谷洞，朝鮮南部の比来洞をほぼ一線に並べる。十二台営子と趙王村の銅剣の型式の違いを年代差ではなく，地域差とみる点は以前と変わらない。その根拠は，本論文に先だって発表された最新の論文〔宮本 2008〕に詳しい。

　遼西最古とみなされている小黒石や南山根の銅剣は前800年頃には存在していたと考え，遼東の双房の銅剣も李家卜で直刃式銅矛に共伴した銅剣と同じ型式であるとみなし，銅矛の型式から年代を推定して，遼西と遼東の遼寧式銅剣の成立年代には時間差はほとんどない，と述べる。宮本はかつて，李家卜の銅矛の年代を西周後期ないしそれ以前にさかのぼる可能性があるとして，双房の銅剣が「前9世紀に存在していても問題はない」と述べていた〔宮本 2004：206〕。今回の論では，これまで主張してきた遼寧式銅剣の遼西起源説からは一歩後退したことになる。

　最近の町田章の中国全省にわたる古代銅剣の総合的な研究においても，双房－二道河子系の銅剣は遼西の十二台営子系の銅剣が春秋前期に北回りに伝わり祭儀用の儀器に変質していると理解し，遼寧式銅剣の遼西起源説を展開している〔町田 2006：144-145,150-154〕。しかし，遼西の遼寧式銅剣が，突然，特異な形態的特徴を備えて出現した事情についての言及はないので，説得力を欠く。

　朝鮮青銅器文化の細形銅剣については，宮本のいう遼寧式銅剣AⅡ式を祖型にして前5世紀後半に朝鮮半島中西部の大同江流域に成立したとみている。遼東に現われる遼寧式銅剣の退化型式は細形銅剣に似ているけれども，それらは細形銅剣成立後のものであって，起源とはかかわらず，細形銅剣はあくまでも朝鮮半島で生成したことを説く。そして，細形銅矛も遼寧式銅矛を祖型にして前5世紀に同じく大同江流域で成立したと論じている。

　それにたいして，私は次のように考える。遼寧式銅剣については，遼東には双房—二道河子の系列があり，趙王村は二道河子に近い時期に相当する。そして，李家卜の銅矛と共伴した銅剣は二道河子の直後にくる型式であって，双房よりもおそらく2型式以上新しい。崗上墓の銅剣は同じころに位置する。遼西の十二台営子の銅剣と遼東の崗上墓のそれは型式学的にひじょうに近い関係にある。結局，十二台営子の銅剣と趙王村の銅剣は年代差であって，現状では双房—二道河子の系列を

もつ遼東のほうが遼西よりもはるかに古い。遼西の小黒石や南山根は夏家店上層文化に属し，銅剣は北方系銅剣が主で，それに少数の遼寧式銅剣と，曲刃をもつ折衷型の銅剣が加わって成りたっているのが実態であって，遼寧式銅剣の起源地にふさわしくない〔春成 2006b：70-75〕。遼寧式銅剣が成立したのは遼東で前10世紀をさかのぼると思うのであるが……。

細形銅剣の成立については，鉄嶺博物館蔵品など遼北に分布する細形銅剣類似の銅剣は出土状況が判明しないのが惜しまれるが，朝鮮半島における細形銅剣の出現よりも古い例が含まれていないと確かにいえるのか，遼北の銅剣の年代の問題がのこっている。

細形銅矛の成立の問題にはいろう。遼東では誠信村で遼寧式銅剣と遼寧式銅矛が伴っている。誠信村の遼寧式銅剣は，身の節尖（棘状突起）が双房ほどではないが前よりに位置しており，古い型式である。伴出の銅斧も型式学的にみて双房の銅斧の鋳型より少し新しい。遼東最古の遼寧式銅矛の年代は，前10世紀前後であろう。

朝鮮半島中西部では遼寧式銅剣が遼寧式銅矛と銅斧を伴う松菊里式土器の時期がある。そのあと，かなりの時間をおいて忠清南道では大田槐亭洞，扶余蓮花里，礼山東西里，牙山南城里の水石里式土器の時期に，最古型式の細形銅剣が出現する。多鈕粗文鏡・単鈕無文鏡や防牌形銅飾りを伴うけれども，細形銅矛は伴っていない。細形銅矛が実際に現われるのは，扶余九鳳里，咸平草浦里の時期であって，細形銅剣，細形銅戈，多鈕細文鏡，八珠鈴を伴っている。したがって，遼寧式銅矛から朝鮮式銅矛への型式学的な連続性は認められるとしても，前者から後者への変遷の間に細形銅剣だけで細形銅矛が存在しない相当長期にわたる空白期間が存在することになる。この問題をうまく説明するには，細形銅矛は大同江流域，平安南道で成立したあと，その製作・使用は長い間，同流域付近にとどまり，朝鮮半島の中西部，忠清南道まで広がることはなかった，と考えることであろう。水石里式土器は，松菊里式土器とくらべると，粘土紐口縁の甕一つとっても明らかに系譜のちがいが認められる。松菊里式土器が朝鮮北部〜朝鮮南部の在地系であるのにたいして，水石里式土器は遼東とつながる外来系である。銅剣に銅矛・銅戈が加わるというのは，戦法の変化をも意味する。細形銅矛の普及の問題を解決するためには，朝鮮半島の北西部，平安道・黄海道の青銅器文化の実態をよりいっそう解明する作業が必要である。

小林青樹「東北アジアにおける銅戈の起源と年代」は，遼寧西部に分布する遼西式銅戈の成立と周辺への影響について取りあげる。遼西式銅戈とは，異形銅戈の名称で学界に報告した郭大順〔郭 1995：242-243〕と王成生〔王 2003：231-236〕とはかって改称した遼寧西部に分布する銅戈をさす〔小林ほか 2007〕。建昌東大杖子遺跡で伴出した燕国青銅器に関する石川岳彦の年代を援用すると，遼西式銅戈は前6世紀に成立して，前5世紀後半まで存続する。そして，これまで系譜がはっきりしなかった朝鮮式銅戈（細形銅戈）はこの遼西式銅戈を祖型にして遅くとも前4世紀前半に成立したとみる。また，これまでの朝鮮式銅戈の起源と考えてきた樋をもつ燕式銅戈が，遼西式銅戈の影響によって成立したと論じている点も重要である。燕の領域拡大の動きが前5世紀にすでにあり，その過程で遼西式銅戈の特徴を燕の側が受容した，と小林は論じている。燕ではその後，銅戈を軍隊の編成に関わる貴族や有力者の身分表示の一つの手段としても使用していることから，遼西地域が燕国のなかで重要な役割を演じていた可能性もあろう。燕の東方への勢力拡大が，東方地域の緊張を高めた可能性は高く，銅戈が銅剣よりも遅れて朝鮮半島に出現していることは，前5世紀から前4世紀のこの地域の動向を解釈するうえで大きな問題となろう。

以上のように，朝鮮式銅戈の成立時期を遼西式銅戈からたどって前5世紀後半から前4世紀後半の間とすると，朝鮮半島中西部に細形銅戈と細形銅矛が現われる九鳳里・草浦里遺跡の年代を押さえたことになり，細形銅剣の成立年代の下限を画すうえでも重要な手がかりが得られたといえるだろう。

弥生時代の年代問題との関係では，燕下都の辛荘頭M30号墓出土の朝鮮式銅戈を細形銅戈の最古

型式で戦国時代後期，前3世紀と考え，弥生中期初めの年代をその付近にもっていく意見がつよかったけれども，朝鮮式銅戈の成立年代をさかのぼらせたことにより，弥生中期初めが前4世紀までさかのぼる可能性がつよくなったことも重要である。

吉田　広「日本列島における武器形青銅器の鋳造開始年代」は，青銅器の鋳型からみて銅矛，銅戈，銅剣，銅鈴（「小銅鐸」），銅鐸，銅鉇の鋳造がいつ，どこで始まったのかを追究している。

青銅器の製品のばあいは，移動に加えて伝世という厄介な問題が潜在しているために，製作から使用し副葬あるいは埋納した時期と遺跡からさかのぼって製作した時期と場所を突きとめるのに苦労する。それにたいして，鋳型のばあいは製作から廃棄までの間に破片となったものを砥石として使用することもあるけれども，一般的に破片が移動する範囲は限られ，使用の期間は短いと判断する。したがって，遺跡から土器を伴って出土する鋳型を用いて鋳造の開始年代を探る作業は，早くから重視されてきた。しかし，資料不足は覆いがたく，鋳造開始の上限が見えるところまではなかなか到達しなかったというのが実情であった。

ようやく資料が揃ってきた現段階で吉田は鋳型関係の資料を整理し，銅矛，銅戈，銅剣，銅鈴のいずれも中期前半に有明海沿岸で鋳造が始まっていることを確認している。そして，銅鐸は，名古屋市朝日，京都府鶏冠井，福井県下屋敷で中期初めに最古銅鐸の鋳型が存在すること，銅鉇は中期前半に福岡県庄原，佐賀県土生，前期末に和歌山県堅田の鋳型がある。堅田の例だけが突出しているけれども，近畿の前期末と九州の中期初めとの時間的な関係は微妙である。日本列島での青銅器の鋳造開始の時期と場所がようやく見えてきた観がある。あと九州産であることがほぼ確実な樋の基部に斜格子文帯をもつ細形銅戈の製作地がどこになるのか，を気にしながら鋳型が見つかる日を待つことにしよう。

青銅武器は玄界灘沿岸ではなく有明海沿岸で，銅鐸は大阪湾沿岸ではなく名古屋，北陸，近畿東部で始まっているらしいというように，製作地と製品の分布の中心とが重なっていない点は注目に価する。名古屋で作った銅鐸を島根や淡路に運んで使用後埋納したのであるとすれば，佐賀で作った福田型銅鐸を中国地方で使っていたという事例と似通っている。青銅器の製作工人たちが朝鮮半島から渡来したことを自明とするならば，彼らはそのどこから移動してきたのか，青銅器の原料の調達の機構はどうなっていたのか，青銅器の生産は富や威信の獲得につながっていたのか，初期の青銅器のもっている意味についてあらためて考える時が到来しているといってよいだろう。

春成秀爾「銅鐸の系譜」は，弥生青銅器を代表する銅鐸の系譜をさぐり，問題点を明らかにする。日本の銅鐸が朝鮮半島の槐亭洞―合松里，遼寧地方の楼上墓―三官甸の系譜とつながることを春成は早く指摘している。その年代は結局，朝鮮半島における細形銅剣の成立，鉄器の出現の時期をいつとするかという問題である。中国東北地方の銅鈴としては特別に大きく内面突帯をもつ三官甸の銅鈴は，石川岳彦の各種青銅器の検討では前5世紀後半に位置するという。同じく，大型で内面突帯をもつ合松里の銅鈴は，伴出の鉄器やガラス製管玉からすると，前4世紀中頃を上限としたいところである。しかし，難しい問題がある。槐亭洞の銅鈴に伴出した防牌形銅飾りと剣把形銅飾りの鋳造技術をくらべると，前者が石型，後者が蠟型による鋳造と推定され，両者間に大きな技術の差があることから，李健茂が防牌形銅飾りの伝世を考えていることである〔李 1991：255〕。槐亭洞の銅鈴は使用により鈕が著しく磨滅しており，防牌形銅飾りもまた，垂下用の上辺の孔が磨滅しているので，槐亭洞の細形銅剣の年代よりもさかのぼる可能性がつよいと私も考えている。合松里の銅鈴も，やはり他の伴出品とは趣を異にしている。三官甸の銅鈴と槐亭洞―合松里の銅鈴との先後関係を決めるのは容易でない，というのが私の感想である。

中国の中原の周辺部では，新しい青銅器に伝世していた古い青銅器が加わって一括遺物を構成している事例がしばしば存在することを甲元眞之は指摘し，一括遺物＝同時製作品の集合とはかぎら

ないことに注意を喚起している〔甲元 2006：290-291〕。新旧の型式からなる細形銅剣を副葬した礼山東西里遺跡など複雑な様相をもつ朝鮮半島の青銅器についても，同じことを考えるべきか，検討を要する課題である。

銅鈴の小型無文から大型有文への変化が，人鈴から祭鈴つまり銅鐸への機能変化と連動していることはまちがいないけれども，副葬品から埋納品へと変容した銅鐸について，彼我の社会的背景の違いについても，これから考察を進めていきたいものである。

甲元眞之「中国青銅鏡の起源と東北アジアへの展開」は，東北アジアの鏡とシャーマンとの関係をたびたび取りあげ，殷の祭祀が殷の滅亡とともに東北アジアに拡散したことを主張し，それによって得た年代観にもとづいて東北アジアの歴史と祭祀形態の展開のダイナミクスについて論じてきた〔甲元 2006〕。今回もまた，ユーラシアの広い範囲を鳥瞰したうえで，殷墟発掘の銅鏡が大型品と小型品の組み合わせから成りたっていることに着目する。そして，この鏡の大小を鍵にして，その後の東北アジアでのシャーマンの持ち物としての鏡の展開を見ようとしている。

鏡の年代では，凹面鏡として最古の単鈕無文鏡を白浮村の年代から西周後期に位置づけ，多鈕粗文鏡で最古の十二台営子の年代を春秋前期，前8世紀とみる。そして，朝鮮半島に大小の多鈕鏡が現われたあと，小型無文鏡が欠落する過程で，大型の凹面鏡である多鈕細文鏡が成立したことを論じている。そして，その機能について小型品は護顔鏡と護心鏡であり，大型品が護身鏡であることを，墓での出土状況と後世の民族例から説明しているのは，鏡の大小に意味づけした興味深い解釈となっている。

西日本では，多鈕鏡は粗文鏡の例は皆無であって，細文鏡の時期になって初めて流入する。北部九州では墓の副葬品が主であるけれども，大阪府柏原市大県から出土した弥生時代の多鈕細文鏡の大型品は土中への単独埋納であり，奈良県名柄出土の多鈕細文鏡は銅鐸とともに埋納してあった。東北アジア起源の文物が日本列島に伝来したさいに，人の身につけるものから離れた祭祀用具への変容した姿として，銅鐸とともにその社会的背景に興味をそそられる。

鏡の大小の意味についての甲元の着眼は，小型品の画文帯神獣鏡や内行花文鏡を頭部近くに置き，大型品の三角縁神獣鏡を身体のまわりにめぐらせている日本の前期古墳における副葬品の配置を解釈するさいにも示唆的である。

なお，甲元が夏家店上層文化を取りあげて，中国系文物にも北方系文物にも製作時期を異にするものが含まれている可能性が高く，具体的な遺構での組み合わせを考慮せずにおこなった遺物の型式学的操作は十分でないことを警告している。確かにそうであるが，昨今の遼寧式銅剣の起源問題で双房と小黒石の銅剣の型式認定とその位置づけが決まらないのをみても，遺物の型式学的操作はいわれるほどは行なわれていないように思えるのだが。

なお，甲元も遼寧青銅器文化の一時期を代表する凌源三官甸墓の年代を，銅鼎の型式から戦国前期，前5世紀後半にあてており，石川岳彦の主張と一致している。

大貫静夫「双房型壺を副葬した石棺墓の年代」は，双房型壺の比較を広くすすめて遼寧式銅剣と伴出する双房型壺の編年と年代の問題に取り組んでいる。大貫は，さきに殷後期から春秋前期にかけての銅鏃の編年を試み，遼東の誠信村の銅鏃を西周後期，劉家村の銅鏃を春秋前期においた。それによって，誠信村の遼寧式銅剣に西周後期の年代を与えた〔大貫編 2007：124-126〕。

今回は，誠信村の銅鏃を西周前期まで引き上げる一方，劉家村の銅鏃は春秋前期と考え，双房をその間の西周中期前後，前10世紀頃かと推定している。これは日本の中国考古学研究者としては双房の銅剣をもっとも古く考える意見である。ただし，遼西でも小黒石の銅剣が最古とする保証がないと大貫はいい，遼寧式銅剣の遼東起源説に完全に同意しているわけではない。大貫は炭素年代についても初めから敬遠する立場はとっていないので，「双房M6は双砣子3期文化から上馬石上層

文化への移行期あるいは上馬石上層文化の初頭」と考えたうえで，上馬石上層文化の炭素年代を参考にして，双房は「前11世紀あるいはさらに殷代に遡る」という。

そうすると，湾柳街などの商代青銅器の研究はいっそう重要である。今後は，搬入の青銅器と在地産の青銅器との成分分析などにもとづく比較を期待したいし，また，双砣子3期文化と上馬石上層文化の炭素年代の蓄積を待ちたいところである。

大貫の牧羊城の報告書につづく長大な論文の内容をこれからじっくり吟味したい。

石川岳彦「春秋戦国時代の燕国の青銅器」は，従来，陳夢家や林巳奈夫が銅戈・銅矛と銅高杯に刻まれた燕国君主の銘「郾侯載」を「成侯」（前358年～前330年に在位）とした説に従っていたのを，郭沫若が『古本竹書紀年』にもとづいて比定した「成公」（前454年～前439年に在位）のまちがいであることを「郾侯載」銘の銅戈および銅豆(高杯)の型式の分析によって明らかにし，その青銅器の年代を前5世紀中頃～後半までさかのぼらせた。その結果，従来，前4世紀の年代を与えていた燕国関係の考古遺物はすべて前5世紀にさかのぼることになり，遼寧青銅器文化に属しながら燕国の青銅器を出土した凌源県三官甸墓の時期は前5世紀後半と訂正された。これによりこの墓から出土した遼寧式銅剣2a式（本書の宮本一夫の編年案）が前5世紀後半代に年代上の1点をもつことが明らかになったことは重要な意味をもつ。燕国の青銅器の編年が確かなものになったことにより，燕の青銅器と遼寧式銅剣などを伴う東大杖子遺跡など遼寧青銅器文化の動きを追究していくことが可能になった。遼西への鉄器流入直前（前5世紀後半）の遼西の様相を探るうえで大きな貢献になるだろう。

岡村秀典「中国鏡の年代」は，1984年に発表した前漢鏡の型式分類を基本に，弥生時代の北部九州の甕棺墓から出土した前漢鏡の組み合わせを今一度点検したうえで，洛陽焼溝漢墓の鏡の編年とを対照して製作年代をおさえ，それらが北部九州にもたらされた契機を取りあげている。その結果，実年代は岡村のいう漢鏡2期を前2世紀後半，3期を前1世紀前葉～中葉，4期を前1世紀後葉～後1世紀前葉にあてている。こうして，須玖岡本・三雲南小路・立岩の甕棺墓はすべて漢鏡3期，井原鑓溝，桜馬場・三津永田の甕棺墓は漢鏡4期に位置づけられた。

鏡の型式と組み合わせから弥生中・後期の実年代を引き出したあと，鏡の種類，漢鏡2期の大型鏡から『漢書』などの文献にみえる歴史事象の解釈まで及ぶ手法はいつものことながら，唸らせるものがある。

のこされた問題は，鏡の年代のばあいも，それを製作した年代と副葬した年代とは分けて考えるべきであるということであろう。北部九州の弥生土器の編年では，漢鏡3期の鏡を副葬している甕棺は中期後半，須玖Ⅱ式であって，炭素年代の測定結果では，実年代は前2世紀初め～後1世紀前半に相当する〔藤尾・今村 2006：220〕。須玖Ⅱ式は現在，古・中・新の3段階に細分されている。しかし，現段階では前漢鏡副葬の甕棺の型式比定も炭素年代もその細分に追いついていない。岡村のいう漢鏡2期にせよ，3期にせよ，焼溝漢墓においても，北部九州においても前後の乱れなしに連続的に副葬されていたとしても，それぞれ50年未満であろうが，さかのぼり，漢鏡3期も前1世紀前半までさかのぼる可能性がのこされているのではないだろうか。

藤尾慎一郎「日韓青銅器文化の実年代」は，測定数は少ないという問題はあるけれども，朝鮮半島南部の無文土器の炭素年代を次のように提示している。

欣岩里式：前11世紀
休岩里式：前10世紀後半～前9世紀後半
松菊里式：前9世紀後半～前7世紀前半
水石里式：前7世紀前半～前4世紀後半

これによれば，問題の比来洞の銅剣は前11世紀，松菊里の遼寧式銅剣は前9世紀後半～前7世紀前半の間，槐亭洞・東西里・南城里などの細形銅剣は前7世紀後半～前4世紀後半のどこかに出現したことになる。水石里式の時期は，ちょうど2400年問題にかかっているために，測定件数に少ない現状ではこれ以上しぼりこむことはできない。しかし，本書の宮本論文にも図示してあるように水石里式土器の細分はおこなわれているので，細分案に見合う測定例の増加が進めば，現在よりしぼりこむことは十分可能であろう。

朝鮮半島の無文土器と日本の弥生土器との併行関係，つまり考古年代と炭素年代は，整合的である。これらが今後大きく変動することはないと予想されるから，あとは100年ないし200年古くでていると批評する考古学側が，炭素年代をどう受けとめるかという問題にかかっているように私にはみえる。

村上恭通「東アジアにおける鉄器の起源」は，朝鮮半島および西日本の鉄器の起源について論じている。

朝鮮半島に登場した初期の鉄器は，北部では平安北道龍淵洞の出土品で，斧（钁（かく），断面梯形，無突帯），鍬，鋤，鎌，石庖丁形鉄器，銛，矛，鏃が揃っている〔梅原・藤田 1947：14-17〕。明刀銭数百枚を伴っており，戦国後期の燕国で生産した鉄器そのものといってよいだろう。その一方，中西部，忠清南道では鉄器が登場するのは，扶余合松里，長水南陽里，唐津素素里の時期であって，斧（钁）と鑿がセットとなって副葬されるのが基本である。鉄斧は双合范で2条突帯をもっていない。村上は，この鉄斧について燕国産ではなく，燕の鉄技術と双合范の青銅器鋳造の伝統が朝鮮半島西北部で一つになって，この地方で製作した可能性を考えようとしている。成分分析の結果を待ちたいものである。いずれにせよ，戦国後期の燕の影響を想定するのであるから，その年代は前4世紀後半頃が上限となろう。

弥生中期前半～中頃の西日本に分布する鉄器は，鋳造鉄斧の破片を鑿に再加工したもので，もともとは戦国時代中・後期の燕国で生産された2条突帯をもつ鉄斧である。この鉄斧は初期の段階では破片の形で流通した可能性がつよい。この型式の鉄斧は，朝鮮半島では慶尚南道林堂洞から1点見つかっているだけであって，その破片はまったく見つかっていない。燕国の人びとが活動したあとには明刀銭がのこされているけれども，その分布は2条突帯の鉄斧と同様，朝鮮半島では付け根のピョンヤン付近以北であって半島部から九州・本州まで明刀銭の確かな出土例はない。弥生時代の鉄器に関しては，鋳造鉄斧またはその破片がどのような形で日本列島にもたらされて流通したのか，という点が現在もっとも大きな課題といえるだろう〔春成 2006a：189-192〕。

弥生時代の実年代問題は，中国・朝鮮半島の青銅器・鉄器の年代と連動していることが，本書の諸氏の議論から読者には十分におわかりいただけたと思う。弥生時代の実年代を推定する方向はこれまでは日本から中国へさかのぼっていくのが主流であった。甕棺型式を細分化したうえで，中国鏡を副葬した型式に実年代を与え，それ以前のn型式に推定にもとづく1型式の存続期間30年を乗じ，弥生時代の開始年代を前4世紀と確定しようとする試みもあった。あるいは，弥生時代の年代観を朝鮮半島からさらには中国東北地方の年代観にまで及ぼそうとしていた。その結果，「傾斜編年」あるいは「階段状編年」と呼ばれるような，ある地方からある地方に文化が伝わるさいに100年，200年の差が生じたことにしなければならなくなった。しかし，あくまでも考古学的に年代を決めていきたいというのであれば，あらゆる遺物にたいしても型式学的操作を駆使して遺物間・遺跡間の連鎖の輪をつくり，それを広げながら中国中原から日本列島まで引っ張ってくるという基本方針をもって資料に立ち向かうことが必要であろう。

文　献

梅原末治・藤田亮策 1947『朝鮮古文化綜鑑』第1巻，楽浪前期，養徳社
王　成生 2003「遼寧出土銅戈及相関問題的研究」(遼寧省文物考古研究所編)『遼寧考古文集』217-241，遼寧民族出版社
大貫静夫編 2007『遼寧を中心とする東北アジア古代史の再構成』東京大学大学院人文社会系研究科
郭　大順 1995「遼東地区青銅器文化の新認識」(秋山進午編)『東北アジアの考古学研究』235-245，同朋舎出版
甲元眞之 2006「単鈕鏡小考」「多鈕鏡の再検討」『東北アジアの青銅器文化と社会』163-225，同成社
小林青樹・石川岳彦・宮本一夫・春成秀爾 2007「遼西式銅戈と朝鮮式銅戈の起源」『中国考古学』第7号，57-76，日本中国考古学会
春成秀爾 2006a「弥生時代と鉄器」『国立歴史民俗博物館研究報告』第133集，173-198
――― 2006b「弥生時代の年代問題」『縄文時代から弥生時代へ』新弥生時代のはじまり，第1巻，65-89，雄山閣
藤尾慎一郎・今村峯雄 2006「弥生時代中期の実年代」『国立歴史民俗博物館研究報告』第133集，199-229
町田　章 2006『中国古代の銅剣』研究論集ⅩⅤ，奈良文化財研究所学報，第75冊
宮本一夫 2004「青銅器と弥生時代の実年代」(春成秀爾・今村峯雄編)『弥生時代の実年代―炭素14年代をめぐって―』198-218，学生社
――― 2008「遼東の遼寧式銅剣から弥生の年代を考える」『史淵』第145輯，155-190，九州大学大学院人文科学研究院
李　健茂 1991「槐亭洞遺跡」(小田富士雄・韓　炳三編)『日韓交渉の考古学』弥生時代編，255，六興出版

編者紹介
春成秀爾　国立歴史民俗博物館名誉教授
西本豊弘　国立歴史民俗博物館教授（学術創成研究代表）

執筆者紹介
宮本一夫　九州大学大学院人文科学研究院教授
小林青樹　國學院大學栃木短期大學准教授
吉田　広　愛媛大学法文学部准教授
春成秀爾　国立歴史民俗博物館名誉教授
甲元眞之　熊本大学文学部教授
大貫静夫　東京大学大学院人文社会系研究科教授
石川岳彦　国立歴史民俗博物館研究補助員
岡村秀典　京都大学人文科学研究所教授
藤尾慎一郎　国立歴史民俗博物館准教授
村上恭通　愛媛大学東アジア古代鉄文化研究センター教授

新弥生時代のはじまり　第3巻
東アジア(ひがし)青銅器(せいどうき)の系譜(けいふ)

2008年5月30日　発行

編　者　春成秀爾・西本豊弘

発行者　宮田哲男

発行所　株式会社　雄山閣

〒102-0071
東京都千代田区富士見2-6-9
TEL　03（3262）3231
FAX　03（3262）6938

印　刷　株式会社秀巧堂

©Printed in Japan

ISBN978-4-639-02038-7　C1321